Octavi Garcia Puig

Atrapa els diners

PROFIT
editorial

Totes les publicacions de Profit estan disponibles per fer edicions personalitzades per part d'empreses i institucions en condicions especials.

Per a més informació, si us plau, contacteu amb: info@profiteditorial.com

Disseny de la coberta: XicArt
Maquetació: Fotocomposición gama, sl

ISBN: 978-84-19841-56-8
Depósito legal: B 10-2024
Primera edició: Març del 2024

Impressió: Gráficas Rey
Imprès a Espanya – *Printed in Spain*

FSC
www.fsc.org
MIXT
Paper | Donant suport a la silvicultura responsable
FSC® C131084

A la família, per la paciència que teniu i per deixar-me els meus «moments tranquils».

A totes les persones que de forma directa o indirecta m'han servit d'inspiració per escriure cada un dels capítols del llibre.

Índex

BLOC 2:
Aplicació de la piràmide financera

Carta al lector

Tens a les mans un llibre que t'ajudarà a gestionar els teus diners. T'has adonat que cada dia en gestiones, de diners? Pagues al supermercat, decideixes fer la reserva de les vacances de l'estiu, reps la notícia que aquest any no t'apujaran el sou tant com et pensaves... En tots aquests petits moments de la teva vida, la teva situació financera canvia. I cada vegada que la teva situació financera canvia, és a les teves mans gestionar els efectes d'aquests canvis, o no fer-ho. Però per tal de fer-ho, cal saber com. I amb aquest llibre he intentat, de manera entenedora i formativa, donar les bases perquè qualsevol persona es pugui començar a endinsar en la gestió dels seus diners.

Ets molt manetes i fas bricolatge i reformes a casa? O ets dels que no saben agafar un tornavís? Jo no soc un professional de les reformes però m'agrada fer algunes cosetes i després sempre puc presumir amb els amics «has vist com m'ha quedat això que he fet?» Algunes coses (o la majoria) són un nyap, ho reconec, però per això hi ha els professionals, per arreglar allò que jo deixo malament. Si no fos així, l'economia no es mouria, oi?

Gestionar diners no és com canviar una bombeta o clavar una prestatgeria; o potser sí, però diferent. La pràctica hi fa molt, però haver tingut un mestre com el meu pare —sobretot al principi— per fer algunes cosetes al meu pis de solter, fa que ara no em faci por penjar un ventilador al sostre. Si de petit no hagués ajudat el meu pare a fer coses, ara tampoc ho faria. Però on vull anar a parar? Doncs a la idea que ens hem de formar i/o assessorar de forma adequada. Quanta gent hi ha que pot penjar un quadre al passadís i canviar una bombeta, però no es planteja pas de penjar un ventilador de sostre o canviar una aixeta del lavabo? I és que aprendre de finances personals és fàcil i pots fer moltes coses sense arribar a ser un assessor financer. Però, per a la resta de coses, potser és més avantatjós demanar l'ajuda d'un assessor que et guiï o fins i tot contractar aquest assessor per tal que et gestioni les finances o inversions, de la mateixa manera que ho faríem a casa nostra amb un professional de les reformes.

Matrix

«Els banquers s'asseguren que ens mantinguem endeutats, la industria farmacèutica s'assegura que ens mantinguem malalts, els fabricants d'armes s'asseguren que seguim tenint guerres, els mitjans de comunicació s'asseguren que no sapiguem la veritat i el Govern s'assegura que tot això es faci legalment».

Meme de WhatsApp rebut el 2022

Qui no ha vist la pel·lícula *Matrix* com a mínim un cop?

Els lectors de més de 30 anys segur que la tenen present. He de dir que és una de les meves pel·lícules preferides perquè té molts paral·lelismes amb la societat real actual, molt més del que potser ens pensem.

A la pel·lícula *Matrix*, se'ns presenta un programa il·lusori —promogut per màquines— que dominen el món. Aquestes màquines o robots tenen en captiveri les persones en unes urnes on es troben endollades i alimentades com si fossin uns fetus. Les màquines necessiten l'energia que produeixen aquests fetus per poder funcionar.

Aquest món, que representa la lluita entre les màquines i els humans, té els seus paral·lelismes en la societat actual, en els nostres dirigents polítics i en els poders econòmics reals. Compte! Que no estic dient que els nostres dirigents siguin màquines! Ara que, segons com ho mirem, potser ens aniria millor. Però no volia anar per aquesta banda, el que volia comentar és que, en general, els poders polítics, empresarials, econòmics, informatius i mediàtics ens han posat en una letargia permanent de la qual pocs se salven.

Pels que recordeu la primera pel·lícula, hi ha una escena on el Morpheo es reuneix amb en Neo (l'elegit) i li explica que Matrix és una il·lusió, però que depèn d'ell decidir si vol seguir letàrgic o vol descobrir el món del més enllà. Li diu que ha d'escollir entre la píndola vermella o la blava. Si escull la blava, seguirà a la zona de confort, es despertarà a la seva habitació amb la família i continuarà vivint la vida que tenia sense preocupar-se ni preguntar-se sobre altres coses que passen al món. Si tria la píndola vermella... tria saber la veritat sobre Matrix.

Per a nosaltres, es podria aplicar un símil semblant amb les píndoles, on la blava representa viure dins la zona de confort, al nostre Matrix, sense preocupacions, mantenint-nos conformistes davant de les notícies, sense ser crítics, sense implicar-nos en els canvis, sense fer-los, seguint... LETÀRGICS veient la tele durant hores i dies, jugant en línia durant tota la nit per a l'endemà no ser més que un avatar que va a la feina o a l'escola.

I la vermella? La vermella representa el despertar, la llibertat, el llegir, aprendre, culturitzar-se, enriquir-se personalment, formar-se com a persona, el poder saber i no ser dominat per les masses o els poders, representa tenir sentit crític i actuar com tu decideixis i no com volen que actuïs.

La decisió és teva...

Si vols prendre la píndola blava, cap problema, pots tancar el llibre i regalar-lo a algú a qui li pugui fer servei, sense rancors; «*Namasté*! Encantat d'haver coincidit.»

Si, per altra banda, vols prendre la píndola vermella, jo puc intentar ajudar-te a sortir de Matrix, però és un camí llarg, difícil, pel qual no només t'hi guiaré jo. Vindrà i apareixerà altra gent que et farà descobrir altres vessants i altres coneixements, però el camí real l'has de fer tu amb la teva pròpia iniciativa.

Què faràs?

El cant de la sirena

El cant d'una sirena és hipnotitzador, una melodia celestial que embruixa els sentits. La seva veu és suau, melodiosa i enlluernadora, convidant els mariners a acostar-se perillosament. Aquest cant evoca un misteriós encant que pot ser tan meravellós com amenaçador, que atreu els auditors cap a les profunditats marines.

En el món de les finances hi ha moltes veus de sirena, molts cants que et canten a l'orella pretenent que facis coses que no hauries de fer. Algunes persones senten molt fort aquest cant, tant que les bloqueja i els fa no prendre decisions o prendre decisions equivocades.

Penso que tots tenim una sirena a la nostra vida, que ens canta i ens indica el camí fàcil, la nostra zona de confort. Quan estem sortint d'aquesta zona ens canta amb la seva veu suau i hipnotitzadora que aquesta no és l'opció adequada a triar.

La sirena canta suau coses com ara:

- «Si treballes per a l'administració pública o per algú altre estaràs més tranquil... per què vols muntar un negoci d'allò que et fa realment feliç? És millor treballar per altres, ja que com a mínim cobraràs.»
- «No cal estalviar, millor gasta-ho ara que després ja vindrà l'estat amb la seva pensió de jubilació i viuràs bé.»
- «Per què fer una inversió per guanyar diners? Segur que tot es complica i acabaràs sense un cèntim.»
- «No cal formar-te ni investigar per millorar a nivell professional o personal.»

- «Estaràs més tranquil si no fas res i et quedes igual, que ja tindràs temps més endavant.»

Canta i canta, alguns cops molt fort, sobretot quan estàs a punt d'aixecar-te del sofà i et diu: per què no mires una altra sèrie de Netflix?

BLOC 1

La base

Els diners

Abans d'entrar en matèria, volia comentar que no m'esplaiaré explicant el que ja s'ha dit dels diners en altres llibres. És a dir: que no repetiré el que es pot trobar en altres autors que, a més, han estat referències meves tant per desenvolupar-me personalment i financerament com per inspirar-me a escriure aquest llibre. A l'annex hi trobaràs una sèrie de referències i llibres recomanats que em semblen de gran importància perquè són textos que, al meu parer, haurien d'estar a les llibreries de totes les cases i s'haurien de llegir cada cert temps.

Els diners com a unitat estàndard d'intercanvi

Joel i Aniol són dos amics del col·legi que col·leccionen cromos de jugadors de futbol, bé... avui dia gairebé hauríem de parlar de NFT's en lloc de cromos, però, perquè m'entengueu, potser és millor parlar de cromos.

—Tengui, tengui, tengui, tengui,... —va dient en Joel mentre l'Aniol passa els cromos un per un—. Tengui, tengui... FALTI! —exclama al final amb gran excitació!

—Ah, bé... veuràs, és que aquest cromo és de Luis Suárez! —diu l'Aniol—. Aquest val molt. A veure, què tens tu?

Ara es canvien els rols, en Joel es posa la mà a la butxaca i treu els cromos que porta lligats amb una goma. L'Aniol el mira atentament amb expectació i en Joel comença a passar els cromos d'un en un.

—Tengui, tengui, tengui... falti! —Pot haver-hi tracte, i en Joel fa un gran somriure, està a punt d'aconseguir el cromo de Luis Suárez!

—Perfecte doncs... té: el Raúl de Tomás, i dona'm el Luis Suárez —li diu en Joel a l'Aniol.

—Sí home! En Luis Suárez val més que RDT.

L'Aniol vol donar valor a la seva possessió, un valor... que en principi no té, ja que en cada sobre venen cinc cromos i costa un euro cada sobre, això vol dir que cada cromo val el mateix: vint cèntims. L'Aniol i en Joel hauran de negociar.

—RDT és molt bo i tots dos porten els mateixos gols a la lliga! —exclama una mica alterat en Joel. L'Aniol no vol desprendre's del cromo tan fàcilment, però és el seu amic i li proposa:

—Bueno, me'n miro algun altre que tinguis i t'ho canvio per RDT i un altre de més dolent.

Com són els joves, titllant de «dolent» uns futbolistes que cobren milionades.

—Valeeeeee! —diu en Joel una mica enfadat.

—Tengui, tengui, tengui... falti...

—Sí, per aquest sí. —En Joel ha acceptat canviar a RDT i un altre cromo per Luis Suárez, tracte tancat.

He volgut posar aquest exemple amb els cromos perquè quan érem més joves no sabíem el que costaven els cromos però els canviàvem d'una manera que en la nostra percepció ens afavorís el canvi.

A la vida hi ha molts valors que es perceben de formes diferents per cada un dels intervinents en una operació.

Per exemple: en la venda o lloguer d'un pis, quin preu de venda li posem? 200.000€, 250.000€, 300.000€, qui marca el preu? El venedor diu el que vol i es basa en el següent: el que està demanant el del pis de dalt, el que necessita ell per comprar-se un altre pis que ha vist, el preu mitjà per metre quadrat de la zona (perdó però això sempre em fa riure i n'entendreu el perquè a la part d'inversions immobiliàries). I el comprador? En què es basa per dir que un pis «és massa car»? Doncs bé, en moltes coses que molts cops no són ni quantificables, termes subjectius que en aquests moments deixarem de banda.

Arribats a aquest punt i centrant el tema: i els diners? Quin valor tenen?

La gran pregunta! Abans veurem els orígens dels diners i com es creen a l'actualitat.

Origen dels diners i els diners a l'actualitat

«El coneixement us farà lliures».
SÒCRATES

Molt se n'ha escrit, sobre l'origen dels diners. Des que no existien i es feia servir «la permuta com a intercanvi, a utilitzar productes com els cereals, arròs o sal com a bé genèric i unitat de valor. Posteriorment es va utilitzar or i bronze; més endavant es van començar a encunyar unes monedes amb el seu valor real i al final es van emetre una sèrie de pagarés pels quals l'emissor responia amb l'import d'aquest pagaré. Evidentment l'emissor no podia ser qualsevol persona sinó que eren institucions i normalment tenien la solvència o estaven emparats per l'or que tenien. Això va durar molt de temps, però a dia d'avui aquest **«Patró Or»** que emparava els intercanvis ja fa més de 50 anys que es va abandonar. Des d'aleshores és un patró de deute: un concepte nou del qual parlarem més endavant.

Tota aquesta història es pot consultar a internet o en altres llibres i per això no duplicaré informació que segur que pots trobar amb més detall.

Però llavors... per què parlem de l'origen dels diners? Doncs perquè ho farem des del punt de vista més psicològic. Quina idea tenim nosaltres dels diners? Per a què serveixen? Com els utilitzem?

Evidentment, el seu origen ens marca l'ús que en fem, ja que serveixen per fer intercanvi de productes o serveis, però... són reals, els diners? Si mirem la nostra cartera i hi trobem un bitllet, potser som afortunats ja que després de la pandèmia del COVID-19 quasi no s'utilitzen diners físics (per no contaminar-nos, se'ns va dir), i ara ja ens hi hem habituat. Doncs bé, si tenim un bitllet és perquè som usuaris del sistema monetari internacional i assumim que aquest bitllet té un valor X, però qui ens diu que aquest bitllet té un valor de 50€ i no de 100€, o de 20€, o... de 3€? Ens ho diuen els altres intercanviadors de productes i serveis perquè s'ha establert que un bitllet on posa 50€ escrit té un valor de 50€. És lògic, però, si t'hi fixes bé, t'adonaràs que només ens ho creiem perquè ens ho han dit i perquè la resta de persones li seguim donant aquest valor.

Ara bé... vols que canviem una mica les normes del joc? Vols descobrir com es fan els diners avui dia? Doncs... endavant, seguim que gaudirem.

Actualment, el sistema monetari internacional està basat en el deute, i què vol dir que està basat en el deute? Doncs vol dir que tenim un sistema monetari amb el qual podem crear diners, sense haver-los de tenir.

Potser penses que els diners els fan amb una màquina de fer diners i que tots els diners en circulació són en bitllets.

I, és clar, també deu haver-hi gent que es pensa que la fada de les dents guarda les monedes que deixa als infants en un furgó blindat, oi?

Imagina el cas següent:

- L'Aroa té 100.000€ en un compte del Banc X.
- En Pere (client del Banc X) vol comprar un pis i necessita 100.000€ per pagar-lo.
- En Joan (client del Banc Z) és propietari del pis que compra en Pere.
- La Laura (clienta del Banc Z) necessita fer unes reformes a casa seva i demana 100.000€ amb un préstec personal.
- L'Empresa de Reformes és client del Banc X

Fotografia inicial dels saldos de tots abans de fer cap operació:

		Saldo
Banc X	Aroa:	100.000,00 €
	Pere:	0,00 €
	Reformes:	0,00 €
Banc Z	Joan:	0,00 €
	Laura:	0,00 €

Font: Elaboració pròpia.

Hem dit que l'Aroa té 100.000€ en un compte del **Banc X** i que en Pere, que és client del **Banc X**, es vol comprar un pis. Però, és clar, són tan cars que en Pere ha de demanar els diners al **banc X** i fa una hipoteca de 100.000€.

El Banc X utilitza (o deixa) els diners de l'Aroa al Pere, que els paga a en Joan (propietari del pis que compra el Pere i Client del **Banc Z**).

Un cop el Pere fa la transferència, en signar, en Joan rep 100.000€ al Banc Z. Però, realment, com queda la foto dels moviments i saldos dels comptes fins ara?

		Concepte	Ingressos	Sortides	Saldo
Banc X	Aroa:				100.000,00 €
	Pere:	Formalització Hipoteca	100.000,00 €		100.000,00 €
		Pagament a Joan		100.000,00 €	0,00 €
Banc Z	Joan:	Cobrament de la venda	100.000,00 €	0,00 €	100.000,00 €

Font: Elaboració pròpia.

Passats uns dies, la Laura, que és clienta del Banc Z, necessita fer unes reformes a casa i demana 100.000€ amb un préstec personal. El Banc Z fa el mateix que ha fet el Banc X amb els diners de l'Aroa, però amb els diners del Joan, i li deixa aquells diners a la Laura, que farà servir per pagar l'empresa de reformes, que precisament té compte al Banc X.

Veiem la fotografia completa ara...

		Concepte	Ingressos	Sortides	Saldo
Banc X	Aroa:				**100.000,00 €**
	Pere:	Formalització Hipoteca	100.000,00 €		100.000,00 €
		Pagament a Joan		100.000,00 €	**0,00 €**
	Reformes:	Cobrament dels serveis	100.000,00 €		**100.000,00 €**
Banc Z	Joan:	Cobrament de la venda	100.000,00 €		**100.000,00 €**
	Laura:	Formalització Préstec	100.000,00 €		100.000,00 €
		Pagament dels serveis		100.000,00 €	**0,00 €**

Font: Elaboració pròpia.

I si veiem el resum, els saldos que tenen cada un dels participants a la nostra petita història?

		Saldo
Banc X	Aroa:	**100.000,00 €**
	Pere:	**0,00 €**
	Reformes:	**100.000,00 €**
Banc Z	Joan:	**100.000,00 €**
	Laura:	**0,00 €**

Font: Elaboració pròpia.

Què ha passat? Com pot ser que només tenint 100.000€, tinguem saldo a 3 comptes amb 100.000€? És a dir: 300.000€? Sembla màgia, oi? Doncs bé, això és en el que es basen els diners en l'actualitat, en el deute. Potser arribes a la conclusió que les persones que han demanat els diners tenen el deute i, per tant, deuen aquests diners! Cert, aquesta gent deu aquests diners, però si nosaltres li preguntem al Pere o la Laura pels diners que té, et dirà que no té diners. No et dirà pas que en deuen, de diners, oi? I si li preguntem concretament pel deute que té, aleshores sí que dirà: sí, ho dec, però a 10 o 30 anys. I si li preguntem a l'Aroa, al Joan, i a l'empresa de reformes el saldo que tenen avui (no d'aquí 10 o 30 anys) al compte, què diran? Respondran 100.000€, per tant: s'han multiplicat els diners només creant un apunt bancari de deute i això vol dir que els diners són infinits amb el deute.

Aleshores potser em diràs que els bancs han de dipositar una garantia al Banc Central Europeu per emetre deute. També és cert, però saps quin és l'import que han de dipositar?

El percentatge és per riure... un 1 % del deute que han generat. Per tant, per a la hipoteca del Pere han hagut de dipositar 1.000€ i pel préstec personal de la Laura 1.000€, però en canvi com que hi ha 300.000€ de saldo.., tenim realment un total de 298.000€ de deute.

Si vols fer una progressió real de la quantitat de diners que es poden generar amb deute amb un import de 100.000€ reals, t'ho ensenyo aquí mateix.

Ordre	Import	Garantia	Ordre	Import	Garantia
1	100.000 €	1.000 €	21	81.791 €	818 €
2	99.000 €	990 €	22	80.973 €	810 €
3	98.010 €	980 €	23	80.163 €	802 €
4	97.030 €	970 €	24	79.361 €	794 €
5	96.060 €	961 €	25	78.568 €	786 €
6	95.099 €	951 €	26	77.782 €	778 €
7	94.148 €	941 €	27	77.004 €	770 €
8	93.207 €	932 €	28	76.234 €	762 €
9	92.274 €	923 €	29	75.472 €	755 €
10	91.352 €	914 €	30	74.717 €	747 €
11	90.438 €	904 €	31	73.970 €	740 €
12	89.534 €	895 €	32	73.230 €	732 €
13	88.638 €	886 €	33	72.498 €	725 €
14	87.752 €	878 €	34	71.773 €	718 €
15	86.875 €	869 €	35	71.055 €	711 €
16	86.006 €	860 €	36	70.345 €	703 €
17	85.146 €	851 €	37	69.641 €	696 €
18	84.294 €	843 €	38	68.945 €	689 €
19	83.451 €	835 €	39	68.255 €	683 €
20	82.617 €	826 €	40	67.573 €	676 €
			...		

Font: Elaboració pròpia.

I si ho anem repetint fins que ja no podem aportar més garantia... arribaríem a la iteració 110, amb un valor de préstec de 61 € i una garantia d'1 € a dipositar al BCE. I quants diners hauríem generat? I quin import de garantia haurien dipositat els bancs al BCE?

La resposta és que s'haurien creat prop dels 5 milions i mig, concretament 5.488.685 €, i els bancs haurien dipositat 54.887 €, NOT TOO BAD!, oi?

Llavors, aquest sistema és sostenible? Aiiiiix, és que em fas unes preguntes! La resposta és... SÍ i NO. Hi ha altres eines de control (que tampoc són l'objectiu d'aquest llibre), però és cert que per això el valor dels diners es devaluen excessivament, però no vull entrar per aquí, només volia fer-vos entendre que el valor dels diners és relatiu i no és res més que un acord que tenim i que assumim tots els usuaris dels diners. Si vols més coneixement sobre aquest tema, pots trobar-lo a internet, o en xerrades o cursos específics.

Quin valor tenen els diners?

Els diners en si neixen d'una necessitat, és una eina per poder intercanviar valor i poder gestionar les necessitats de diferents persones.

En l'antiguitat, si la gent volia comprar algun bé, havia de canviar alguna cosa que tingués i que l'altra persona necessités (o acceptés, ja que el gran problema era tenir alguna cosa per canviar que realment satisfés el nostre interlocutor) per poder dur-se a terme l'intercanvi.

En el cas d'en Joel i l'Aniol, els nens amb cromos del col·legi, la transacció ha estat satisfactòria, el valor imposat per l'Aniol ha estat acceptat per en Joel, i tots dos poden completar el seu àlbum. Però, què hagués passat si tota l'estona que en Joel passava cromos l'Aniol hagués mantingut el seu «tengui, tengui, tengui, tengui, tengui...» fins que se li haguessin acabat els cromos a en Joel? En Joel volia el cromo de Luis Suárez, com el podia aconseguir (sense violència ni robant el cromo, és clar!)? Només podríem aconseguir el cromo desitjat utilitzant l'astúcia. En Joel li podria preguntar a l'Aniol quins cromos li falten i, amb la llista de cromos que li falten a l'Aniol, podria anar als altres companys col·leccionistes per aconseguir un cromo de la llista a canvi d'un de seu. Aleshores, podria tornar amb l'Aniol per poder fer finalment l'intercanvi i aconseguir el seu premi desitjat: el cromo del Luis Suárez.

Seguint amb la història dels diners, calia un producte que fos com un comodí, per això la sal va ser considerada durant molt de temps com un element bàsic per poder dur a terme aquests intercanvis. És precisament a partir d'aquesta paraula «sal», d'on va néixer el conegut «salari» que ens recompensa per la nostra feina feta durant un temps determinat. La sal va ser usada com a eina d'intercanvi ja que complia prou bé amb les característiques necessàries per ser considerat útil com a intercanvi: es pot mesurar, es pot transportar, té un valor (era molt apreciada pel fet que era la millor opció per a la conservació d'aliments), era acceptada i es pot dividir.

Posteriorment van venir les empunyadures de bronze, plata i or, el que serien les primeres monedes, i es va reconèixer l'or com a valor i «moneda refugi». Però aviat van aparèixer aliatges amb materials similars però de menys valor (ja hi havia d'estafadors en aquella època). Quan es va descobrir que les monedes ja no contenien la quantitat d'or que haurien de tenir pel seu valor, el van perdre.

Aleshores es va haver de pensar en una manera de tenir una moneda acceptada encara que de fet no tingués el valor que representava i per això els estats van emetre monedes avalant-les amb l'or guardat als seus bancs centrals. Però potser ja saps que a dia d'avui no hi ha or guardat enlloc i la moneda no està avalada per or. Llavors, per què els diners tenen el valor que tenen? Doncs perquè la societat accepta el valor que ens diuen sense qüestionar-ho. Recordes que l'Aniol donava un valor al seu cromo i en Joel també hi estava d'acord al final?

Evidentment entre xavals no hi sol haver intercanvis amb diners, però sí en els adults. Podríem dir que compres a Lluis Suárez per X € i vens RDT per un altre import.

Exemples d'aquests també els tenim en la vida dels adults i —seguint en el món del futbol— els directius dels clubs canvien i intercanvien jugadors de vegades de la mateixa manera per poder evitar-se certes transaccions monetàries. O els professionals arriben a acords de col·laboració per a un bé comú o individual, tot depèn del valor que li donem a les coses i de com valorem el nostre producte o servei.

Els diners són energia

«Els diners són energia: ni es crea ni es destrueix, només es traspassen».

Adaptació de l'afirmació d'Antoine Lavoisier

Permet-me que t'expliqui un petit conte que vaig llegir fa molt temps.

Una vegada un foraster va arribar a un petit poble. Es va dirigir a l'hotel que hi havia als afores i va demanar una habitació. El propietari de l'hotel va mostrar-li una de les millors habitacions i el foraster es va quedar a passar la nit. Va pagar per avançat l'habitació i el sopar, en total 100€, ja que havia de reprendre el seu viatge l'endemà al matí, ben aviat. Segons li va dir, era assessor de màrqueting on-line i estava de pas perquè havia anat a visitar un client de la zona i estava massa cansat per conduir.

Mentre el foraster s'instal·lava a l'habitació, el propietari de l'hotel va anar al poble amb tots els diners que havia cobrat, i es va apropar a cal carnisser a pagar-li una factura que tenia pendent i a comprar carn per al sopar, ja que avui tenia un client.

El carnisser va preparar la carn per a l'hoteler i va acceptar ben content el pagament de la factura endarrerida. Un cop li va marxar l'últim client, el carnisser va agafar el bitllet de 100€ i se'n va anar cap a la botiga de bicicletes, on la seva filla cada dia es mirava una bicicleta de l'aparador. Sempre la veia mirant-se la bicicleta i li havia de dir que no la podia comprar perquè no tenia prou diners. Però aquest cop, aprofitant que l'endemà era l'aniversari de la seva filla, va entrar a la botiga brandant el bitllet de 100€ i va comprar la bicicleta.

El botiguer va atendre el carnisser, li va embolicar la bicicleta i fins i tot li va regalar una botzina de color vermell, de tan content que estava de vendre la bicicleta. De fet, li va explicar al carnisser que tenia aquella bicicleta a l'aparador perquè li costava molt vendre-la. És clar, el poble era petit, hi havia poques famílies, no tenia gaire mercat una bicicleta de nena menuda.

El botiguer va trucar al seu amic, el propietari de l'hotel, a qui ja li havia comentat més d'una vegada que la botiga de bicicletes anava malament. Li va dir que per fi havia pogut vendre la bicicleta de l'aparador.

El seu amic el va felicitar i li va dir: «Saps què? Aquesta nit tinc un client que és expert en màrqueting digital. Qui sap si et podria ajudar a donar un impuls al teu negoci». No feia ni un instant que havia penjat el telèfon, que ja era a l'hotel del seu amic per intentar parlar amb l'expert. L'hoteler els va presentar, van estar xerrant una estona, van obrir el portàtil, fent gestions, trucades, correus, etc... Al final, el botiguer satisfet va pagar-li la factura a l'expert, 100€ que li havia demanat per la seva feina.

L'endemà al matí, el foraster va marxar del poble abans que sortís el sol amb els mateixos diners que havia arribat. Al cap d'unes hores el poble va encetar un nou dia, tot esperant un altre foraster.

Font del conte: desconeguda. El vaig llegir fa un temps, i el recordo així, però no he sabut trobar-ne l'origen.

No és que els forasters tinguin la clau de l'economia local, no, però aquest petit conte il·lustra com es traspassen els diners i com els diners de fet són energia que passa d'una persona a una altra amb l'alegria de tenir-los i fent la vida més agradable. De fet, estaria bé fer una prova amb un bitllet i posar-hi un xip localitzador per poder seguir-ne els moviments, poder-ne traçar tots els intercanvis. La veritat és que ens sorprendria per on ha passat i com. I qui ho sap: si sabéssim per quines mans ha passat, potser ja ni el tornaríem a agafar!

Els diners serveixen com a «moneda de canvi» mai més ben dit, però també com a energia que es transmet entre nosaltres, com una forma d'agraïment pel servei i/o productes transferits.

Com ens relacionem amb els diners

«Els diners són un altaveu de la personalitat de cadascú».

SERGIO FERNÁNDEZ

Cada persona és un món i la seva relació amb els diners vindrà marcada pel que ha viscut a casa seva o, millor dit, pel que ha viscut a casa els seus pares en la seva infantessa i adolescència.

És del tot cert que una persona que ho ha tingut tot dels seus progenitors, es comporta diferent d'algú que no ha pogut gaudir de capricis. Compte! Jo no vull entrar a valorar si una cosa és bona o dolenta, ja que ni soc jutge ni ho pretenc ser.

Només remarco que és un fet que ambdues persones es comporten diferent. I pot passar el mateix amb dos germans que en principi han rebut la mateixa educació per part dels seus pares, però que individualment tenen trets diferencials en la seva relació amb els diners. Ho repeteixo: ni millor ni pitjor, senzillament diferent.

La que sí que és certa és l'afirmació del Sergio Fernández de Pensamiento Positivo, empresa que organitza màsters i programes de desenvolupament personal i professional, quan diu que els diners es comporten com a altaveu de la personalitat. Si un «bon jan» disposa de diners farà més bé que mal i potser no tindrà la necessitat de donar-ho a conèixer als quatre vents. En canvi, qui no ha sentit mai pel carrer el motor d'alta cilindrada d'un cotxe de gamma alta que fa derrapar els pneumàtics en accelerar?

Deixant de banda aquest sentit de la personalitat, la nostra relació amb els diners hauria de ser el que jo en dic «sana», sense enveges pel que tenen els altres, sense avarícia. La vida la tenim per viure-la. Evidentment que necessitem els diners perquè no estem a la muntanya vivint de l'aire, però no tot costa diners! Això no vol dir que ens hàgim de despreocupar dels diners o que hàgim d'estar capficats en el que cobrem i gastem, i flagellar-nos si les coses no surten com esperàvem, evidentment no!

La nostra relació amb els diners marcarà molt com treballem, com cobrem, com gastem i com ens relacionem amb els altres. Podem dividir les personalitats de la gent, analitzant la seva relació amb els diners, en quatre tipus diferents: Estalviadors, Gastadors, Evasius i Controladors. Evidentment, no és una posició única, no es tracta que t'enganxin una etiqueta i si ets estalviador no podràs ser gastador, no. Hi ha diferents graus, situacions, èpoques i ocasions (o sentiments) que et fan modificar el teu comportament i la teva relació amb els diners. Però comencem pel començament: vegem què caracteritza cada un dels tipus de persona.

Dels **Estalviadors** potser no cal dir-ne gaires coses, són la mena de persona que es pensen i repensen si han de fer una despesa o no. Són els més calculadors, els que valoren si una despesa els farà feliç o si els farà més feliç guardar-se els diners per a més endavant.

Els **Gastadors** són persones que sembla que tinguin una vàlvula d'escapament que se'ls activa quan fan despeses. Alliberen les emocions de culpa tot comprant, ja sigui per a ells o per als altres. No és que busquin l'aprovació o el reconeixement en comprar coses o mentre gasten diners, però s'ho gasten sense tenir remordiments.

Els **Evasius,** per la seva banda, són persones que esquiven parlar de diners, no miren les factures que reben i eviten la responsabilitat de controlar els diners. De fet, solen delegar en la parella aquest control que, tot i que el podrien gestionar perfectament, no els motiva gens.

Els **Controladors** són la mena de persona més responsables amb els diners. Porten el control i això fa que tinguin el domini de la situació. També creuen que ells gestionen millor els diners que ningú altre i, per tant, no deixaran que cap altra persona els els gestioni.

És clar que tots els extrems són dolents, no s'ha de ser només un estalviador de mena com el «tío Gilito», perdoneu (sobretot els més joves) les meves reminiscències de la prehistòria però tots tenim una edat i uns records. Tampoc s'ha de ser un gastador de l'estil «fucking Money man» (aquesta ja és més moderna), ni un Evasiu dels diners que ho resol tot amb un «Déu proveirà». Evidentment, tots tenim una mica de tots, però sempre hi ha una personalitat més predominant.

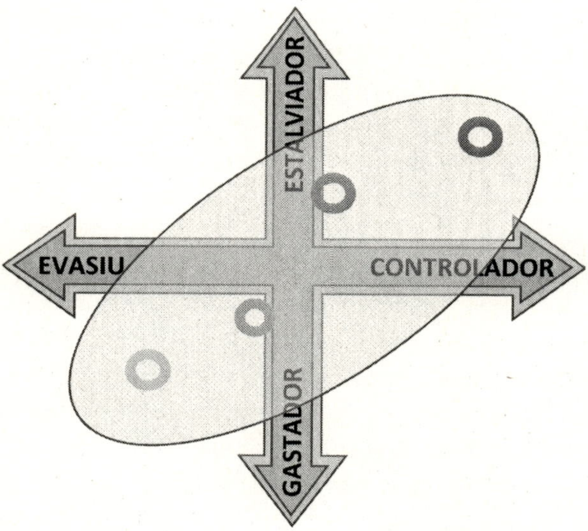

Els quatre quadrants de les personalitats financeres, on apareixen quatre punts marcats. Cada punt representa una personalitat combinada de les que em trobo més habitualment i que treballarem a continuació.

Hem de tenir clar que no només tenim un tipus de personalitat, sinó que tots tenim una part de Gastador, Estalviador, Controlador i Evasiu, tots!

Jo, que soc estalviador i bastant controlador, tinc la meva part gastadora (sobretot quan implica les meves filles) i la meva part evasiva.

Una persona gastadora també té el seu «àngel» estalviador (o dimoni estalviador) i potser una part controladora però el més segur és que sigui més evasiu que controlador.

La zona està marcada al gràfic de les personalitats financeres. És allà on es troben la majoria de les persones. Veiem, doncs, que es concentren en els quadrants estalviador-controlador i evasiu-gastador. Són combinacions habituals, ja que una persona estalviadora sol portar més el control i una persona més gastadora no gaire.

Cap quadrant o zona és dolenta! No voldria que es confongués, això: com he comentat anteriorment, jo no soc aquí per jutjar ningú, només heu de saber com sou perquè si no porteu gaire bé el control de les vostres finances no se sol arribar a estalviar. Potser l'estalvi no és el que voleu perquè *«volem viure la vida»* i total *«tampoc arribarem a vells»*. Aquestes són dues respostes típiques que em comenten els clients quan als tipus gastadors els pregunto si volen fer un estalvi per a la jubilació i en comptes de dir «no», em donen aquestes respostes. No explicaré què en penso jo, d'aquestes respostes, perquè tampoc els ho comento a ells.

Pels que tot i ser gastadors volen estalviar, el que primer els recomano és que portin el control, ja que si porten un bon control de les finances hi ha més probabilitat d'estalviar que no pas de gastar.

En el gràfic he posat quatre exemples de personalitats financeres, els que serien els més típics. Creus que et pots identificar en algun d'aquests?

- **Estalviadora i controladora:** Solen ser les que estalvien més, solen tenir uns objectius més clars d'estalvi i planifiquen les seves fites estalviadores per aconseguir-les. No s'ha de confondre ser estalviadora/controladora amb ser garrepa, una cosa no implica l'altra. Ho veurem després quan parlem de l'efecte ramat, però la gent sol titllar fàcilment de garrepes els que no segueixen el mateix ritme de consum que els altres.
- **Estalviadora però poc control:** Solen estalviar, però no tenen un mètode clar. Tot i que volen estalviar, no aconsegueixen l'estalvi desitjat per falta de definició d'objectius i molts cops es frustren i abandonen l'estalvi passant a ser més gastadors i evasius.
- **Gastadora i poc control:** Saben que gasten molts cops en coses innecessàries, «però... per això treballo» solen dir. Quan fan alguna

despesa innecessària se senten una mica malament però aviat els passa, en gaudir del que han comprat. No solen tenir gaire diners estalviats, i quan n'aconsegueixen d'extra (paga d'estiu o Nadal), se'ls solen fondre com la neu. No tenen ni objectius ni planificació i si estalvien és només perquè tenen un bon sou.

- **Gastador i sense control:** Gastar és un fet innat en aquestes persones i no saben el que és el control. Els diners solen durar menys que un caramel a la porta d'un col·legi. Si tenen uns diners extres a causa d'una loteria o una indemnització de feina o d'altre tipus, solen durar molt poc perquè en el seu ADN està gravat gastar per viure el present sense pensar gaire en el futur. Com que no porten el control, després d'un temps es pregunten on han anat a parar els diners de la indemnització i llavors és quan alguns reaccionen, d'altres no.

«Sí que soc estalviador, però alguns cops gasto massa. Això em descontrola el pressupost!» Potser sí i potser no. Si portem el control tindrem assignada la nostra partida de despesa. Tots hem de tenir la partida de despesa en oci també assignada. Ho veurem més endavant a la part d'endreçar les nostres finances, i tots ens mereixem la nostra vàlvula d'escapament de tant en tant, el nostre «gelat», que també veurem més endavant.

Per sobre d'aquestes definicions o menes de persones hi ha un altre tipus de persones que són fora de concurs, podríem dir. Són els **Monjos**. Podríem dir que tenen una relació d'odi cap als diners, pensen que són una cosa bruta i que si tenen diners no estaran en pau amb el món ni amb les persones. I per això són pobres, perquè no atrauen els diners i no volen tenir-ne en excés. Aquest sentiment d'aversió cap als diners pot ser manifest i que ho diguin públicament o pot ser un sentiment interior que no diuen però sí que senten. Solen ser herències de fa anys, quan a alguns ens van educar en la religió i ens van fer creure que «els rics eren males persones» o que «era més difícil que un ric anés al regne del cel que un camell passés pel forat d'una agulla». Quan era petit compartia aquesta dita, però de fet veig molta gent adinerada i no els veig maldat al ulls en general o no més maldat que la que puc veure en algú que no té tants diners. No m'agrada la frase «fan obres de caritat» perquè implica un to despectiu cap a qui ho rep, a mi m'agrada dir que «intenten fer una societat més justa», però és molt llarga la frase.

Els Monjos que, com dèiem, pensen que els diners són bruts, també poden somiar, sense voler, que els toca la loteria i són multimilionaris.

Com a conclusió d'aquesta part, et diria que t'has de conèixer com ets per poder determinar millor el que vols fer. Pensa en com ets o com vols ser perquè durant el llibre t'aniré recomanant capítols en funció de com t'hagis definit.

Els quadrants del flux dels diners

Ara que ja hem vist com ens relacionem amb els diners, anem a veure com ens arriben, d'on provenen els nostres ingressos principalment.

Sempre s'ha dit que hi ha dos tipus de treballadors: els assalariats i els autònoms. De fet, hi ha gent que potser no sap on ubicar-se perquè treballa mitja jornada en una empresa i l'altra meitat com a autònom, amb la qual cosa... té dubtes de com presentar-se. La veritat és que des d'un punt de vista laboral sí que podria estar d'acord en aquesta dualitat, perquè cotitzem d'una o altra manera a la Seguretat Social.

En realitat hi ha quatre tipus o maneres d'ingressar diners: els Empleats, els Autònoms, els Propietaris de negoci i els Inversors. A part de com cobrem o de la principal forma d'ingressos, la divisió serà de com ens sentim i/o com treballem.

- **Empleats:** Són les persones que treballen per a d'altres, per a una empresa, autònom o qui sigui que els paga el sou. Evidentment, aquesta gent canvia el seu temps per diners, és a dir, cerca una feina, pacta les condicions laborals de 4 hores, 8 hores o les que siguin, per la feina i la categoria. En aquesta categoria entren per exemple un mosso de magatzem o una directiva d'empresa, un educador social de l'ajuntament, etc. Tots tindran una remuneració adequada a les seves responsabilitats i a la seva dedicació diària. Sí, cotitzarà per règim general a la Seguretat Social, però, tal com he dit, això no té importància.
- **Autònoms:** El segon grup que trobem són els autònoms, aquelles superdones i superhomes que no es posen mai malalts, que potencien el teixit emprenedor del país, que han de pagar sempre i que no se'ls té en compte per a res. Fora d'aquests comentaris èpics, l'important és el primer: que no es posen mai malalts perquè, si no, no cobren. Aquests autònoms podríem dir en to afectuós que «són uns *pringats*», perquè no tenen la seguretat de cobrar mensualment de l'empresa, i si

falten a la feina per malaltia no cobren perquè no han fet la feina. En aquest grup s'hi troben la majoria d'autònoms i empresaris i és que molts empresaris que tenen empresa, treballen a l'empresa i facturen per a l'empresa, de fet són autònoms encoberts. Sí, autònoms encoberts perquè estan tot el dia a l'empresa i si fallen no es treballa i no es factura. M'explico, si a un pintor (autònom) li van entrant pisos per pintar, anirà cobrant, però si no té feina o no la pot fer, no cobra. En definitiva, està canviant temps per diners. I si imaginem un empresari d'una fusteria (constituïda com a empresa) que té tres treballadors? Què passa si a l'empresari no li entren feines? O... Què passa si l'empresari té un accident i està a l'hospital i no pot anar a treballar? Sí, els tres treballadors aniran treballant, però segur que no al mateix ritme i de fet hi ha coses que l'empresari ha de fer ell tant sí com no, com per exemple anar a buscar clients. En aquests casos, veiem que l'empresari és tant o més dependent de la seva empresa que un treballador o ho podem dir a l'inrevés: que la seva empresa és dependent d'ell. En aquests cassos, doncs, aquest empresari també canvia temps per diners, tot i que sigui l'empresari.

- **Propietari de negoci:** Què entenc jo per propietari de negoci? Doncs bé, com he dit abans, els empresaris poden ser molt bons fusters (o qualsevol altre ofici) perquè han après l'ofici del pare i tenen una fusteria, però realment són esclaus del negoci. La idea és que el negoci ha de funcionar sense ells, és a dir, que el negoci rutlli sol, que hagin delegat i que no faci falta la seva feina perquè el negoci funcioni. Ells, en conseqüència, es podrien dedicar a altres coses com jugar al golf, navegar, llegir un llibre, passejar... Em direu que això és ciència ficció, que no existeix, però la veritat es que sí, tot depèn de com s'orienti el negoci.

  Et posaré dos exemples:

  El primer és el d'una gran empresa multinacional com podria ser una consultoria informàtica, on el propietari només li passen els informes setmanals de totes les seus i poca cosa més perquè té gerents a totes les seus que ho fan fins i tot millor que ell. En aquest cas, ell està canviant el temps dels seus consultors informàtics i programadors per diners (pagant els sous), és a dir que, encara que ell treballés més o menys hores, no tindria un efecte en el seus resultats, però quan sí tindrà resultats és si els seus treballadors facturen més hores a un client o no.

I el segon: ara imagina un restaurant on el propietari és el cuiner i té un cap de sala. Aquest negoci seria un autònom amb la figura legal d'una empresa. Però, què passa si el propietari decideix oferir-li al seu ajudant de cuina ser el cuiner principal i que s'encarregui ell del restaurant? El formaria, el guiaria, li donaria recolzament i així ell es podria dedica a supervisar i controlar de tant en tant el restaurant? Aquest autònom passa a ser propietari de negoci perquè ja no hi treballarà les hores que feia, ha fet un traspàs gradual. A partir d'aquest moment, el propietari ja no canvia el seu temps per diners, sinó que canvia el temps dels altres (el dels seus treballadors) per diners. Més endavant entrarem una mica més en detall en el capítol de transformar un negoci en ingressos passius.

- **Inversor:** Finalment hem arribat a l'inversor, aquell que molts cops li'n diuen «el llop de Wall Street» o «taurons» en to despectiu, i és que la mala fama fa mal ja que no es té miraments pels que es dediquen a feines que molts cops són de desconeixença general. He de dir que tots tenim un petit inversor a dins nostre, i si no, qui no ha pensat algun cop —jugant al monopoli— que, si el joc fos realitat, seria el senyor del bigoti blanc, frac i barret de copa? No cal portar barret de copa, ni frac ni bigoti blanc. La veritat és que dels autèntics inversors no diries mai que ho són però —com diria el Màgic Andreu— als *cagamandurries* se'ls veu d'una hora lluny. Un no és més o menys inversor per la quantitat de diners que inverteix, sinó a partir de la manera que ho fa i quins són els seus objectius: si els té clars o no, si s'espanta per una sacsejada de mercat o no. Tampoc cal comentar més coses d'aquest tema perquè tractarem el «com invertir» en un capítol posterior. El que sí que comentaré és com guanya els diners l'inversor, i és que mentre uns canvien temps (ja sigui seu o dels altres) per diners, aquesta persona canvia diners per més diners, els «duros a quatre pessetes» però a l'inrevés.

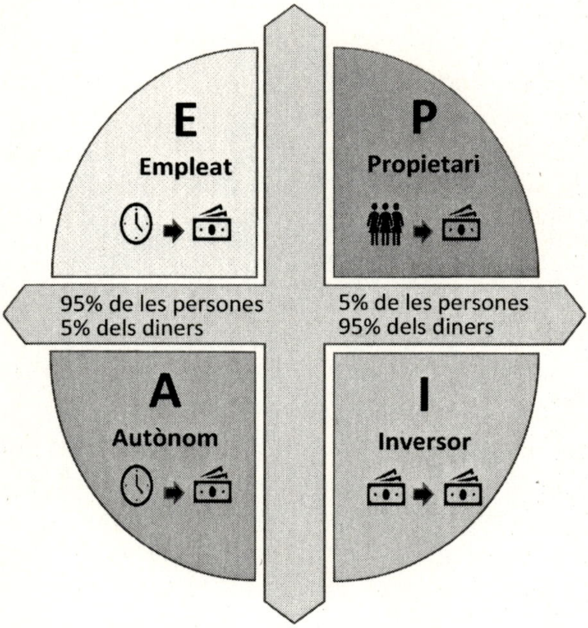

Font: Basat en el llibre *El quadrant del flux dels diners* de Robert T. Kiyosaki.

Evidentment, una persona pot estar en un sol quadrant o en diversos. El que determinarà en quin quadrant l'ubicarem o, millor dit, s'ubicarà (perquè és molt personal) serà a partir d'on tingui la seva principal font d'ingressos o a partir de com se sent personalment en aquell moment de la valoració. Com ja és habitual, posaré exemples:

Persona A: Director d'equip d'una d'empresa (treballador) que cobra prou bé i és soci al 50 % d'una altra empresa que s'està engegant. Hi posa dedicació, però de fet no cal que n'aporti massa perquè hi ha personal contractat que ja fa la feina. També inverteix mitjançant un assessor financer i té ingressos o, en el seu cas, fa créixer el seu patrimoni financer. On l'ubiquem? Es troba alhora en tres quadrants, cert, però... actualment crec que se situaria a la banda de treballador perquè encara no pot viure ni del negoci ni de les inversions.

Persona B: Pintora autònoma que té dos col·laboradors i que els envia a fer algunes feines que ell no pot fer perquè va saturat. Té un raconet de diners i de moment estalvia i inverteix poc. Aquesta persona és evident que és una autònoma.

Persona C: Autònom que exerceix la seva professió i té una empresa que sense ell funciona sola i li dona prou diners per viure. Aquest es podria considerar un propietari de negoci.

Persona D: Advocada que es dedica a gestionar inversions entre cas i cas, i que cada cop rebutja més casos perquè s'ocupa de les seves inversions. Compra pisos i els lloga, adquireix edificis i els restaura i ven els pisos (algun se'l queda per llogar), i amb les empreses fa tres quarts del mateix. Aquesta advocada es pot considerar inversora perquè tot i tenir algun negoci de restauració que funciona sense ella, com a advocada fa cada cop menys feina i el que sí que fa és gestionar rendes i inversions.

A partir d'aquí, i amb una idea més clara del quadrant en el que et pots ubicar, hauries de tenir en compte que... en els dos quadrants d'empleats i autònoms hi ha el 95 % de la població activa, i que la resta —només el 5 %— se situa a la part dels propietaris de negocis i inversors. És a dir, si consideres que ets un autònom o un empleat, no pateixis: estàs molt acompanyat perquè ets de la majoria.

El que potser no saps és que al tram dels empleats i autònoms hi ha només el 5 % dels diners i en canvi a l'altra part dels propietaris i inversors hi ha el 95 % dels diners.

Com diria en Bernd Schuster... NO HACE FALTA DECIR NADA MÁS. Jo he donat les dades, tu en pots treure les conclusions.

El que sí que comentaré és que pots ser en un quadrant i canviar cap a un altre temporalment per una necessitat o per un cas concret. M'explico: pots ser empresari o autònom, però la teva empresa no va gaire bé i et planteges temporalment anar a treballar per a una altra persona (des del meu punt de vista no és un bon plantejament, però, en fi). Deixes els treballadors que vagin aixecant l'empresa sense tu i tu amb un sou millor (treballant per a una altra empresa) i restant el teu sou de les despeses podràs fer-hi front sense problemes. El mal plantejament ve perquè és «una crònica d'una mort anunciada» perquè l'empresa no remuntarà sense tu. I, si remunta, planteja't que potser no serveixes per dur-ne les regnes, per tant potser millor que no tornis.

També pots estar ubicat en un quadrant, mentre vas fent alguna cosa per intentar passar cap a un altre quadrant que t'interessi més. Aquest és el típic cas d'un empleat que no està a gust amb la seva feina però que la necessita per subsistir. Creu que ha de fer alguna cosa per canviar, però treballar per a una altra empresa pensa que és sortir del foc per caure a les brases. Vol muntar la seva pròpia empresa i va fent un pla de negoci, estalvia, es forma, es documenta, recapta informació per quan vegi que està preparat per poder donar el pas tenir tots els engranatges preparats. Aquesta seria una molt bona planificació d'algú que vol començar a sentir la llibertat financera. Però, ai, que m'estic avançant uns quants capítols, deixem-ho aquí, que ja ho veurem més endavant.

Cultura o educació?

> «La cultura és el conjunt de valors, aptituds, teories, ideologies, normes i béns materials creats per l'ésser humà».

Quan es diu que algú no té cultura financera, es vol dir que no li han ensenyat mai a autogestionar-se financerament i a saber què ha de fer en cada moment. Jo penso que l'etiqueta de «no tenir cultura financera» és errònia ja que, com diu la definició, la cultura és un conjunt de valors, aptituds, ideologies, etc. Tots tenim la nostra cultura formada per herències i aprenentatges i, en el cas de la cultura financera, la podem tenir d'una mena o d'una altra, però no crec en la possibilitat de no tenir cultura financera.

No soc qui per discutir la idea que té una persona sobre els diners ni les seves creences, ni tampoc com s'ha de comportar quan els gestiona. Tampoc pretenc amb aquest llibre que la gent «faci les coses com dic jo», cadascú farà les coses com creu que les ha de fer, i jo només vull aportar el meu petit gra de sorra amb coneixements i experiències adquirides amb els anys per tal que, si a algú li serveixen, pugui reaccionar abans que sigui massa tard.

Aquest text no vol inculcar cap cultura a la força, sinó fomentar el coneixement financer personal per saber actuar. Parlarem doncs de difondre l'educació financera o d'aportar coneixements de finances personals, però la cultura financera personal de cada persona l'enriquirà amb els coneixements financers, amb altres vivències i amb les creences que hagi adoptat del seu entorn.

Tenint en compte aquesta apreciació anterior, una bona definició de cultura financera podria ser:

Són les habilitats, coneixements i pràctiques que portem dia a dia per aconseguir una correcta administració del que guanyem i gastem, així com un adequat control dels productes financers per tenir la qualitat de vida que volem.

Al principi de la meva carrera professional en l'entorn de les finances, quan em dedicava a les finances d'empresa, vaig fer moltes feines i tasques diferents. M'he format molt (màsters, programes específics...), he après molt i he emprat els coneixements molts cops, i em pensava que tenia una cultura financera adequada als meus objectius perquè sabia molt de finances empresarials, mercats, valoracions de projectes, fórmules, etc. Però, des que em vaig dedicar a les finances personals, he vist que això només eren coneixements financers, i que la cultura financera de veritat implica les persones i la seva qualitat de vida.

Per posar uns petits exemples: tinc coneguts i clients que són directors financers de grans empreses i institucions, o empresaris d'èxit amb bones empreses, que no portaven gens bé les seves finances personals. Per què? Perquè els manca aterrar-ho (com dic jo molts cops), posar-ho sobre la taula i forjar un pla de control, un pla financer personal o familiar. A vegades, la seva petita vergonya fa que no demanin ajuda i que segueixin sense preocupar-se de les seves finances i —encara més important— que continuïn a Matrix, continuïn letàrgics i no valorin el que tenen per aconseguir una qualitat de vida com es mereixen. Al cap i a la fi, portar les finances personals s'assembla molt a portar les finances d'una empresa, però sense tanta complexitat o, millor dit, sense gestionar personal treballant per a tu. El que ens passa normalment quan estem treballant és que ens buidem i acabem esgotats i no ens queda energia per seguir i controlar les nostres finances.

Les etapes de la Vida

«Hay tres etapas de la vida: juventud, madurez y "¡Vaya, te ves bien!"».

DWIGHT D. EISENHOWER

M'encanta aquesta frase de Dwight D. Eisenhower perquè encaixa perfectament amb la concepció de les etapes de la vida.

La primera etapa és la de la **infantesa-joventut**, molt important per al nostre desenvolupament. «Créixer, jugar, gaudir, aprendre, estudiar, experimentar...» són els verbs principals d'aquesta l'etapa. El que fem és parar la mà per rebre diners dels nostres pares, avis, o qui sigui, perquè no treballem. En definitiva, hi ha algú que satisfà les nostres necessitats per desenvolupar-nos com a persones ja sigui en les necessitats bàsiques (menjar, vestir-nos, estudis...), com els petits o grans capricis (joguines, sopars o sortides, moto, cotxe...). En aquesta fase, som esponges i absorbim molt aprenentatge i les maneres de fer del nostre entorn, ens estem formant com a persones i també financerament. Allò que veiem de com actuen els pares a nosaltres ens marcarà i en un futur serà la nostra base. El comportament davant dels diners dels nostres pares ens va marcar a nosaltres, les nostres creences sobre els diners, etc. De totes maneres, no tot és «el que mamem» dels pares, sinó que tots som modelables i bona part de com ens formem dependrà també de les nostres relacions socials. Pot semblar que dos fills o filles d'uns mateixos pares haurien de ser iguals per a l'aprenentatge i les creences que haurien adquirit en aquesta primera fase de la vida. Però, per experiència, puc dir que he vist sovint que dos germans de la mateixa família poder tenir visions diferents davant dels diners. Aquesta fase va des que naixem fins als 25 anys aproximadament, dic aproximadament perquè hi ha joves que amb 40 anys encara estan sota l'ala dels pares.

La segona etapa de la vida financera, **la maduresa**, comprèn l'adultesa, persones independitzades dels pares o que ja treballen tot i viure a casa els pares i que comencen a llaurar la seva vida professional. Aquesta etapa va des que som independents econòmicament fins que ens jubilem, que és al voltant dels 67 anys. Si poguéssim abans molt millor, oi? Però, mentrestant, considerarem el que ens marca la societat com a edat de jubilació. Aquesta etapa ve marcada pels verbs »treballar, cuidar, donar, gaudir, responsabilitzar-se...». Nosaltres som responsables dels nostres actes, les nostres decisions i molts tenim o tindrem fills o filles que haurem de mantenir, cuidar i educar. Serà la nostra responsabilitat també que aprenguin a relacionar-se amb els diners, i els haurem d'ensenyar a tractar-los com nosaltres creiem que haurien d'actuar amb els diners. Si creiem que els diners són una cosa «bruta», que són font de maldat i que no ens salvarem si acumulem diners, ells també ho veuran així. Si creiem que els diners són una eina d'estalvi i que hem de treballar amb respecte, això és el que veuran ells. Si creiem que és un tema tabú i a casa no se'n parla... Si creiem que tot i tothom es pot comprar amb diners... Per això tenim una responsabilitat financera de cara a la generació que ens segueix. Per altra banda, durant tota aquesta etapa vital en què treballem, hem de gestionar l'economia personal i familiar i anar acumulant per quan vingui la següent etapa.

La jubilació és la tercera i darrera etapa de la vida. En aquesta fase hi trobem verbs com «descansar, viatjar, gaudir, ajudar...». La paraula «jubilació» prové del llatí, del verb *iubilare* que vol dir «cridar d'alegria». Per què? Doncs perquè ja has arribat al moment pel qual t'has guanyat el dret de poder viure sense treballar. Quan parles amb jubilats de com estan, com se senten... ens podem trobar amb molts comentaris contradictoris. Alguns expliquen que estan millor que mai, que fan el que volen, que viuen bé, que se senten útils i que poden fer tot allò que mentre treballaven no podien fer. D'altres, però, entren en una espiral de rutina, que de salut tampoc van sobrats, de diners més aviat pocs, que malviuen, que se senten petits i que... «qui dia passa dia empeny». Hi ha les dues cares de la mateixa moneda, els que arriben bé econòmicament i els que pateixen per arribar a final de mes. N'hi ha que potser no han pogut escollir, perquè la vida els ha anat com els ha anat, han tingut una feina amb sous escassos i han hagut de fer front a situacions realment penoses per sobreviure, i d'altres que potser han tingut diners però no els han sabut administrar de manera correcta i no han estalviat mentre en tenien l'oportunitat.

Aquest llibre l'he escrit per a totes aquelles persones que ara estan a l'etapa de maduresa i que en un futur passaran a l'etapa de jubilació perquè puguin gaudir del seu *iubilare* personal amb plenes garanties.

Els més atents potser us heu fixat en una curiositat i és que, entre els verbs que caracteritzen cada etapa, hi ha un verb que es repeteix en totes 3: GAUDIR, perquè per sobre de tot, hem de gaudir sigui quina sigui la situació en què ens trobem. No podem estar avorrits perquè no sabem a què jugar, ni estar amargats per treballar, ni deprimits perquè tinc massa temps lliure. VIURE conscientment és GAUDIR.

Fins als 25 anys — La família satisfà les meves necessitats

De 25 a 70 anys — Jo genero diners per a mi i la meva família, i construïm...

A partir dels 70 anys — ... la meva autonomia financera futura

Font: Elaboració pròpia.

En relació al GAUDIR, us vull recomanar un llibre de Matt Jardine, que es diu *Cómo ser un budista millonario*.

En aquest llibre l'autor ens acompanya en un viatge metafòric fins a... o potser més val que no t'ho avanci aquí i que deixi que t'ho llegeixis tu. Perquè penso que el més important d'un viatge no és el destí sinó el camí en si. Només et diré que tracta del fet de gaudir la vida amb o sense diners i demostra que, si gaudeixes de la vida, la resta és indiferent, però que segur que no et faltaran diners.

Ansietat Financera *vs*. Insatisfacció Financera

El patiment forma part de la naturalesa humana, i és molt difícil deslliurant-nos-en. Fixeu-vos si és difícil de treure'ns aquest patiment que molts cops l'arrosseguem com una càrrega feixuga que ens acompanya allà on anem, fins i tot quan parlem per telèfon el que ens escolta a l'altre costat de la línia ens pot notar com n'estem, d'amoïnats.

En el cas de les nostres finances, també. Allà on anem, arrosseguem els nostres problemes econòmics, perquè formen part de nosaltres i de la nostra vida.

En termes de salut, podem tenir una migranya que no ens deixa treballar o només un petit maldecap. Per a les dues opcions és important trobar una manera de fer passar el dolor però són problemes diferents que tenen diferent afectació i resolució.

La insatisfacció financera la pateix molta gent, són els petits maldecaps que solem tenir sobretot a final de mes quan veus que encara queden uns dies perquè arribi «la vacuna», la nòmina. Aquest moment d'anar a comprar sabent que tens pocs diners al compte... ens genera una mica de maldecap, que normalment queda arreglat el dia X de cobrament.

Evidentment, també hi ha altres causes d'insatisfacció financera com serien els problemes amb les inversions que no acaben de rutllar, o fins i tot mirant la TV podem veure com, per exemple, la Borsa Americana baixa una mica però segons les notícies «es desploma». És cert que qualsevol fet negatiu pot afectar les nostres inversions, però també és cert que les notícies i els diaris fan èmfasi en el drama perquè fa vendre millor els diaris. Alguns en dirien infoxicació, que seria la intoxicació de notícies, i d'altres en dirien fer de *dramaqueens*. Pren-te com creguis les notícies, però analitza-les.

Si et pregunto si sents satisfacció amb el teu sou, què em diries? Segurament em diràs que no, que vols cobrar més, que et mereixes cobrar més, és més, exigeixes cobrar més! Paro per no escalfar els ànims. I és que la insatisfacció financera és molt habitual però com a tal no arriba a ser una malaltia. Té remei? Sí. Normalment, fent alguns ajustos a l'economia personal, familiar o empresarial la majoria de problemes es poden resoldre. Com? Bona pregunta. De fet, no hi ha una fórmula matemàtica perquè cadascú té una dolència diferent i no puc donar una solució generalitzada o administrar un remei d'ampli espectre per tractar això. Cadascú haurà de buscar quin és el seu mal i aplicar-hi els remeis.

- Gastar massa
- No portar el control
- No tenir un pressupost assignat per a cada cosa
- No tenir un coixí de seguretat (estalvi mínim)
- Fer volar coloms
- Mirar massa la TV i creure's totes les prediccions catastrofistes
- ...

Aquests són alguns dels problemes que hi pot haver, però cadascú tindrà el seu. Quin és el teu? Només quan trobis el teu problema d'insatisfacció financera podràs aplicar-hi un remei per resoldre'l. Potser no trobes la solució per tu mateix i has de visitar el metge dels diners. Consulta un assessor financer per saber com solucionar la teva o vostra insatisfacció financera abans no es converteixi en ansietat.

Abans que es converteixi en ANSIETAT? Doncs sí. L'ansietat ja és més que un mal de cap, és tenir problemes i greus. Si no arribes a final de mes perquè t'ha vingut una assegurança que no esperaves, pot ser un error no controlat, però no és ansietat. Ansietat és una insatisfacció perpètua que fa que et bloquegis i que no visquis feliç, ni treballis al 100%, ni facis l'amor al 100%, ni... Són els problemes que arrossegues cada dia, una càrrega feixuga que portes a sobre dia a dia. És aixecar-te a les 4 de la matinada la nit perquè has de pagar les nòmines als treballadors i saber que només pots pagar-ne la meitat o menys dels imports de les nòmines. Saber que tens tants deutes que amb el que cobres no arribes a pagar-ho tot i això fa que et plantegis algunes coses de la vida.

Els que hem estat algun cop en aquesta situació ho sabem bé. Un negoci que no ha funcionat i que t'ha arruïnat pot ser-ne la causa, però també n'hi ha d'altres: una inversió mal calculada, un engany, una estafa, un divorci, uns mal hàbits de consum o una mala planificació...

Però deixa'm dir-te que per molt fons que sigui el pou en el que hagis caigut, pots sortir-ne. El primer pas és el reconeixement. Reconèixer que estem en aquella situació, cercar ajuda, aprendre, i tenir un esperit positiu, un caràcter fort i d'enfrontament a la situació per no caure en una espiral de depressió, perquè sense això la caiguda serà encara més gran.

A partir d'aquí, has d'anar pas a pas i a poc a poc per anar solucionant tots els problemes començant pels més urgents fins als de menor importància. Dedicar-hi un bon temps per pensar i analitzar farà que tinguis una visió més global de tot i poder afrontar-ho amb més tranquil·litat. Fes un llistat de totes les coses a solucionar per parts, això et farà ser conscient de la situació i podràs trossejar el problema en petites porcions més senzilles.

Un cop analitzat el problema i avaluada la dimensió, hauràs de buscar ajut amb un o diversos professionals. Un assessor financer, un fiscal, un advocat. Depèn de cada problema, caldrà un professional o un altre que t'ajudi a definir un pla per arreglar tot aquest desgavell.

Paral·lelament a totes aquestes accions, és important tenir el recolzament familiar o d'amistats, evidentment la parella, si en tens, ho ha de saber. Pares, germans, amics més íntims... Explicar-ho va bé per alleugerar la feixuga càrrega, cercant alguna complicitat i fins i tot l'ajuda que segur que agrairàs. Aquesta ajuda **no** ha de ser gratuïta i has de ser agraït mentre estàs sortint del pou però també has de recordar-te un cop sortit del pou que en algun moment vas necessitar ajuda i et van estirar la mà per ajudar-te. Com diuen al meu poble: «El que no es paga amb diners, es paga amb dinades», que a part de fer un llistat de diners que t'han deixat per tornar-los, també has de ser agraït i, si mai tens l'opció d'ajudar a algun amic o familiar, ofereix-li la mà. Eps!, no vol dir anar regalant diners. Això no sempre funciona, de fet, molts cops és millor un recolzament o explicar la teva experiència perquè li serveixi d'aprenentatge. Es pot donar el cas que no puguis ajudar algú directament, però potser coneixes algun professional que el pugui ajudar millor. Només facilitant el contacte segur que ja li serà de molta ajuda.

Per evitar caure en insatisfacció o ansietat financera, s'hauria de tenir una formació financera adequada. Estic segur que si hagués tingut més coneixements de finances personals quan em vaig arruïnar, no m'hagués passat, perquè hauria estat millor protegit.

Per sort, ara ja en fa molts anys, d'allò, però jo vaig trobar-me en aquesta situació d'ansietat. Em despertava a la matinada suant i anava a l'oficina perquè no podia dormir. Allà tampoc no feia gaire cosa perquè estava bloquejat, però quedar-se al llit no pagaria les nòmines. Vaig passar un temps molt malament on s'acumulaven factures i deutes. A l'empresa no facturàvem prou. Ho seguia intentant perquè em deia que era un moment dolent, que tot allò passava puntualment per algun problema concret. Que un cop passessin els efectes d'aquell problema, tot milloraria. És difícil veure el bosc quan tens uns arbres al davant que et tapen la visió. I assumir que la teva empresa no rutlla i que s'ha de plegar veles, també.

Recordo aquella època com una de les pitjors de la meva vida, però l'aprenentatge que en vaig treure va ser una lliçó que no es paga amb tots els diners del món. Vivia sol i això era bo perquè no arrossegava ningú més amb mi cap al pou. Tampoc ningú m'havia de finançar les aventures empresarials. Anar a comprar era un entrenament matemàtic, sort que soc de càlcul ràpid. Aleshores no hi havia encara els indicadors del preu per Kg de cada producte i per tant a l'hora de decidir el producte millor de preu de la seva gamma era un exercici de càlcul avançat en què em vaig especialitzar. Gana no en vaig passar mai, però aquella experiència em va fer adonar que podem viure amb moltes menys coses de les que estem acostumats i que les coses supèrflues són prescindibles. Va ser una gran experiència personal i vital que em fa encarar la vida d'una manera diferent de com segur que la veu molta gent. Ni millor ni pitjor, senzillament diferent.

Vaig poder sortir-ne gràcies a la família i amics, on sobretot va tenir un pes important el meu germà amb el seu recolzament econòmic, però principalment com a amic i conseller. Em va llançar la corda que necessitava i va ser al meu costat mentre anava escalant el pou.

Per sortir d'un pou és important trobar aquesta persona que et recolzi i t'acompanyi però també l'aprenentatge i no oblidar mai on eres per valorar el que tens i no oblidar que mai vols tornar a baix de tot.

Aquest aprenentatge (que no recomano a ningú de comprovar-ho empíricament) és el que va marcar a posteriori la meva vida. Això i també el «SÍ» que vaig dir quan em van proposar ser assessor financer de persones i famílies. Per què? Doncs perquè volia aportar el coneixement i l'experiència a més gent. És la mateixa raó per la qual faig cursos i xerrades gratuïtes d'educació financera i és per la mateixa raó que m'ha portat a escriure aquest llibre de gestió financera personal i familiar.

Si ets empresari o empresària i vols que la teva empresa rutlli, mira i parla amb els teus empleats que són el bé més preuat que tens. Si detectes algun símptoma d'insatisfacció financera, no esperis que ho resolguin ells per la seva banda. **Compte!** Tampoc cal que els paguis la factura del que deuen perquè se n'han de sortir sols però acompanyats. Cerqueu algun assessor o un bon curs de finances personals que a més poden estar bonificats per la FUNDAE, i ajudeu-los a sortir del sot abans que no es converteixi en pou.

Qualitat de Vida

«Tenim una vida per viure-la, no per gastar-la».

Anònim

Si et pregunto: què és per a tu tenir qualitat de vida? Què em respondries?

Pren-te entre 2 i 5 minuts per pensar-ho i després continua llegint.

Segur que has pensat en coses que et fan feliç, aquelles coses en les quals et podries gastar diners o invertir temps sense mirar la cartera o el rellotge, oi?

Deixa'm dir-te que cadascú té una idea de **Qualitat de Vida** i totes són bones, per tant, et felicito. Aquests cinc minuts que has invertit han estat molt ben invertits i segur que tindràs una gran rendibilitat a llarg termini, aquesta estona invertida l'aprofitarem més endavant.

Hi ha gent que pensa que tenir una bona qualitat de vida és:

- Tenir aparcat un Ferrari i un Porsche a la cotxera i escollir amb quin cotxe anar a treballar o sortir de cap de setmana.
- Viatjar sovint.
- Anar als restaurants sense mirar la columna de la dreta.
- Fer una activitat amb els nens/es.
- Anar a passejar per la muntanya a les 11 h del matí d'un dia entre setmana.
- No haver d'aixecar-te d'hora per anar a treballar.
- ...

No vull posar més exemples, cadascú té la seva visió del que vol ser o tenir a la vida.

Efecte ramat

La teva manera de relacionar-te amb els diners condiciona moltes coses de les teves relacions socials, però evidentment hi ha una cosa que marca per sobre de la resta i és l'anomenat efecte ramat. Es fa servir per referir-se a la «poca personalitat per decidir que no vols fer el mateix que fa la resta», és a dir «el que fan tots, tu també ho fas i puges la teva aposta» (com en el pòquer).

Evidentment, aquesta manera de fer ens pot causar algun problema econòmic. Per exemple, a vegades potser voldríem dir «no puc venir a sopar perquè no em puc permetre gastar 50 € per persona per anar a aquest restaurant», i en canvi solem acceptar i gastar-nos aquests diners tot i que després potser patirem per arribar a final de mes.

Amb això no estic dient que hàgim de reduir les nostres relacions socials, sinó... valorar-les. Es tracta de ser conscients que l'efecte ramat a vegades et pot empènyer a prendre un gin-tònic en lloc d'una aigua o d'una cervesa. A més, l'efecte ramat fa dir... «posa'm un gin-tònic dels premium (no dels normals) per a mi», tot i saber que el preu que et costarà la copa t'arrossegarà a final de mes. Com diu un conegut meu en to de broma, «*¡que no se respire pobreza!*».

M'agrada jugar a la loteria i perdre

> «El saben aquel que diu que és un que es troba amb un amic i li diu...
> —A mi m'agrada jugar al pòquer i perdre.
> —I guanyar?
> —Guanyar ja deu ser l'hòstia, nano».
>
> EUGENIO

Si ets de la seva època, segur que recordes l'acudit de l'Eugenio, o no? Si vols pots recrear aquest acudit posant al Youtube «*Eugenio me gusta jugar al poker y perder*» i riuràs un moment. El gran humorista català Eugenio ens va fer gaudir amb molts acudits i molts bons, jo vull destacar-ne aquest perquè, com a introducció al tema que explico, em va de primera, i és que a mi «m'agrada jugar a la loteria i perdre». Direu que estic boig, oi? Com diria també l'Eugenio: «El pare està boig!».

Primer de tot: és que jo «gairebé mai compro loteria i dic gairebé mai perquè si em trobo algun infant (o amic) que m'ofereix loteria per al viatge de final de curs o per a una entitat social, no sé dir que no. Però a vegades no miro ni si he guanyat res.

Si analitzem el joc de la loteria, veurem que tenim molt poca probabilitat que ens toqui. Per exemple, si juguem a la loteria 6/49, tenim una probabilitat entre 13,9 milions de combinacions, per tant és molt difícil que ens toqui. Estadísticament no és una bona opció jugar a la loteria perquè acabarem gastant-nos tots els diners abans que ens toqui res. Ara bé, si analitzem el perquè juguem és molt senzill: per tenir il·lusió! La il·lusió ens manté vius i desperts, com a *Matrix* o com a la pel·lícula *La isla* pel sorteig que feien cada cert temps, en què els clons podien guanyar la sortida cap a l'illa promesa. I és que la il·lusió és molt poderosa. Però aterrem-ho: quant ens gastem setmanalment en aquesta il·lusió? 1 o 2€, 5 o 10€, 20-30€, més de 30€?

No et faré que calculis quant et gastes en loteria en un mes multiplicant per 4, ni et demanaré que calculis en un any multiplicant per 12 el resultat anterior sumant-hi la Grossa o el Nen. Ni molt menys, et demanaré que multipliquis l'import obtingut per 10 per saber el total del que t'has gastat els darrers 10 anys per així saber quin ha sigut el cost de la teva il·lusió, evidentment és un tema privat i personal.

Hi ha estudis sobre els guanyadors de loteria. En aquests estudis s'investiga quant de temps els dura la seva «riquesa», i és per molts conegut que el millor que et pot passar és que mai et toqui la loteria perquè per estadística després de cinc anys «l'afortunat» sol estar més pelat que abans. Per això prefereixo jugar i que no em toqui!

El que no és tan conegut és que en una segona part d'aquests estudis, es mirava l'entorn social i veïns de la persona a qui li ha tocat la loteria. El resultat és que aquest entorn tendeix a disminuir la seva «riquesa» també, el perquè us el podeu suposar i va lligat a la condició humana i a un dels set pecats capitals. Exacte, és l'enveja! Per què? Doncs perquè si veiem que el nostre veí es canvia el cotxe, nosaltres solem mirar el nostre cotxe i dir-nos internament que potser tocaria canviar-lo, perquè si el nostre veí va quatre vegades a sopar i ens ho refrega per la cara, nosaltres no volem ser menys i anem cinc vegades a sopar perquè no sigui dit. Si el nostre amic ens diu que vol anar de vacances a les Maldives, faré tot el possible per «JO TAMBÉ», aquest és el nostre gran problema: el «JO TAMBÉ», per això, l'estudi és concloent quan afirma que la loteria empobreix el cercle directe. Però, compte, no tot és negatiu perquè guanyar la loteria també reactiva l'economia propera. Sí, el barri, la ciutat, allà es veu un increment del consum i també fa pujar l'IPC (Índex de Preus al Consum, l'encariment dels béns cada any), però això seria un altre tema, que ara no toca.

Evidentment, no sempre és així, hi ha casos en què no ha passat ben bé això, guanyadors de loteria que han sortit reforçats i han creat una gran fortuna a partir d'aquell cop de sort, no només conservant el premi sinó ampliant-ne la fortuna- Suposo que deurien assessorar-se amb algun professional EFPA, però evidentment no són els casos més típics.

El cost de formar una família

«Tots els nens neixen amb un pa sota el braç».

Dita popular

Formar una família sempre és motiu de joia i alegria, però, com tot, té un cost en aquesta vida. Per entrar en aquet tema, intentaré posar una mica de xifres a aquesta alegria. No m'agradaria fer baixar la natalitat amb el que escriuré a continuació.

Abans de passar a analitzar la família completa, el paquet estàndard de parella i dos infants, hem d'analitzar d'on venim. A les etapes de la vida hem vist que quan som infants els pares ens ho paguen tot, des dels bolquers del principi de tot fins a les cerveses amb els amics quan ja som a punt d'emigrar del niu. Aquesta fase ens marcarà molt la nostra manera de ser en un futur, ja ho he comentat abans. Quan comencem a treballar, la personalitat financera del nostre entorn, de les nostres relacions socials (siguin gastadors, estalviadors, evasius o controladors), en marcarà també en bona part la nostra, de personalitat financera.

Quan som joves, podem fer escapades de cap de setmana o vacances de sortir de festa i permetre'ns el «**NO LUXE**» de no dormir en un hotel, hostal o bungalow. Una platja de pedres és un matalàs molt còmode per no pagar una habitació quan no tens «un xavo», i tens 18 anys. És el mateix que comprar un rom o una ginebra marca «no-t'hi-fixis», perquè quan tenim 18 anyets ho aguantem tot. Podríem dir que la nostra economia social és una economia de guerra, però com que tots els amics també estan a la trinxera, no destaques ni per excés ni per defecte.

A partir d'aquí, vindrà «el meu amic» o «la meva amiga», vull dir «el noviet o novieta», bé: la parella. Quan comencem a sortir amb algú, ja no pots anar a dinar uns macarrons freds del súper de la cantonada i menjar-te'ls a la platja amb els amics. Ara ja es tracta d'anar a un *burger* o a fer un entrepà o un menú a un bar. Les sortides de cap de setmana es converteixen en demanar el cotxe als pares, que el tornes amb el dipòsit buit, clar, i vas a un càmping o a una pensió. Però amb el temps, també passem del *burger* a un restaurant i de les cerveses als gin-tònics. A poc a poc, i no se sap ben bé com, cada cop pensem que necessitem alguna cosa més i, evidentment, més diners per satisfer la parella i a nosaltres mateixos.

Paral·lelament, els pares haurien de tancar l'aixeta, ja no per no desmuntar la seva economia familiar —perquè és una sagnia— sinó per fernos unes «persones de profit» (la meva àvia estaria contenta de veure que utilitzo les seves sàvies paraules). Hem de començar a treballar i això marcarà molt el nostre dia a dia financer familiar. Si som d'un caire gastador o estalviador, si la nostra parella també treballa o som nosaltres qui aportem els diners de les sortides.

Continuem vivint i a casa ens fan nosa els pares, però és clar, no els podem dir que marxin, és casa seva, per tant buscarem la manera d'independitzar-nos. Podem compartir pis, anar a viure amb la parella, o compartir pis amb la parella i els amics, apa! Festa grossa tots els dies! Els costos pugen, siguin d'una manera o d'una altra cada cop es necessiten més diners. Al final de tot, el paquet estàndard de la vida es compleix, i acabarem vivint amb la parella en un pis petit que per nosaltres ja ens està bé. Però al cap d'un temps arriba la joia i l'alegria, sobretot de les àvies. HEM SIGUT PARES! I ara toca, a part de canviar bolquers, PAGAR-LOS!

A partir d'aquí arriba el quid de la qüestió. Quant costa un fill des de que neix fins als 18 anys?

Hi ha un informe de la CECU (Federación de Consumidores y Usuarios), que es va fer fa temps, però jo hi he actualitzat els imports a l'any 2023. Aquest informe s'ha fet amb el mètode de sondeig a famílies de diferents nivells socials. S'han tingut en compte molts aspectes i moltes variables, és molt complet.

Destaco la part opcional de l'escolarització en una escola privada, l'oci, roba i calçat i complements extres, ja que en aquest sentit la despesa en aquestes partides de famílies més acomodades podria distorsionar la despesa mitjana de la resta. Per això, crec que es una bona referència aquest informe i, de fet, l'han tingut en compte diaris i publicacions diverses.

Any		Alimentació	Higiene	Roba/Calçat	Educació	Oci/Joguines	Sanitat	Extres complements	Extres celebracions	TOTAL Anual
Fase I: De 0 a 1 Anys	Mitja	1.716,00 €	1.716,00 €	1.801,80 €	1.701,70 €	214,50 €	474,76 €	2.574,00 €	0,00 €	**10.198,76 €**
	Extres	0,00 €	0,00 €	0,00 €	4.004,00 €	0,00 €	1.431,43 €	4.178,46 €	1.072,50 €	**16.134,69 €**
Fase II: De 1 a 3 Anys	Mitja	4.147,00 €	1.372,80 €	1.144,00 €	2.674,10 €	486,20 €	343,20 €	572,00 €	0,00 €	**10.739,30 €**
	Extres	0,00 €	0,00 €	0,00 €	4.004,00 €	0,00 €	1.816,10 €	3.146,00 €	286,00 €	**16.402,10 €**
Fase III: De 3 a 6 Anys	Mitja	3.925,35 €	71,50 €	858,00 €	471,90 €	586,30 €	171,60 €	0,00 €	107,25 €	**6.191,90 €**
	Extres	0,00 €	102,96 €	2.002,00 €	7.893,60 €	1.458,60 €	1.673,10 €	214,50 €	407,55 €	**17.677,66 €**
Fase IV: De 6 a 12 Anys	Mitja	4.433,00 €	71,50 €	858,00 €	500,50 €	586,30 €	28,60 €	0,00 €	107,25 €	**6.585,15 €**
	Extres	0,00 €	102,96 €	2.002,00 €	10.420,41 €	1.458,60 €	1.680,25 €	600,60 €	4.719,00 €	**25.416,82 €**
Fase V: De 12 a 15 Anys	Mitja	4.864,86 €	71,50 €	1.086,80 €	500,50 €	600,60 €	21,45 €	400,40 €	143,00 €	**7.689,11 €**
	Extres	0,00 €	143,00 €	2.145,00 €	11.601,59 €	1.573,00 €	1.680,25 €	2.145,00 €	1.122,55 €	**25.275,25 €**
Fase VI: De 15 a 18 anys	Mitja	6.006,00 €	128,70 €	1.279,85 €	543,40 €	870,87 €	50,05 €	400,40 €	143,00 €	**9.422,27 €**
	Extres	0,00 €	715,00 €	2.288,00 €	11.468,60 €	2.574,00 €	1.680,25 €	3.003,00 €	3.267,55 €	**31.002,40 €**
Fase VII: De 18 a 23 Anys	Mitja	6.006,00 €	128,70 €	1.279,85 €	5.720,00 €	870,87 €	50,05 €	400,40 €	143,00 €	**14.598,87 €**
	Extres	0,00 €	0,00 €	2.288,00 €	21.450,00 €	2.574,00 €	1.680,25 €	3.003,00 €	3.267,55 €	**40.397,50 €**
Fase VIII: Pre Independització	Mitja	6.006,00 €	128,70 €	1.279,85 €	5.720,00 €	870,87 €	50,05 €	400,40 €	143,00 €	**14.598,87 €**
	Extres	0,00 €	0,00 €	2.288,00 €	0,00 €	2.574,00 €	1.680,25 €	3.003,00 €	3.267,55 €	**24.667,50 €**

Font: CECU (Federación de Consumidores y Usuarios) amb actualització de dades pròpies a Gener 2023 segons IPC publicat per INE.

No em posaré a revisar cadascun dels imports que apareixen a la taula, només vull comentar que les dades s'han actualitzat a gener del 2023 segons l'IPC publicat per l'INE (Instituto Nacional de Estadística).

Com he comentat abans, hi ha la diferència entre famílies de nivell adquisitiu més alt, però que la part d'extres no s'ha de sumar a la mitjana, sinó que l'import ja seria la mitjana dels que gasten més. Per una altra banda, als totals que veieu quan una casella d'extres està a 0, cal sumar-hi la casella de la mitjana perquè s'entén que no hi ha hagut distorsió.

També s'ha de dir que no és el mateix una família que té només un infant i una família que en té cinc, ni tampoc la família que són dues nenes o dos nens i que la roba passa de la gran a la petita, ni si s'ha reaprofitat un cotxet, cadireta del cotxe, bressol o altres estris d'un cosí, germà o amic. Tampoc s'ha tingut en compte si han sigut regals, per tant, aquests imports de despeses també s'han de prendre entre cometes en alguns casos.

Dit això, i fent la suma total dels imports que apareixen aquí... el cost total d'un infant fins als 18 anys és de mitjana 141.098€, i si tenim uns estudis en escola privada i uns luxes una mica majors, la xifra puja fins als 423.305€. Aquesta xifra sembla molt elevada i suposo que mai ho havíeu calculat, però si fem la mitjana anual, la veritat es que a mi em quadra perfectament ja que el cost anual mig està entre uns 7.800€ per a la mitjana normal de famílies i uns 23.500€ els infants que van a una escola privada i duen una vida més acomodada.

Arribats a aquest punt, hem valorat el cost fins als 18 anys, però... precisament què passa als 18 anys? Els joves marxen de casa i s'independitzen, oi? No! És clar, primer han de fer els seus estudis, i després, treballin o no, han de tenir ganes de marxar de casa, mentre tenen les seves despeses en sortides amb els amics. I qui paga la festa? Això ja us ho deixo a vosaltres per tal que opineu i ho decidiu, ja que cada persona tindrà la seva idea de com educar els seus fills.

Jo segueixo amb els números generals i la veritat és que fer una valoració dels anys d'estudis superiors és molt difícil perquè la despesa té una forquilla de cost molt gran. Primer hem de saber què farà el/la jove, si mòduls, grau universitari, superior, si farà algun any d'Erasmus, si cursarà un màster o doctorat. Aquests anys poden anar des d'uns mínims d'uns 10.000€ perquè té plaça a la universitat pública i pot aconseguir una beca, a uns màxims de 35.000€ o més perquè anirà a una universitat privada de renom que costa força diners. Pel que fa al menjar, serà un plat més a taula, o dos, si ve amb el «noviet o novieta». De la llum, aigua, sanitat i la resta de despeses de casa, també en serà consumidor. La roba, calçat i oci els decideixen cada família, però sempre està bé que tinguin una feineta que els doni prou diners per a les seves despeses i així, com a mínim, els pares en queden alliberats.

Quan ja no estudien, potser troben una feina o potser no, continuaran vivint a casa, consumint recursos fins que els pares aconsegueixen que marxin! És broma, ja que els pares volen que es quedin per sempre a casa, oi? De fet, la responsabilitat dura fins que els joves es poden permetre el lloguer d'un pis amb uns amics o parella i començar la roda un altre cop amb ells com a protagonistes de la història del que costa formar una família.

Doncs bé, si et pensaves que ja acabava el capítol, és que encara no em coneixes prou... no et podia deixar a mitges! La veritat és que només dient que cada fill o filla té un cost entre 243.000 € i 675.000 € fins als 25 anys seria correcte, però tampoc no t'aportaria gaire, i el que vull és que en puguem treure profit.

	Fins als 18 anys		Fins als 25 anys	
	Import	Mitja Anual	Import	Mitja Anual
Mitja	**141.098,10 €**	7.838,78 €	**243.290,19 €**	9.731,61 €
Amb Extres	**423.305,74 €**	23.516,99 €	**674.628,24 €**	26.985,13 €

Font: CECU (Federación de Consumidores y Usuarios) amb actualització de dades pròpies a Gener 2023 segons IPC publicat per INE.

Com paguem la festa? Tot això té un cost bestial! Segur que no ho arribo a cobrar mai, penses, oi? Bé, abans de res deixa'm dir-te que tots hi passem i alguns ja hi han passat de la millor o pitjor manera. Tots van passant com poden la situació i és que «tots els nens neixen amb un pa sota el braç». I, si no, pregunteu als vostres pares com s'ho feien.

Els costos grossos solen estar en els primers anys de vida, des que neixen fins als 3 o 4 anys, a partir d'aquí baixen significativament les despeses dels infants, però dels 15 als 23 o 24 anys les despeses tornen a pujar per cada fill/filla. Us diria que tot és una qüestió d'equilibri. Quan els fills són petits, per una banda sols tenir menys vida social i no es gasta gaire en oci. També es reben regals de benvinguda al nadó per part de familiars i amics, i els avis solen dir més d'un cop «compra-l'hi que ja t'ho pago jo!». I si tenim familiars o amics que ja no tenen intenció de tenir més nens, una bona manera de reduir les despeses és acceptant donacions, sobretot dels objectes que com es diu «duren dos telenotícies». Quan ens toqui a nosaltres passar la penyora, si no coneixem ningú a qui li puguin fer servei els nostres objectes, sempre podem fer una donació altruista o també podem posar-los en una aplicació de compra-venda de productes de segona mà i recuperar-ne alguna cosa.

L'època que ens queda al mig, entre els nadons i els pre-adults, ha de servir per acumular dividends fins al següent moment de despesa important. La nova pujada de despesa serà a partir dels 18 anys principalment, tot i que a partir dels 15, amb «l'edat de la poca-solta» («l'edat del «*pavo*»), sol haver-hi despeses extra. Acostumats a una despesa superior, quan resulta que baixa, hem d'aprofitar per acumular fent un estalvi ben dirigit. Ja veurem com es pot fer aquest estalvi en el capítol corresponent, a fi i efecte de cobrir aquests forats financers.

Una de les coses que les famílies solen fer és sobre protegir els joves i no forçar-los a trobar una feina per pagar-se les despeses personals. Jo, com a pare, no només trobo bé que els joves busquin una feineta perquè no facin una despesa encara més gran dins de l'economia familiar, sinó que, a més a més, aquesta ocupació els serveix com a aprenentatge personal i professional, com una manera de despertar en el món laboral controlat. Aquesta feina no cal que sigui de 40 hores en una fàbrica, però sí que al jove li donarà altres beneficis, com per exemple:

- Compromís i responsabilitat amb l'empresa contractant, les implicacions que això comporta externament i amb ell mateix.
- Aprenentatge social en un entorn empresarial, no només és el conèixer gent, sinó com comportar-se a la feina, perquè ja no som a l'escola.
- Tenir un cap que el controla, el corregeix, l'esbronca si cal. A partir d'ara, els pares no som els únics que li diem les coses que fa mal fetes. I ja no poden continuar contestant allò de «no em ratllis» per enllestir la conversa.
- L'autorealització personal per la recompensa, la recompensa de cobrar al final de la feina o del mes.
- Coneixement dels diners: què implica treballar i cobrar uns diners després de fer una feina. Saber-se autogestionar els estalvis i el sou.
- ...

Tot i que no és objecte del capítol present, sí que voldria fer un incís sobretot en aquest darrer punt, ja que els joves han d'aprendre a autogestionar-se el diners. Han de saber quant costa aquell desig que tenen de comprar-se una samarreta de marca o la sortida a Platja d'Aro amb els amics, en lloc de parar la mà i dir «pares, em doneu diners que he d'anar a...?». Han d'aprendre a traduir el cost de les coses en hores de feina, aquest és el primer pas, i així podran dir si es compren la samarreta o no, perquè els ha costat 3 o 4 hores de feina a la cafeteria, botiga o on sigui que treballin. També és important el fet d'autogestionar-se els estalvis i el sou, però aquí els haurem d'ajudar una mica nosaltres difonent els nostres coneixements financers personals com a guia, mai com una imposició.

Planificació: Planificar + Acció

«Llums, càmera i acció...».

Dita popular atribuïda als rodatges

És el primer dia de rodatge, quins nervis! Ben aviat es començarà a rodar la pel·lícula, com serà? Com quedarà? El director i el seu equip han invertit moltes hores en la planificació, però compte!, que ara va de debò! Es demana silenci i se senten per primer cop les paraules «llums, càmera, acció!».

No soc un expert en rodatges, de fet no en tinc ni idea, però he posat aquest exemple de la mateixa manera que podria agafar el del començament d'una triatló o un de més quotidià com ara anar al centre a comprar per rebaixes.

T'has fet el pla que avui vas a comprar, agafaràs l'autobús V25 fins a la parada X, agafaràs l'altre autobús H8 per arribar al lloc on vols anar. És l'hora de sortir de casa i encara dubtes. No saps si agafar la moto, el cotxe o el bicing... però avui estàs mandrosa, i tot i que era un dia genial... i volies estar tota sola pel centre, anar a comprar per rebaixes, esmorzar en un bar sense que et cridin «mama, mama, ...», ara ja no saps si anar-hi o no anar-hi... doncs saps què? Potser que ho deixi per a un altre dia, perquè, ben mirat, entre que m'hi poso i no, ja se m'ha fet tard.

Situacions de dubtes com aquest ens poden passar sovint, i és que els humans som cagadubtes, i tot i que ho tinguem tot ben planificat, acabem sense executar el nostre pla perfecte. Però sentim una veu dolça, una veueta, un cant de sirena, que ens diu a cau d'orella «on vols anar?... no veus que enlloc no estaràs millor que aquí a casa!». I la veueta no ens deixa sortir de la nostra zona de confort.

A mi m'agrada dir que la paraula «planificació» és una paraula composta i que està formada per les paraules «PLANIFICAR» i «ACCIÓ», i és que no n'hi ha prou amb fer tota una planificació, s'ha de prendre la iniciativa i dir «SÍ, VULL». Us explicaré que tinc un client a qui vaig fer una planificació financera, ara ja fa 8 anys. Va arribar a mi perquè volia planificar la seva jubilació, vam fer la planificació amb una aportació de 350 € al mes per aconseguir 200.000 € per quan es jubilés. Fins aquí, tot perfecte, però va arribar el dia que havia de signar i es va posar a dubtar. Vam tornar-ne a parlar dos anys després i encara dos anys després d'aleshores. Jo no podia pitjar el botó per ell, és ell qui ho havia de fer. Actualment, vuit anys després de la primera proposta, si aquest client vol aportar els 350 € al mes per a la jubilació, només n'aconseguirà 108.000 € quan es jubili... per què? Doncs perquè en comptes de 25 anys d'aportacions i de revaloració (interessos), només en farà 17. Però si encara continua volent disposar de 200.000 €, haurà d'aportar 650 € al mes en lloc de 350 €.

Per què us explico això? No ho faig amb malícia de cap mena, però la presa de decisions és molt important en la nostra vida i fer una planificació és gratis. Bé, té el cost de pensar com farem aquest estalvi, però si no executem el pla, ens trobarem en el mateix punt on érem i a més a més emprenyats perquè no ens vam decidir en aquell moment a començar l'estalvi. Si creiem que ho hem de fer i ho veiem bé, ENDAVANT, sigueu atrevits i pitgeu el botó. Si no, estigueu tranquils, però no us disgusteu després per una decisió que no es va prendre a temps.

Llibertat Financera

Només faré un apunt sobre la llibertat financera i és preguntar-te el següent: si et diguessin que en lloc de jubilar-te als 67 anys et pots jubilar als 52, signaries? Jubilar-te amb tots els honors, és clar. Vull dir, amb les necessitats econòmiques cobertes.

La llibertat financera tracta d'això, de tenir la llibertat de dedicar el teu temps i recursos a allò que tu vulguis sense necessitat de pensar que et faran falta diners per fer alguna cosa. Ho veurem més endavant, però la llibertat financera té principalment a veure amb dues variables: els ingressos i les despeses que tenim i com els tenim.

Pel que fa als ingressos, hauràs de tenir prou ingressos sense haver de dedicar-hi temps. Aquesta **NO** dedicació és el punt clau per poder ser lliures, se'n diuen «ingressos passius» i els veurem a la part final del llibre. Aquests ingressos passius són ingressos sense haver de treballar, sense haver de dedicar-hi hores, i veurem com podem aconseguir, dimensionar i treballar ara per planificar-nos uns ingressos passius en un futur.

Per altra banda, tindrem les despeses. Vet aquí la segona variable de l'equació de la llibertat financera, ja que per arribar a aquesta llibertat hauríem de tenir com a mínim més ingressos passius que despeses, és clar. I per fer això, potser hauràs de controlar les despeses perquè no ens superin la xifra d'ingressos.

Cal dir que hi ha molta gent que ha arribat a aquesta fase sense delinquir. És difícil arribar-hi? Cert, molt difícil, sobretot quan tens família, però no és impossible si tenim una bona planificació d'ingressos passius.

La fiscalitat

«S'han de pagar impostos, però no cal deixar-hi propina».

Ricard C.

Jo no soc fiscalista, tot i que n'he fet alguns cursos, però no m'hi dedico professionalment. La frase del principi del capítol és d'un bon amic meu... «*s'han de pagar impostos, però no cal deixar-hi propina*», i la veritat es que té tota la raó. Hi ha molta gent que no sap com tributar algunes inversions. N'hi ha que ho fan en excés, declarant massa, i d'altres no ho declaren tot perquè pensen que «total, a ells no els *pillaran*».

Jo crec que els impostos estan per fer una societat més justa i més equitativa i s'han de pagar per tenir un estat del benestar adequat al que mereixem. A nivell personal, no m'agrada que la gent eludeixi el pagament d'impostos fent moviments de ciutadania a l'estranger, o que es donin d'alta com a e-ciutadans d'un altre país per no pagar impostos mentre van gastant els recursos d'un altre país. Però cadascú ja és prou gran i responsable de les seves accions.

Per la meva banda, sempre dic que m'agradaria pagar deu vegades més d'impostos del que pago, però només per una simple raó: que això voldria dir que hauria cobrat molt més del que estic ingressant actualment.

Desenganyem-nos: pagar pocs impostos, com diria un tal CR7, és de *barato*. Perdoneu-me la broma, però sabeu que tinc raó, com més tinguéssim més hauríem de pagar. Segur que penses que «perquè s'ho enduguin els polítics, prefereixo no pagar-ho», però, sincerament, jo crec que per alguna banda hem de començar i no podem exigir als polítics que no defraudin si nosaltres som els primers que defraudem.

Per a les persones físiques o famílies amb un salari, la tributació a hisenda està molt acotada i sol ser *sota, cavall i rei*, és a dir, que no hi ha gaire marge de maniobra. A la declaració de la renda, hi ha dues parts: la Base General i la Base de l'Estalvi. La Base General és per on van els ingressos de la feina, lloguers i d'activitats econòmiques, i això es paga segons unes taules marcades d'IRPF. Hi ha marge de millora? Ben poca cosa, la veritat, alguna desgravació més o menys, però poca cosa, està tot molt preestablert i controlat.

L'altra part important de la declaració és la Base de l'Estalvi, on pagarem els impostos dels beneficis obtinguts de les nostres inversions. Hi ha marge de millora? Hi ha algú que diria que sí, que les criptomonedes són opaques i no s'han de declarar. Però jo crec que sí que hem de pagar impostos, precisament pels principis de les criptomonedes: fer una societat més justa econòmicament. Però, com deia, ja som tots prou grans per decidir què hem de fer.

Base General

Treball
Béns immobles
Activitats econòmiques

Base Estalvi

Rendiments del capital mobiliari
Guanys i pèrdues patrimonials
- Inversions i Criptomonedes

Tributació

Retenció Base General	Retenció
De 0 a 12.450€	19,00%
De 12.450 a 20.200€	24,00%
De 20.200 a 35.200€	30,00%
De 35.200 a 60.000€	37,00%
De 60.000 a 299.999€	45,00%
Més de 300.000€	47,00%

Retenció Base Estalvi	Gravamen Actual
De 0 a 6.000€	19,00%
De 6.000€ a 50.000€	21,00%
De 50.000€ a 200.000€	23,00%
De 200.000€ a 300.000€	27,00%
Més de 300.000€	28,00%

Per altra banda, hi ha els autònoms i les societats. Hi ha molts tipus d'impostos i moltes figures jurídiques on emparar-se depenent de què, com i quant facturem. Només hem de triar l'adequada per tal que no sempre ens toqui pagar tant.

Sempre recomano adreçar-se a un professional, a un assessor fiscal que ens faci un estudi real de quina figura haurem de triar abans de crear la nostra activitat. Molts s'estalvien el cost d'aquest professional, el qual pot sortir entre uns 100€ i uns 1.000€, depenent del tipus d'estudi que vulguem encarregar... però cal pensar que seran els diners millor invertits de la teva vida, perquè et poden fer estalviar molts i molts diners cada any.

Hi ha gent que m'ha comentat el següent: «Fins al juny estic treballant per a Hisenda i a partir del juliol ja treballo per a mi», i acaben dient que gairebé no els compensa treballar. Quan mires els seus números, en part és cert, però el problema no és ben bé aquest. No crec que el fet de facturar molt o poc sigui el problema. Potser és que no ho han facturat bé perquè ningú els ha assessorat sobre com ho havien de fer o els han assessorat malament, o no es van voler gastar els diners en un assessor. També és possible que, tot i que els haguessin assessorat correctament no hagin fet cas dels assessors, fet que passa ben sovint i acaben fent més cas a algú altre que no és expert en la matèria. Envoltar-te de bons assessors i pagar-los el que toca pot semblar un cost excessiu, però a la fi sol ser més rendible que anar sol.

També hem de tenir en compte altres impostos com poden ser els impostos de donacions i successions, transmissions patrimonials o de plusvàlues immobiliàries, entre d'altres.

Com ja he dit, no em dedico professionalment a l'assessorament fiscal i deixo aquesta tasca als que estan dia a dia treballant d'aquesta professió perquè tenen més coneixement que no pas jo. Això sí, en aquest llibre aniré puntualitzant com és la fiscalitat de cara a les persones i famílies, perquè els diferents productes d'inversió tenen imposicions o bases diferents i podem estalviar algun impost.

La Piràmide de Maslow

Abraham Maslow va ser un psicòleg que l'any 1943 va proposar una teoria sobre la motivació humana. Aquesta teoria es basava en uns estadis pels quals la persona havia de passar per anar avançant en el seu camí de desenvolupament personal. Maslow va definir com a primer estadi la fisiologia. És a dir que, en un primer estadi, la persona es preocupa bàsicament de respirar, alimentar-se, satisfer les seves necessitats sexuals i descansar. Evidentment, en aquesta fase, prestarà poca atenció a l'amor o al reconeixement que pugui tenir, si no pot ni menjar. Podríem definir aquest primer punt com el de les necessitats bàsiques.

A partir d'aquí, la persona va desenvolupant-se i assumint els estadis superiors passant pel de la seguretat, tant física com moral, o ara la salut, i començarà a pensar en la propietat privada. Un cop adquirit aquest segon estadi, passarà a l'amor o la pertinença a un grup, en què buscarà l'amistat, l'afecte.

Un cop ja es troba bé, no només amb ell mateix sinó amb els seus propers, podrà avançar al següent estadi, que és el del reconeixement. Aquest reconeixement desemboca en confiança, èxit, respecte...

Havent superat aquest estadi, podrà arribar a l'últim estadi, que és el de l'autorealització, en què tindríem la dedicació a altres persones, la moralitat, la creativitat, la resolució de problemes, etcètera.

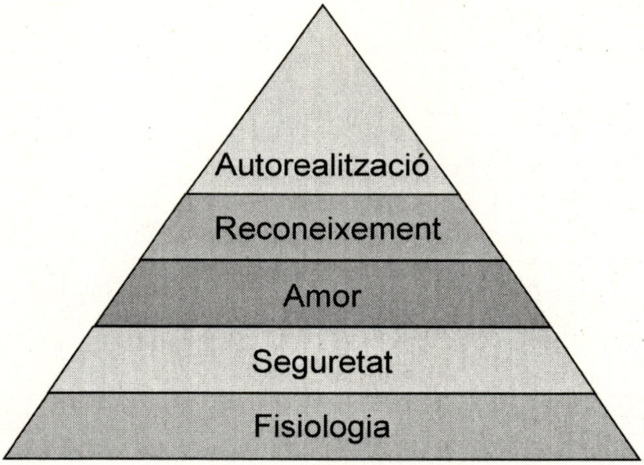

Font: Basat en la piràmide de Maslow de 1943.

No soc un expert en psicologia per donar lliçons de la piràmide de Maslow, però com a introducció a la meva piràmide financera aquesta comparativa ens serveix perfectament. Al meu entendre, hi ha un paral·lelisme directe entre la piràmide de Maslow i la piràmide financera que et presento a continuació. Aquesta piràmide financera està formada també per cinc estadis: la seguretat, l'estalvi, la inversió, el patrimoni i la llibertat.

Igual que amb la piràmide de Maslow, no podem desenvolupar el següent estadi fins que no haguem consolidat l'anterior... o no hauríem de fer-ho.

La Piràmide Financera

Igual que Maslow, jo també crec en el desenvolupament humà, i més quan parlem de finances. És clau desenvolupar-se com a persona abans de tenir possessions.

En la imatge que es mostra a continuació, veiem els diferents estadis de la piràmide financera, que ara veurem amb més detall.

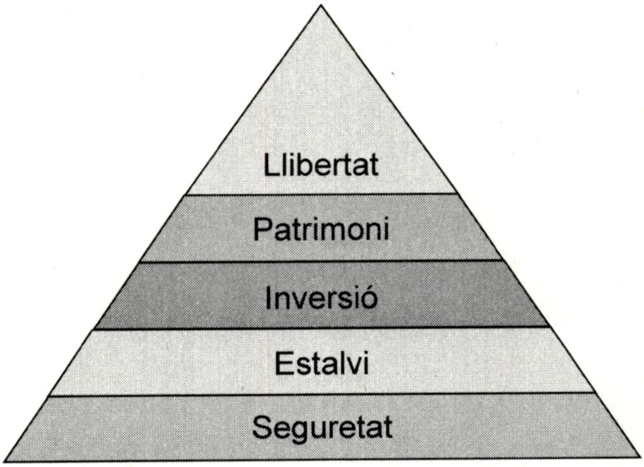

Font: Elaboració pròpia.

Seguretat

La seguretat és el primer estadi de la piràmide. Es basa en disposar de la tranquil·litat d'uns ingressos per poder subsistir, és a dir, tenir uns ingressos recurrents generats per una feina normalment, els quals ens permetran abonar les nostres factures bàsiques. Un lloc on viure, un àpat per alimentar-nos i una estabilitat econòmica mínima, sense excessos, només subsistència. Anomenarem a aquest import bàsic necessari per viure de la següent manera: ingressos de subsistència.

Molta gent em pregunta: quin import seria per a tu el més correcte com a ingressos de subsistència?

La veritat és que és una molt bona pregunta perquè la resposta és «depèn». Depèn de cada persona i de la seva situació personal, econòmica, social, geogràfica... No és el mateix viure a Barcelona o Madrid que viure en un poble, o viure a l'Índia. Això farà que la capacitat financera necessària per tenir seguretat sigui diferent segons el lloc on es visqui. També serà diferent si la persona viu sola o compartint pis, si té uns costos de producció de diners* elevats o no.

En aquest punt de la seguretat és molt senzill estructurar els costos quan els analitzes, ja que serien els bàsics per viure i mantenir-se sense haver de demanar diners ni estalviar. En termes financers s'anomenaria el punt d'equilibri d'un projecte.

A l'estadi de seguretat és on comença tot el desenvolupament de la planificació financera personal o familiar. Amb aquesta xifra personal, dels ingressos de subsistència, és amb la xifra que hem de començar a treballar per poder desenvolupar un futur pla financer. No vull avançar-me als fets, veurem tot això més tard.

Segons l'INE, al voltant del 50 % de la població no arriba a final de mes amb facilitat, però això no vol dir que no puguin haver superat el llindar de la seguretat. Caldria veure exactament d'on ha sortit aquesta dada, perquè podria ser que entre els costos mensuals de les famílies, que normalment no solen tenir ben estructurats, hi hagi partides de despeses supèrflues que no

* Cost de producció de diners: és el cost de generar els ingressos recurrents. Per exemple: un informàtic que treballa des de casa i que no té reunions presencials ni *online* no tindrà ni costos de desplaçament ni despesa específica en roba de feina. En canvi, un executiu d'una multinacional sí que té els costos de desplaçament i de roba adequada.

s'analitzen ni detallen. M'explico: conec alguna família que cobrant entre els dos més de 7.000€ de sou, no arriben a final de mes. Això no vol dir que no tinguin el seu nivell de seguretat assolit, sinó que senzillament tenen moltes despeses supèrflues.

A l'estadi de seguretat, s'haurien de tenir detallades totes les despeses i sobretot no fer-nos trampes al solitari, és a dir, posar tots els costos com han de ser sense amagar-los. En aquest llibre veurem com gestionar els ingressos i les despeses de manera adequada per fer el pressupost familiar i passar els diferents estadis consolidant-los sense haver de tornar enrere.

Estalvi

L'estalvi és el segon estadi financer, en què ja no només tenim la seguretat o punt d'equilibri de poder pagar les factures bàsiques, sinó que a més aconseguim estalviar alguna cosa cada mes. Aquest estalvi mensual ha de ser sostenible en el temps i no només ocasional ja que, si no, continuaríem encallats a l'estadi de la seguretat. Per mantenir-nos ben consolidats en aquest estadi, hem de tenir un pressupost i fer-ne el seguiment i control per no desviar-nos dels nostres plans.

L'estalvi no només aconsegueix donar-nos tranquil·litat, seguretat i estabilitat sinó que, a més, ens permet planificar alguna despesa que puguem tenir en un futur, ja sigui proper o més a llarg termini.

Hi ha moltes formes d'estalviar i si alguna cosa m'han ensenyat els meus anys d'assessor financer és que la fórmula típica de l'estalvi no funciona gairebé mai. En la majoria de casos, les famílies solen estalviar «el que els sobra», d'aquesta manera defineixen l'estalvi com el següent: la diferència entre els ingressos i els pagaments, és a dir, Estalvi = Ingressos – Pagaments. Aquesta fórmula no serveix per al 99% de les famílies. En l'apartat d'Estalvi, tindrem les eines necessàries per poder estalviar amb una fórmula molt més efectiva.

Inversió

Per entrar dins de l'estadi financer de la inversió, necessitarem primer tenir ben consolidat l'estadi d'estalvi. Si bé és veritat que són molt semblants i, de fet, molta gent confon l'estalvi i la inversió, són dues coses ben diferents.

L'estalvi es tracta d'uns diners que mensualment destinarem per aconseguir un objectiu financer. La inversió tracta el capital que tinguem ja acumulat per optimitzar-lo i gestionar-lo de la millor manera possible per engrandir el nostre capital. Aquest capital l'hem pogut aconseguir de diverses maneres, ja sigui per un estalvi regular o una herència o una desinversió o una consolidació de resultats.

Quan tracto amb clients que volen invertir, molts confonen les eines que han d'utilitzar. És molt habitual que es decideixin a fer inversions inadequades només perquè els ho ha dit un amic o un conegut, perquè a aquests els ha anat molt bé i han guanyat molts diners.

En el món de les inversions, hem d'anar amb compte perquè el que és bo per a l'un pot no ser tant bo per a d'altres, sinó que dependrà de moltes variables i escenaris diferents, així com de la manera de ser de la persona en concret. En aquest punt, crec que el millor és dirigir-se als assessors certificats EFA (European Financial Advisor/Assessor Financer Europeu), els quals us atendran amb professionalitat i independència, i cal anar amb compte de no caure en l'engany de FOMO's* i promeses de rendibilitats molt altes, ja que com diu la dita «no hi ha duros a quatre pessetes». Potser no saps el que són els duros ni les pessetes, si ets molt jove, però l'explicació és ben clara: ningú regala diners.

Més endavant, fora d'aquesta introducció de la teoria de la piràmide financera, podràs veure com treballem les inversions els assessors. També veuràs que, en definitiva, el producte a escollir per un client en concret serà una conseqüència dels objectius financers i la temporalitat per a la qual necessita el resultat de la inversió i no a l'inrevés, com sol fer molta gent.

Patrimoni

M'agrada que ja haguem arribat al punt del patrimoni. En aquest estadi, es tracta el patrimoni familiar, és a dir, de les possessions que potser seran la base per generar els nostres ingressos passius o recurrents.

Vull tornar a recordar que no podem o no ens hem de saltar un estadi per passar al següent: l'estructura de la piràmide ens consolida cadascun dels estadis anteriors i si, per error, ens en saltem algun pot passar que la piràmide se'ns desmunti i retrocedim diversos nivells. Moltes vegades, alguna fa-

* FOMO de l'anglès: Fear Of Missing Out: Por de quedar-se fora.

mília decideix invertir en un immoble sense haver consolidat els passos anteriors, és a dir, sense fer un estalvi o sense tenir inversió.

La febre del totxo, tal com s'anomena la imperiosa necessitat de comprar un pis per poder llogar-lo i treure'n una rendibilitat, ha fet que moltes famílies no puguin pagar la hipoteca del pis perquè el valor del pis i del lloguer han baixat. Quan parlo amb clients que volen invertir en pisos, tenen la idea que amb els pisos sempre hi ha una revaloració extra pel valor d'un mercat en creixement, però no sempre és així. Hi ha hagut crisis que han afectat el sector immobiliari i, de fet, hi ha molts immobles que no han tornat encara als valors del 2008 (abans de la caiguda de Lehman Brothers). En canvi el MSCI World Index*, al pic més alt del 2007, estava a 1.650 punts i, en el dia present, després de patir una pandèmia mundial, una guerra d'Ucraïna, una crisi energètica i el tancament d'alguns bancs, el mateix MSCI World Index està a 2.800 punts.

Algunes d'aquestes persones van creure que era una bona oportunitat comprar un pis que els havien ofert com una ganga. Van pensar també que aquesta mensualitat que li pagava el llogater els ajudaria a pagar el seu nivell de seguretat, és a dir, els seus costos bàsics de manutenció del nivell inicial de la piràmide financera. La realitat va ser que no només va baixar el valor de l'immoble, sinó que també hi va haver reduccions en els preus de lloguers. Això es va ajuntar amb reduccions dels ingressos a la feina i molts van haver de malvendre els pisos. Per altra banda, quan nosaltres fem una inversió financera és perquè tenim uns diners estalviats que volem fer treballar, però quan pensem en una inversió immobiliària el que pensem automàticament és en quina hipoteca ens donaran. Llavors, qui està fent la inversió? Nosaltres o el banc que ens deixa els diners per comprar l'immoble? Si nosaltres tenim els diners i fem la nostra inversió sense necessitar el finançament extern, no ens afectaria massa que el preu del lloguer baixi. Evidentment, preferiríem que no baixés i cobrar més diners, però com que no tindríem cost financer (hipoteca) continuaríem cobrant sense patir.

La majoria de la gent només pensa en el patrimoni com un immoble i més en concret en pisos. Però hi ha més inversions en patrimoni i no només immobles. De fet, hi ha molts submercats dins del mateix sector immobilia-

* L'Índex MSCI World és un selectiu que aglutina més de 1.600 empreses de les 24 economies més desenvolupades del món, 28 d'elles espanyoles. Serveix com a referència per analitzar l'evolució dels mercats internacionals.

ri. Hauràs de definir bé les teves expectatives, objectius i rendiments, però també la teva estratègia de sortida, per si fos necessari. El teu projecte financer familiar segurament és diferent del meu i del projecte del veí, però tu t'has de sentir còmode i fer que sigui l'adequat per a tu.

Llibertat

Per fi arribem a la Llibertat, el símil de l'autorealització de la Piràmide de Maslow. Per al cas concret financer, és arribar a la **LLIBERTAT FINANCERA** però... Què és la llibertat financera?

Com que jo soc de números, ho comentaré de manera molt simple i de forma matemàtica. Arribar a la llibertat financera és tenir més ingressos passius, és a dir, sense que siguin ingressos de la feina, que les despeses que tenim. Han de ser sostenibles en el temps, regulars i que no patim pels nostres béns. Evidentment, hi ha una definició més romàntica per referir-nos a la llibertat financera, però per molt que l'adornem, sempre serà que podem viure sense treballar.

Com que aquests ingressos no són provinents de la feina, podríem deixar de treballar o, millor dit, deixar d'ingressar diners per la nostra feina i no passaria res en la nostra economia. Per què dic que podríem deixar d'ingressar i no de treballar? Perquè et pots plantejar la vida de moltes maneres si tens uns ingressos passius i tu et dediques a allò que realment vols. Hi ha gent que ha venut la seva empresa per un bon grapat de diners i ja no necessitaria treballar, però per sentir-se viu col·labora i assessora petites empreses sense remuneració, simplement perquè li agrada.

A partir d'aquí, i com que ja no necessitem treballar per viure, podem fer moltes accions per agrair el fet d'haver arribat a aquest estadi de la piràmide. Aquí arribaria el mecenatge. El mecenatge són les aportacions contributives a la societat per part nostra sense esperar res a canvi. Evidentment, les donacions també ho són, cert, i les hem de fer nostres durant tota la vida i en tots els estadis, perquè la nostra vida flueixi amb abundància. A l'estadi de seguretat ens podem permetre no fer donacions ja que tenim prou feina a sobreviure com per dedicar-nos a fer aportacions dineràries a altres, però sí que podem fer aportacions no dineràries en format voluntariat.

Quan em refereixo al Mecenatge, no em refereixo a esponsoritzar un artista, que també podria ser, sinó a poder aportar un gra de sorra a la societat per intentar que la vida, societat o planeta sigui una mica millor. Les aportacions poden ser de forma dinerària o no dinerària (temps, coneixements, contactes...) i, com que nosaltres ja hem arribat al nostre estadi final d'autorealització, podrem aportar alguna cosa de valor a la resta de societat per ser agraïts amb la vida.

En el següent bloc del llibre, hi trobarem l'aplicació de la piràmide financera. Serà un recorregut per tots els estadis i què hem de controlar en cadascun per poder treballar-lo i consolidar-lo per assolir el següent. Et recomano fer el camí sencer, des de la seguretat a la llibertat, perquè el camí és el més important, no pas el destí. Encara que tinguis estalvis i facis inversions, pot ser que tot passant per l'estadi de la seguretat trobis alguna eina de control que no coneixies, per tant, et convido a començar aquest viatge per la banda baixa de la piràmide financera.

Bloc 2

Aplicació de la piràmide financera

La Seguretat

Començarem l'aplicació de la piràmide financera amb l'estadi de la seguretat. Si te'n recordes, era el nivell més baix de la piràmide i és on hauràs de treballar més i gestionar millor les teves finances. És la base de la piràmide, on es troben els fonaments i on resideix la nostra cultura financera, que es basa en el que vam veure a casa els pares i que es va anar polint amb les primeres feines, els primers ingressos i l'entorn que teníem en aquella època. Per posar un exemple, si quan vas començar a treballar a jornada completa tenies un entorn en què quan se sortia a sopar i de festa tothom era diguem-ne del morro fi, segurament ara no et conformaràs anant a restaurants normalets i buscaràs sempre un nivell de restaurants més elevat.

La Marie Kondo de les Finances: La Carpeta Vermella

El fet de posar ordre a casa sempre fa goig. És més agradable estar en un ambient net que estar en un ambient desordenat i brut, oi?

Amb les finances passa el mateix. Si tenim una cosa per aquí i una cosa per allà, acabem oblidant el control i això acaba en descontrol, frustració i sense tenir ganes de posar-hi ordre.

Però, per on comencem a fer dissabte? Tranquils... que veureu un mètode per anar endreçant a poc a poc. No és com la Marie Kondo, però efectiu si que ho és. Eps! Això no treu que si teniu papers amuntegats, els hagueu d'endreçar amb les recomanacions de la Marie Kondo.

La **Carpeta Vermella** és un lloc on guardarem tots els documents importants. I em preguntaràs: cal que sigui de color vermell? Sí. Perquè, normalment, a les prestatgeries hi tenim carpetes de diferents colors; negre, blau, verd, però gairebé mai en tenim de color vermell, que és un color que destaca i que sempre ens fa estar alerta. I per què hem d'omplir una carpeta de color vermell amb documents rellevants?

Normalment, si busquem un document important, ho fem amb les presses de trobar-lo de seguida i hauria de ser fàcil de localitzar. Si és d'un color diferent dels que tenim a la nostra prestatgeria i, a més, sabem que allà hi ha els documents rellevants, aquest temps es redueix. A partir d'aquest concepte de destacar i rapidesa, neix el concepte de carpeta de color vermell. Ara bé, evidentment podria ser d'altres colors, tot depèn dels gustos, preferències o combinació de colors de la prestatgeria.

També és important que els nostres familiars de confiança siguin coneixedors de l'existència d'aquesta carpeta, ja que aquesta documentació no només és per a nosaltres sinó també per poder fer gestions menys agradables. Per exemple, els nostres pares, que es van fent grans, i per tant és convenient tenir tota la seva documentació ben estructurada per si un dia falten. Totes les escriptures i documentació important centralitzada i ben ubicada per quan hagi de fer servei. Nosaltres hem de saber on anar a buscar aquesta informació i és probable que el moment en què ho necessitem, també ens trobem amb què els cal rapidesa i claredat. Però també pot succeir a la inversa, també podem tenir nosaltres un accident i ser ells els qui han de venir a casa a buscar la documentació per fer qualsevol tràmit.

Quina documentació cal incloure a la Carpeta Vermella? Per omplir la carpeta vermella, primer el que farem és tenir-la, de manera que ja podeu deixar una estona el llibre i anar a comprar-ne una amb separadors per posar títols i fundes de plàstic mida foli (bosses perforades). Servirà per organitzar tots els papers que tenim a casa. Cal saber on tenim tots els papers de les escriptures de propietat, el contracte del pis de lloguer, la compra del cotxe, així com altres documents. Per a això utilitzarem uns fulls descarregables on-line, plantilles per omplir amb la vostra informació financera, que trobareu en enllaços i/o codis QR en diversos punts del llibre. A partir dels enllaços o QR, podreu arribar a una web de descàrrega.

Aquesta Carpeta Vermella es pot complementar amb una altra carpeta de documents sense anelles per a certes coses que potser no hi cabran en les fundes de plàstic com podrien ser les escriptures de propietat, etc.

Com a concepte, la Carpeta Vermella és una carpeta viva, que es va omplint, es va renovant, es va afegint i suprimint informació, documents, etc. Hauríem de dedicar uns 20 minuts al trimestre per revisar la informació que tenim a la carpeta. Si tot és correcte hi dedicarem fins i tot menys estona, però si s'han de renovar les assegurances o imprimir els documents corresponents i arxivar-los bé, potser sí que hi podem passar uns vint minuts. Com he dit al principi, no només hi va la informació d'aquests fulls, sinó que hi han d'anar les escriptures, les pòlisses, etc.

Aquesta carpeta no només contindrà això, ho anirem explicant més endavant, però ja tindrem la informació més important i com a mínim ja la tindrem creada.

Espero que tot això us serveixi per fer neteja i aportar una mica de control a la vostra documentació.

El primer viatge de vacances en parella

El primer viatge de vacances que vaig fer amb la Maribel, la meva dona, va ser al sud de França. Per a aquest viatge vam planificar el pressupost, vam determinar una quantitat de despesa diària i vam decidir anar apuntant en una llibreteta tot el que anàvem gastant. Ho apuntàvem tot: la benzina i els peatges, l'allotjament, els menjars, els museus... tot.

Recordo que vam anar amb la caravana del tiet de la Maribel, i vam viatjar per La Camarga, Marsella, Avinyó, Nimes... Vam gestionar totes les despeses de forma minuciosa i de tornada, a l'alçada de Sète, vam parar perquè també era un lloc que teníem ganes de veure. Encara ens quedaven uns dies de viatge, però vam fer una mica de recompte de despeses i revisió del pressupost. La veritat és que no ens va sorprendre, ja que ni ella ni jo som malgastadors de mena i estàvem en números verds, molt verds!

Vam decidir fer-nos un **homenatge** i anar a dinar una mariscadeta. Evidentment, volíem fer-nos un bon dinar, però tampoc som *tontos* i vam sortir de la zona turística de Sète, on la mateixa mariscada podria costar tres vegades més, i vam anar a Bouzigues, on havia llegit en el magazine d'un diari que es podia menjar unes bones mariscades bé de preu. Ens vam fer aquest regal en forma d'àcid úric ingerit a un preu prou bo i com que encara estàvem en números verds, vam decidir comprar un *magret* d'ànec per cuinar-lo a la caravana per sopar acompanyat d'un bon vi. Vet aquí un bon homenatge gràcies a un bon control pressupostari.

A la part de control econòmic familiar, podreu veure com portar un ordre i assignar a totes les partides un pressupost adequat. Veureu que la partida d'oci i viatges també ha de tenir un pressupost assignat i de la mateixa manera que cal controlar de no fer més despesa de la que s'estipula al pressupost, tampoc hauria de sobrar res o gairebé res.

Podríem fer l'analogia amb les empreses tant privades com públiques, on els departaments tenen un pressupost anual de despesa que han de complir. Els darrers mesos de l'any alguns departaments que han estat més austers en certes despeses fan una cursa per... invertir (per poc no dic «gastar») els diners que els queden de pressupost, sabedors que, si no acaben consumint aquells diners durant aquell any, ho perdran i l'any vinent no els podran recuperar. En alguns llocs, encara van més enllà i quan veuen que en algun departament s'han reduït les despeses arriben a la conclusió que potser no tenien necessitat d'un pressupost tan elevat i aleshores els el redueixen de cara a l'any següent. Per tant, millor consumir que perdre, això sí, amb seny!

Control Econòmic Familiar

«La potencia sin control no sirve de nada».

Campanya de pneumàtics Pirelli

Aquesta campanya de màrqueting de la companyia de pneumàtics Pirelli del 1995 va ser tot un èxit. I és que en el fons tenien tota la raó. Aplicat al nostre tema, les finances personals, podríem dir alguna cosa semblant a «tenir una nòmina molt alta sense control no serveix per res». Per la meva experiència, com més cobra la gent, més gasta i ho sol fer en coses molts cops supèrflues. És a dir, que gasten en allò que comunament anomenem *tonteries*. Aquestes *tonteries*, dit amb to carinyós, solen descontrolar l'economia personal i familiar, i és que, una mica per aquí i una mica per allà, anem gastant i no ens n'adonem, però acabem causant un forat a la línia de flotació del nostre vaixell.

Aparentment no sembla un problema si cobres prou, però aquests hàbits de microdespesa s'acaben fent grans a mesura que vas cobrant més, i el més important és que no aconseguiràs estalviar mai. D'aquest tipus de despesa se'n diu «despesa formiga» i solen ser la causa dels desajustos del pressupost familiar.

La part de control crec que és la més important de l'economia personal o familiar, però això no hi ha assessor que ho pugui fer per a tu o per a la teva família sinó que has de ser tu qui hi posi de la teva part. De totes maneres, en aquest capítol veurem una manera senzilla de portar el control econòmic. Treballarem la Carpeta Vermella, sí, aquella que ja vas comprar fa uns capítols, però ara l'omplirem i n'hauràs d'anar fent el seguiment.

Patrimoni net

Potser t'han parlat més d'una vegada de patrimoni net i has acabat fent una cara de pòquer digna del millor jugador professional, mentre penses «de què carai em parlen?». Et pots imaginar que patrimoni gairebé tothom ho associa a immobles i per tant coses que tens, però mirem-ho amb deteniment, perquè no només són els immobles. També tenim la segona paraula, «net», que ens adjectiva el nom i no serà pas que hem de netejar el nostre pis per quan venen visites.

Direm que el patrimoni net és la diferencia entre els actius i els passius. Però... Què són els actius i els passius? De moment, els actius són les possessions que tens i els passius són els deutes que tens. Per tant, el patrimoni net, simplificant, serà el que tens menys el que deus.

Les empreses, per la seva banda, també fan un balanç de situació* i el configuren posant dues meitats en un full. A la part esquerra es posen els actius, que serien les propietats i les inversions, i a la part dreta es posen els passius: els deutes i els crèdits.

---

* Diccionari.cat: El balanç de situació o estat de situació patrimonial és un document comptable que resumeix les dades referents a operacions administratives d'un patrimoni d'acord amb un sistema de comptes determinat.

ACTIU	
Actiu No Corrent	**0,00**
- Inmobilitzat intangible	
- Inmobilitzat material	
- Inversions immobiliàries	
- Inversions financeres	
Actiu Corrent	**0,00**
Existències	**0,00**
- Materies primeres	
- Mercaderies	
- Productes acabats	
Realitzable	**0,00**
- Clients	
- Inversions a Curt Termini	
- Deutes d'Hisenda o S.S.	
Disponible	**0,00**
- Bancs i institucions de Crèdit	
- Caixa	
TOTAL ACTIU:	**0,00**

PASSIU	
Patrimoni Net:	**0,00**
- Capital	
- Reserves	
- Resultats exercicis anteriors	
Passiu No Corrent:	**0,00**
- Efectes a pagar Llarg Termini	
- Deutes bancaris Llarg Termini	
Passiu Corrent:	**0,00**
- Proveïdors a Curt Termini	
- Deutes bancs a Curt Termini	
- Hisenda Pública creditora	
- Seguretat Social creditora	
TOTAL PASSIU:	**0,00**

Font: Elaboració pròpia.

Fes aquest exercici a mà alçada, com es diria. Pensa què tens a nivell personal o com a família per una banda, i què deus. No cal apuntar res de moment, dedica-hi cinc minuts i després continua.

T'han sortit poques coses? No t'atabalis, segurament te'n sortiran més a mesura que vas llegint i pensant, però com a punt de partida ja està bé. Segur que ho has fet genial! Ampliarem aquest punt més endavant, ara només era una introducció.

Amb aquest balanç de situació, podem trobar quin és el teu patrimoni net. Però... Per què és tan important el patrimoni net? Bàsicament és per saber què és el que tens com a béns i què és el que deus, és una fotografia actual de com tens la teva economia. Sabràs si estàs en una situació positiva o negativa i en quina magnitud. A partir d'aquí, podràs gestionar tot el patrimoni, els teus ingressos i les teves despeses, però ho veurem més endavant.

Actius

Els actius, igual que passa a les empreses, són les nostres possessions. Tot allò que tens és important, evidentment, però també ho és saber quin valor té actualment i quin tipus d'actiu és.

Aquest serà el teu punt de partida. Fes la fotografia de la teva situació econòmica actual. És on comences a controlar-ho i tant se val el valor que tingui en aquest moment, posa'l i no et preocupis de si és més alt o més baix que quan el vas comprar, estàs a mitja partida, de moment fes la fotografia actual i posteriorment ja t'enfocaràs cap on vols anar.

La gent té tendència a comparar amb els altres els actius que té per demostrar que ha triomfat a la vida. No en feu cas, de tot això, cada un té unes cartes que ha de jugar i a alguns els toquen cartes de possessions i a d'altres d'amor, o de salut. Si algú té moltes possessions o un cotxe molt *xulo*, alegreu-vos-en per ell però no l'envegeu. Si us agrada el mateix cotxe d'un amic, perfecte, lluiteu i estalvieu per aconseguir-lo però no ho feu perquè l'amic el té i jo en vull un d'igual o superior, feu-ho perquè us agrada.

La majoria de gent va fent coses sense una planificació i, precisament per això, no poden valorar els resultats a posteriori.

ACTIUS: Béns

ACTIU	DETALL	ENTITAT	CONTACTE	DATA ADQUISICIÓ	DATA LIQUIDACIÓ	IMPORT ADQUISICIÓ	% INTERES ANUAL	VALOR ACTUAL	PASSIU ASSOCIAT

Font: Elaboració pròpia. (Taula ampliada al QR.)

Preparats? Llestos? Ara! Ara si que faràs la llista de debò i, com he dit anteriorment, tens aquest full, on trobaràs les característiques dels actius que has d'omplir. Descarrega't la fulla de càlcul que trobaràs a l'Annex* (amb un Codi QR o enllaç) o fes-te tu el format que et sembli més adequat.

Aquest format té uns camps que són fàcils de reconèixer i omplir, però jo t'aniré guiant perquè vegis com fer la llista d'actius, i així et serà molt fàcil tenir-ho tot controlat:

- **Actiu:** Enumerarem els actius 1, 2, 3... tants com en tinguem.
- **Detall:** A l'apartat «detall», hi posaràs les seves característiques bàsiques. Per exemple, en cas que sigui un pis hi poses l'adreça. De totes maneres, a actius no només hi van els pisos, també les inversions financeres que tinguis: vehicles, empreses, etc.

* Control Patrimonial: https://octavigarcia.com/docs/02-Patrimoni.pdf

- **Entitat:** L'apartat «entitat», en el cas de pisos, perd el sentit perquè seràs tu mateix. Tot i així pots aprofitar i posar les dades de la comunitat de veïns o de propietaris, comunitat de béns, etc. En el cas d'inversió financera, pots posar el banc o agència de valors on ho tens, etc.
- **Contacte:** El contacte en els casos dels pisos seràs tu o si pertanys a una comunitat de béns podries posar el contacte de la persona relacionada. En el cas d'actiu financer, pots posar qui és el teu assessor o gestor i el seu telèfon.
- **Dates:** La data d'adquisició i liquidació són importants, ja que així sabràs quan ho has adquirit i quan finalitza aquesta inversió en cas que tingui una data límit. Per exemple, si has contractat un dipòsit a sis mesos, saps que té una durada i que acabarà aquest termini.
- **Import Adquisició:** L'import d'adquisició també s'ha de tenir present perquè, d'aquesta manera, el moment en què facis una valoració i/o una venda d'aquest bé sabràs en tot moment quin és el benefici i podràs calcular quant hauràs de pagar d'impostos a la declaració de la renda, plusvàlua, etc.
- **% Interès Anual:** Seria el ROI*. És important saber quina rendibilitat li treus a una inversió, ja sigui del 3 %, del 7 %, del 10 %, 20 %, etc. Es calcula de la següent manera: [(Ingressos - Inversió) / Inversió] x 100. D'aquesta manera podrem comparar les inversions financeres.
- **Passiu associat:** És bàsicament un enllaç, que posteriorment podràs veure als passius. Si poses un pis pel qual t'has endeutat per comprar-lo, posaràs el valor de l'endeutament associat a la fitxa de l'actiu.

Ara ja tens els actius registrats. De la mateixa manera, et tocarà omplir la part de passius.

Passius

Tot allò que ens comptaria com a negatiu o, millor dit, com a deute en un balanç de situació en una gestió empresarial seria la part de passius. En el cas de persones i famílies, els passius són els préstecs, crèdits, les hipoteques, les targetes de crèdit (tot el que nosaltres devem), etc.

---

* ROI és la sigla en anglès de *Return On Investment* i la traducció al català és «retorn de la inversió». Es tracta d'una de les principals mètriques que s'utilitzen per calcular la rendibilitat de les inversions.

Per avaluar els passius, hauràs omplir aquest full que et mostro (te'l pots descarregar amb el QR anterior, Control Patrimonial) amb tots els deutes o compromisos de pagament que tinguis. No només s'han de posar els bancaris, sinó també els personals... per exemple: si deus diners als pares o germans, indica-ho aquí també.

PASSIUS Deutes									
PASSIU	DETALL	ENTITAT	CONTACTE	DATA ADQUISICIÓ	DATA LIQUIDACIÓ	IMPORT ADQUISICIÓ	% INTERES ANUAL	IMPORT PENDENT	QUOTA MENSUAL

Font: Elaboració pròpia.

En el format que he posat a la part de dalt, veuràs diferents informacions que cal omplir, i segurament et caldrà anar a trobar la informació en papers que fa temps que no toques. És important omplir-ho bé tot, ja que només fent-ho bé podràs prendre decisions correctes.

- **Passiu:** Aquí recomano que hi posis una enumeració seqüencial.
- **Detall:** A l'apartat «detall» hi posaràs, per exemple, si és préstec hipotecari general d'un pis, un préstec per a un cotxe o una línia de crèdit.
- **Entitat:** En aquesta part, hi posaràs el banc o entitat de crèdit que sigui (Banc Santander, Banco Mediolanum, CaixaBank...).
- **Contacte:** Aquí cal posar-hi la persona de contacte i el telèfon o correu amb el qual hauries d'estar vinculat per fer qualsevol operació (per exemple, si vols cancel·lar aquest deute et caldrà saber directament a qui adreçar-te per gestionar-ho).
- **Dates:** Són unes dades importants, la d'adquisició (quan ho vas contractar) i la de liquidació (quan acaba aquest deute).
- **Import d'adquisició:** Aquest és l'import que vas signar en el seu dia, però segur que ja no et queda el mateix saldo pendent (el posarem més endavant).
- **Tipus d'interès:** El tipus d'interès anual et servirà per avaluar el cost dels diners. T'ajudarà a prendre la decisió sobre quin préstec amortitzar anticipadament en cas de tenir els diners o per saber si és millor amortitzar o no el préstec per si tinguessis, per exemple, una inversió amb un ROI superior a aquest tipus d'interès.

- **Import pendent:** És el saldo pendent del deute. Aquesta dada apareix en tots els rebuts bancaris dels préstecs, i et dona una dada important per saber el que queda pendent per si vols amortitzar anticipadament. Aquest valor variarà cada mes, naturalment, i sempre que el consultis en aquesta taula et caldrà posar-lo en relació amb l'últim dia que vas revisar i actualitzar la taula. Recorda posar la data en què actualitzes aquesta full, a la part superior, així sabràs el deute real a la data concreta.
- **Quota mensual:** Aquesta dada és important per quan més endavant facis el pressupost anual i mensual.

Control del Patrimoni

Si poses les dues parts juntes, la de l'actiu i la del passiu, veuràs com queda el full de patrimoni.

PATRIMONI: ACTIUS I PASSIUS

Darrera Revisió: __/__/__

ACTIUS: Béns

ACTIU	DETALL	ENTITAT	CONTACTE	DATA ADQUISICIÓ	DATA LIQUIDACIÓ	IMPORT ADQUISICIÓ	% INTERES ANUAL	VALOR ACTUAL	PASSIU ASSOCIAT
						0,00 €		0,00 €	

PASSIUS: Deutes

PASSIU	DETALL	ENTITAT	CONTACTE	DATA ADQUISICIÓ	DATA LIQUIDACIÓ	IMPORT ADQUISICIÓ	% INTERES ANUAL	IMPORT PENDENT	QUOTA MENSUAL
						0,00 €		0,00 €	
	PATRIMONI NET:					- €		- €	

Font: Elaboració pròpia.

Si vols anar a per nota i fer-ho encara millor, pots estructurar la informació com veuràs a la següent imatge: posant a la part d'actius una agrupació per tipus d'actiu i a la part de passius una agrupació per la temporalitat que li queda al passiu: préstecs hipotecaris o a llarg termini, préstecs a mig termini i crèdits/préstecs a curt termini.

A la següent imatge, tot i que sigui ben petita, pots veure un exemple de com s'ha d'omplir la fitxa de patrimoni:

PATRIMONI: ACTIUS I PASSIUS

Darrera Revisió: 01/01/2023

ACTIUS: Béns

ACTIU	DETALL	ENTITAT	CONTACTE	DATA ADQUISICIÓ	DATA LIQUIDACIÓ	IMPORT ADQUISICIÓ	% INTERES ANUAL	VALOR ACTUAL	PASSIU ASSOCIAT
Bienes Inmuebles						**468.000,00 €**		**490.000,00 €**	
1	**Pis Barcelona:** C/ Maratón 42, 1er. 2a. Barcelona. 08001 - Barcelona	Personal	Comunitat propietaris: Finques Antoni; 666 666 666	6/30/2003		90.000,00 €		150.000,00 €	
2	**Pis Madrid:** C/ Triatlón 49, 1er. Madrid 28002 - Madrid	Personal	Comunitat propietaris: Finques Martinez; 655 555 555	3/14/2008		360.000,00 €		320.000,00 €	1
3	**Parking Alferez:** Plaza Alferez, plaza 241 Barcelona. 08001 - Barcelona	Personal	Comunitat propietaris: Finques Pepito; 644 444 444	1/30/2007		18.000,00 €		20.000,00 €	
Empreses						**3.000,00 €**		**50.000,00 €**	
1	**Web de comerç, s.l.:** Empresa	Propiedad 50%	Mari Carmen: Sócia 666 555 444	2/20/2007		3.000,00 €		50.000,00 €	
Vehicles						**56.000,00 €**		**32.500,00 €**	
1	**Cotxe SEAT A6:** Coche familia	1234-JBK		04/02/2017		45.000,00 €		25.000,00 €	
2	**Moto Silence:** Moto familia	4565-JBB		01/02/2017		5.500,00 €		4.000,00 €	
3	**Moto Honda Scoopy 300 Shi**	5678-JBY		01/02/2017		5.500,00 €		3.500,00 €	
Financer						**104.000,00 €**		**127.000,00 €**	
1	**Estalvi Estudis Fills:** Pla d'estalvi / Seg. Vida. Aportació 250€/mes	Banco Mediolanum	Alejandro 626 616 616	5/25/2015	10/01/2031	18.000,00 €		22.000,00 €	
2	**Estalvi Plan 50:** Pla d'estalvi. Aportació 300€/mes	Banco Mediolanum	Alejandro 626 616 616	5/25/2015	11/01/2025	12.000,00 €		15.000,00 €	
3	**PIAS Personal Antoni:** Pla d'estalvi jubilació. Aportació 250€/mes	Banco Mediolanum	Alejandro 626 616 616	5/25/2012	11/01/2042	32.000,00 €		40.000,00 €	
4	**PIAS Personal Maria:** Pla d'estalvi jubilació. Aportació 350€/mes	Banco Mediolanum	Alejandro 626 616 616	5/25/2012	11/01/2042	42.000,00 €		50.000,00 €	
Compte Corrents i Wallets						**3.850,00 €**		**2.850,00 €**	
1	**Mediolanum:** Diners en Comptes corrents		Alejandro 626 616 616			2.000,00 €		2.000,00 €	
2	**PayPal:** Diners en Paypal					350,00 €		350,00 €	
3	**Wallets:** Inversió en CriptoMonedes		Xavier 665 444 444			1.500,00 €		500,00 €	
						634.850,00 €		**702.350,00 €**	

PASSIUS: Deutes									
PASSIU	DETALL	ENTITAT	CONTACTE	DATA ADQUISICIÓ	DATA LIQUIDACIÓ	IMPORT ADQUISICIÓ	% INTERES ANUAL	IMPORT PENDENT	QUOTA MENSUAL
Hipoteques / Prèstecs amb garantia						**300.000,00 €**		**198.000,00 €**	
1	**Prèstec hipotecari**	Banco Santander		3/14/2008	3/14/2038	300.000,00 €	Euribor + 0,60%	198.000,00 €	910.00 €
Prèstecs personals a Mig Termini						**32.500,00 €**		**0,00 €**	
1	**Prèstec Cotxe BBVA**	BBVA		04/02/2017	44654	32.500,00 €		0,00 €	451.98 €
Prèstecs personals a Curt Termini						**18.000,00 €**		**15.000,00 €**	
1	**Deute amb Familiars**	Pares		6/18/2020		15.000,00 €		12.000,00 €	
2	**Deute Tarjeta de Crèdit**	BBVA				3.000,00 €		3.000,00 €	
						350.500,00 €		**213.000,00 €**	
	Patrimoni Net					**284.350,00 €**		**489.350,00 €**	

Font: Elaboració pròpia.

Valoració del full de patrimoni

Com valorem el full de patrimoni? Si estem en patrimoni net negatiu, vol dir que estem en fallida? Els meus amics o coneguts tenen més coses que jo, què vol dir?

El full de patrimoni és una fotografia per saber on som, però per si mateix només indica què hem fet fins ara i què tenim. Si ens ho prenem com un camí a recórrer, aquesta fotografia seria on som actualment, però tampoc té per què indicar si estem bé o malament. Per exemple, una empresa que potser està en una situació de fons propis negatius* no vol dir que hagi d'estar en fallida.

La teoria ens diu que en cas que tinguem més passius que actius, és a dir, molts més deutes que actius que la suporten, això faria que estiguem en fallida. Si passa això vol dir que perds la partida i que ja no et pots recuperar? Rotundament no, el que passa és que has de treballar d'una altra manera. La teoria va per una banda i la pràctica per una altra, perquè tot dependrà de la situació de cadascú. Analitza la situació, busca ajuda i segur que trauràs bones conclusions per seguir endavant.

Aquesta fotografia és molt útil per saber on som, però no és definitiva. Cada dia que passa, aquest full canvia. Un fons d'inversió que puja o baixa, a la hipoteca li queda un dia menys per arribar a la data de liquidació i en conseqüència canvia el valor pendent del préstec, etc. Igual que a les empreses, s'ha d'anar actualitzant, però amb tranquil·litat: no cal modificar-ho cada dia. Si vols, pots modificar la taula cada cop que hi hagi un canvi substancial (compra-venda d'un bé), amortització d'un préstec, o senzillament un cop cada trimestre/semestre o anualment. No passa res si tens aquestes dades a 1 de gener de l'any en curs. Ara bé, sí que s'han d'actualitzar un cop l'any i recomano molt imprimir-ho i deixar-ho a la Carpeta Vermella.

També recomano veure l'evolució de l'any. Un cop has actualitzat les dades, pots anar a mirar i revisar les dades de l'any passat i veure si vas per

---

* Fons propis negatius: tenir els fons propis negatius significa que els passius superen els actius, mostrant un deute net en la situació financera d'una empresa. Aquesta situació indica que els recursos propis de l'empresa no són suficients per cobrir les seves obligacions, generant un desequilibri financer.

bon camí. Les empreses utilitzen un document anomenat EOAF* per veure com ha evolucionat el seu balanç de situació. Per la teva banda, pots ferho també per saber com ha evolucionat el teu patrimoni net.

* EOAF: L'Estat d'Origen i Aplicació de Fons és un document on es descriuen els recursos financers obtinguts en l'exercici, la seva aplicació i l'efecte que han produït aquestes operacions sobre el capital circulant. També és conegut com a «Quadre de Finançament».

Ingressos

Hi ha molts tipus d'ingressos que podem tenir, els més habituals són els ingressos pel treball. Aquests ingressos són a canvi d'alguna cosa, el temps habitualment, i molts hi dediquen moltes hores a aquest tipus d'ingrés. De fet, molta gent amb qui parlo (sobretot autònoms) em diuen que ja saben què han de fer per cobrar més: treballar més hores. Podria ser una manera de veure-ho, però d'aquesta manera tenim un límit mensual d'ingressos i, si tenim unes despeses molt elevades, vol dir que hauran de treballar molt per arribar al punt d'equilibri*. Per a les finances personals serà l'equiparació entre ingressos i despeses.

El fet que els autònoms depenguin normalment de fer més hores per cobrar més, també implica que si treballen menys haurien de cobrar menys. Per tant, hem de tenir coberts els mesos en què no se sol treballar tant, com per exemple l'agost, Setmana Santa, Nadal, però també si ens fem mal, o si tenim una malaltia que ens impossibilita treballar.

En el cas dels assalariats, això no passa tant, ja que solen tenir un sou fix i en alguns casos una bonificació per productivitat, per tant, també tenen limitat els seus ingressos mínims i, per una altra banda, limitats a un topall màxim.

S'ha de dir, però, que també hi ha altres tipus d'ingressos.

---

* El punt d'equilibri s'estableix a través d'un càlcul que serveix per definir el moment en què els ingressos d'una empresa cobreixen les seves despeses fixes i variables, això és, quan aconsegueixes vendre el mateix que gastes, no guanyes ni perds, has aconseguit el punt d'equilibri.

INGRESSOS
Ingressos profesionals/laborals
- Sous / Salaris
- Bonus / Propines
- Indemnitzacions
- Altres ingressos profesionals (classes, consultes, etc)
Ingressos financers
- Interessos comptes i depòsits
- Dividends
- Lloguers
- Altres ingressos d'inversions
Pensions
- Jubilació / Invalidessa / Viudetat
- Alimentació
- Altres pensions
Béns Immobles
- Lloguers
- Ajudes
- Altres
Passius i Recurrents
- Llibres i Publicacions
- Mercadeig en Xarxa
- Altres passius
Altres Ingressos
- Subvencions
- Altres ingressos

Font: EFPA i elaboració pròpia.

Quan fas inversions, pots tenir altres ingressos com poden ser interessos o remuneracions bancàries, dividends, lloguers i altres ingressos de les inversions. Tot, més o menys, ja deus saber què són, però segur que voldries aprofundir en algun d'aquests ingressos no tan habitual i que dona el passaport a la llibertat. No és l'objectiu del llibre explicar cada un d'aquests ingressos, ja que s'hi pot trobar més informació a la xarxa, però sí que entraré en alguns aspectes quan toqui. De moment, sàpigues que hi ha més vida a part el sou d'assalariat o de les factures que fem com a autònoms.

Jo sempre comento que d'inversions n'hi ha de molts tipus: es pot invertir en pisos, fons d'inversió, borsa, etc., però hi ha una mena d'inversió de la qual la gent no sol fer gaire cas i és la que es fa muntant una empresa o negoci paral·lela a la teva activitat amb l'objectiu de treure'n uns rendiments. Depèn de com siguin aquests rendiments podran encabir-se aquí a la part d'inversions (si només feu la inversió com a socis capitalistes), o a la part dels ingressos passius o recurrents. El lloc on els posem tampoc ens canviarà gaire la imatge final, però si que hem de saber que podem tenir uns ingressos extres amb inversions, ja siguin preestablerts o no.

Quan planifico les finances de la gent amb experiència, em refereixo als jubilats, molts cops ja tinc planificada una part d'ingressos per rendiments MES a MES o que van estirant directament de les seves inversions. Això passa perquè les pensions són una mica curtes per totes les coses que volen fer i llavors és on entra l'estalvi i les inversions que van fer durant l'època productiva de treball, així ens estaran donant un extra per completar la nostra pensió. Bé, això serà en cas que ho necessitin d'aquesta manera, ja que no tothom s'ho planteja com un complement mensual, però sí com un extra cada cert temps per viatjar, vacances, regals, etc.

Pel que fa a la part de les pensions, n'hi ha de diversos tipus. Les pensions més fixes, com la de jubilació, invalidesa, viudetat; i de temporals, com la de manutenció i alimentació pels fills, que serà temporal fins que es facin grans. A la part de les altres pensions, se solen posar les pensions d'institucions privades com a ajuda o complement als ingressos i no sempre sol ser de forma monetària, però sí que tindria una representació numèrica si ho volem quantificar.

Finalment, entrem en el punt que més m'agrada: el dels ingressos passius i recurrents. I és que hi ha una manera de generar ingressos sense treballar, ho sabies? Ha ha ha, ara he captat tota la teva atenció i és que no n'hi ha per menys. He de dir que no és fàcil i que normalment sí que hauràs de treballar una mica, sobretot al començament, però després ja va tot més rodat. Com que hi ha un capítol específicament per parlar dels ingressos passius i recurrents, només t'explico que els ingressos recurrents són els que normalment necessiten que vagis fent alguna cosa, una mínima (o no tan mínima) dedicació mensual o setmanal, normalment per anar controlant i gestionant que tot continuï igual o que fins i tot millori. Els passius, com a tal, són més del tipus en què no fa cap falta que facis res, o també pots tenir aquesta gestió subcontractada, i ja no m'esplaio més perquè ja en parlarem més endavant.

Hauràs de tenir els teus ingressos ben definits perquè així aniran al lloc correcte sense haver-nos de preocupar.

Per tenir-ho tot controlat i planificat, entra-ho i gestiona-ho a la Carpeta Vermella, que espero que ja hagis comprat. Com et deia, has d'omplir els ingressos per mesos. A vegades la vida financera és molt monòtona, però no sempre i, al juny i desembre pots cobrar una paga extra, o una bonificació, o trimestralment pots tenir uns ingressos o uns cobraments irregulars.

Els autònoms

També pot ser que siguis autònom i no tinguis uns ingressos regulars, i aquí el que et recomano es que tinguis una previsió pròpia d'ingressos com a empresari autònom. També és recomanable que tinguis una previsió de despesa de sou, i que et facis la transferència a tu mateix primer. Perquè no és bo per a ningú això de «treballar pel dimoni» i no cobrar perquè acabaràs cada cop més desil·lusionat i treballant pitjor i això repercutirà negativament en els teus ingressos. També et recomano que et facis una previsió dels mesos o temporada que no treballis i cobris el mateix de manera que els mesos que factures més cobris el mateix que els mesos que fas vacances. Això ho pots fer amb una planificació de tresoreria i una mitjana mensual.

Pel que fa als altres tipus d'ingressos, com ara financers, pensions, passius i recurrents, també els has d'informar al full. Com més informació hi hagi millor, perquè faràs millor la planificació financera.

El full que pots utilitzar és aquest que et poso a continuació, però pots fer-lo com tu vulguis. Al final de tot del capítol, te'l podràs descarregar sencer i també el tindràs als Annexos amb un codi QR.

INGRESSOS	GENER	FEBRER	MARÇ	ABRIL	MAIG	JUNY	JULIOL	AGOST	SETEMBRE	OCTUBRE	NOVEMBRE	DESEMBRE	TOTAL
Ingressos professionals/laborals	0,00	0,00	0,00	0,00	0,00	0,00	0,00	0,00	0,00	0,00	0,00	0,00	0,00
													0,00
													0,00
													0,00
Ingressos financers / inversió	0,00	0,00	0,00	0,00	0,00	0,00	0,00	0,00	0,00	0,00	0,00	0,00	0,00
													0,00
													0,00
													0,00
Pensions	0,00	0,00	0,00	0,00	0,00	0,00	0,00	0,00	0,00	0,00	0,00	0,00	0,00
													0,00
													0,00
													0,00
Passius i Recurrents	0,00	0,00	0,00	0,00	0,00	0,00	0,00	0,00	0,00	0,00	0,00	0,00	0,00
													0,00
													0,00
													0,00
	0,00	0,00	0,00	0,00	0,00	0,00	0,00	0,00	0,00	0,00	0,00	0,00	0,00

Font: EFPA i elaboració pròpia.

Despeses

En gestionar les despeses, veuràs segurament que n'hi ha més. Solem tenir molts més tipus de despeses que tipus d'ingressos. I és que fer aquesta gestió de les despeses pot acabar sent una mica feixuc. En el quadre que et mostro a continuació, veuràs com està organitzat per diferents blocs; fixos obligatoris, variables necessaris i discrecionals o supèrflues.

Aprofito per dir-te una cosa, ara que no ens escolten els de l'EFPA, que són qui ha decidit aquesta distribució: la veritat és que està molt bé per pensar-hi, però si en el teu pressupost has de posar tants valors, crec que t'atabalaràs als cinc minuts i no ho faràs servir, per què? Doncs perquè als humans ens costa decidir i trigaràs més estona decidint on ho poses que posant-ho a un lloc més genèric i ja està. Un exemple del que et dic és com quan poses la rentadora: t'has trobat mai que no saps si una peça de roba va al blanc o al color? Doncs intentem no complicar-nos tant l'existència amb coses que normalment ja no ens agraden. Et poso la llista per si et sobra valentia i t'hi atreveixes:

DESPESES		
FIXOS OBLIGATORIS	**VARIABLES NECESSARIS**	**DISCRECIONALS O SUPERFLUS**
Habitatge habitual	**Llar / Habitatge habitual**	**Cura personal / familiar**
Hipoteca	Menjar / Consumibles	Perruqueria
Lloguer	Llum	Tintoreria
Comunitat	Aigua	Gimnàs
Assegurança habitatge	Gas	Roba ocasions especials
Altres habitatges	Telèfon / Internet	Altres supèrflus cura personal
IBI	Mòbils	**Lleure**
Altres impostos / taxes habitatge	Servei neteja	Segona residència
Assegurances	Manteniment	Hipoteca
Vida	Jardí	Lloguer
Decessos	Altres despeses de la llar	Comunitat
Salut	**Cura personal / familiar**	Assegurança habitatge
Altres assegurances	Roba/sabates, accessoris habituals	IBI
Altres deutes i despeses financeres	Farmàcia / Metges	Altres impostos i taxes habitatge
Pagaments ajornats targeta de crèdit	Altres necessàries cura personal	Llum
Comissions comptes	**Educació / Cura fills**	Aigua
Comissions targetes	Llars d'Infants / Cangurs	Gas
Altres deutes i despeses financeres	Col·legi / Universitat	Telèfon / Internet
Impostos	Menjador escolar	Manteniment
IRPF	Llibres i material escolar	Altres habitatges
Donacions/Successions	Tutors i classes particulars	Setmanades fills
Altres impostos	Extraescolars	Restaurants/bars/cafès
Estalvi / Inversió	Estiu: Colònies / Campaments / Casals	Llibres/Música/Apps
Coixí de seguretat	**Transport**	Alcohol/Tabac
Jubilació	Gasolina	Cinema/Teatre/Concerts/Actes
Universitat / Estudi Fills	Pàrquing / Peatges	Clubs/Associacions
Cotxe	Manteniment cotxe	Televisió (Plus, Gol, Satèl·lit, etc)
Altres estalvis	Assegurança vehicles	Festes / Noces
	Impostos cotxe	Vacances
	Taxis	Donacions
	Transport públic	Loteries i Apostes
	Transport escolar	Regals
	Altres transport	Família
	Animals	Nadal
	Dinar	Amics / festes fills
	Veterinari	Altres lleure
	Altres animals	**Efectiu**
		Efectiu sense justificar

Font: EFPA i elaboració pròpia.

Conceptes

Per començar aquest apartat, i abans d'entrar en matèria, m'agradaria proposar-te un exercici que et costarà trenta minuts i que per a mi és bàsic. Es tracta de fer un llistat de les despeses mensuals que tens. Ep!, però sense mirar el banc, fent-ho de memòria. Per simplificar-te la vida, et poso una llista de les coses més habituals que hi ha, i així només has d'omplir els valors mensuals, bimensuals, trimestrals, semestrals o anuals de cada concepte. Aquest serà el primer pas cap a la gestió integral de les despeses.

Et passo la llista i el codi QR* per poder-te descarregar el full en PDF, només has d'omplir els valors numèrics segons si és un import mensual, bimensual, etc.

CONCEPTES

	IMPORT					TIPUS	
CONCEPTE DE DESPESA	MENSUAL	BIMENSUAL	TRIMESTRAL	SEMESTRAL	ANUAL	FIXE O VARIABLE	CATEGORIA
Lloguer / Hipoteca							
Altres deutes (visa, pensió divorci...)							
Menjar							
Llum							
Aigua							
Gas							
Telèfons i mòbils							
Col.legi, extraescolars, uniformes...							
Assegurança llar							
Assegurança vida							
Assegurança vehicles (cotxe, moto, ...)							
Assegurança mèdica							
Reparacions							
Benzina, impostos circulació, itv...							
Gimnàs							
Mascotes							
Transport públic							
Perruqueria							
Roba, bolsos, ulleres, sabates, cosmètica...							
Cafès							
Restaurants							
Cine, teatre,llibres, oci...							
Farmàcia							
Coses per a la casa							
Vacances, viatges i sortides de caps de setmana							
Regals							
Copes, discoteca, clubs							
Altres despeses dels fills							
Electrònica							
Tabac i alcohol							
...							
Sumatori:	0,00	0,00	0,00	0,00	0,00		
TOTAL Anual:	0,00	0,00	0,00	0,00	0,00		
TOTAL Costos Anual:		0,00					
Repercussió Mensual:		0,00					

Font: Elaboració pròpia.

* Conceptes: https://octavigarcia.com/docs/03-Conceptes.pdf

Classificació de les despeses

Ja has vist abans que hi havia moltes despeses i organitzades de diferents maneres segons els paràmetres EFPA. Hi havia despeses fixes o variables, però podries classificar els conceptes segons aquesta diferenciació? Al full de conceptes després de la columna d'import Anual, hi ha una columna que posa FIXA o VARIABLE, i aquí és on ho hauràs d'especificar posant **Fixa** o **Variable** o una **F** o una **V,** com vulguis.

Pren-te una estona per omplir-ho i, quan acabis, ho analitzarem.

Com ha anat això? Has omplert totes les despeses que són fixes i les que són variables? Com ho has fet? Quin criteri has seguit? Les que sempre són una quantitat establerta les has posat com a fixes i les de quantitat diferent com a variables? A veure, cadascú té la seva manera de classificar-les, però si ho fem d'aquesta manera totes seran variables. El menjar seria sempre variable perquè no menges sempre el mateix i no gastes sempre el mateix, la benzina, fins i tot la hipoteca després d'un any, quan et revisin la quota amb l'Euríbor, et canviarà d'import, per tant la podries considerar variable perquè varia en el temps. El gimnàs també, ja que cada any te n'actualitzen la quota, per tant, serà variable, oi?

Bé, per a mi hi ha una classificació millor que variable o fixa com a quota, i seria si és indispensable o no, per tant, si considerem el menjar, plogui, nevi o faci sol... has de menjar, oi? Doncs així el menjar serà indispensable, per tant fixa. El pis (sigui de propietat amb una hipoteca o de lloguer), la llum, aigua, telèfon, són indispensables, oi? Per tant són despeses fixes. Però els restaurants, l'oci, el cinema, si veus que no arribes a final de mes, hauràs de retallar per alguna banda. Per on? Doncs precisament pels restaurants, pel gimnàs, per la perruqueria? Jo no soc qui per dir-te si has de gastar-te els teus diners d'una manera o d'una altra perquè potser per a tu el gimnàs és la seva font d'ingressos si és que ets atleta professional i has d'estar federat i apuntat a un club per anar a entrenar, o potser és que tens diagnosticat com a teràpia el fet de tenir un animal de companyia, tot i que aquest et costi força diners de mantenir.

El que sí que puc fer és guiar-te en com estructurar-ho, per tant, si vols, ara, tornar a revisar si les despeses són fixes o variables amb aquest nou criteri: fixa = indispensable i, variable = supèrflua. Has de canviar alguna cosa? Fes-ho, esborra-ho i torna-ho a posar.

Categories

Un cop has fet l'exercici dels conceptes i després d'haver revisat si les despeses variables són fixes i si les fixes són variables, pots passar al següent pas, que és l'agrupació de les despeses per categories.

Aquesta agrupació per Categories la faràs per no tenir tants conceptes posats al full de despeses, de manera que puguis tenir unes 10 o 12 categories com a màxim i així simplificar-te la tasca de decisió d'on assignaràs cada cosa. Un exemple de categories podria ser el que t'adjunto a continuació, però t'hauries de fer el teu personal, un que sigui senzill, controlable, però alhora que t'aporti la informació adequada.

DESPESES
Fixes
- Llar (Hptca, lloguer, llum, ...)
- Menjar
- Salut
- Estudis/Extraescolars (filles)
- Estalvi (jubilació, inversions, ...)
- Altres: Assegurances, ...
Variables
- Transport
- Familia (Roba, Perruqueria, ...)
- Regals
- Oci i Entreteniment
- Donacions
- Altres Depeses
Inversions
- Prestecs/Hipoteques
- Altres

Jo crec que per tancar el punt de les despeses, podríem fer aquest darrer exercici, el qual servirà per controlar-vos les despeses:

DESPESES	GENER	FEBRER	MARÇ	ABRIL	MAIG	JUNY	JULIOL	AGOST	SETEMBRE	OCTUBRE	NOVEMBRE	DESEMBRE	TOTAL
Fixes:	0,00	0,00	0,00	0,00	0,00	0,00	0,00	0,00	0,00	0,00	0,00	0,00	0,00
- Llar (Hipoteca, lloguer, llum, ...)													0,00
- Menjar													0,00
- Salut													0,00
- Estudis/Extraescolars (fills)													0,00
- Estalvi (jubilació, inversions, ...)													0,00
- Altres: Assegurances, ...													0,00
Variables:	0,00	0,00	0,00	0,00	0,00	0,00	0,00	0,00	0,00	0,00	0,00	0,00	0,00
- Transport													0,00
- Família (Roba, Perruqueria, ...)													0,00
- Regals													0,00
- Oci i Entreteniment													0,00
- Donacions													0,00
- Altres Depeses													0,00
Inversions:	0,00	0,00	0,00	0,00	0,00	0,00	0,00	0,00	0,00	0,00	0,00	0,00	0,00
- Prestecs/Hipoteques													0,00
- Altres													0,00
	0,00	0,00	0,00	0,00	0,00	0,00	0,00	0,00	0,00	0,00	0,00	0,00	0,00

Font: EFPA i elaboració pròpia.

Control de les despeses

Fins ara has estat introduint les despeses que creus que tens i ho has plasmat en un full Excel de despeses que tens just a la part del damunt. Segur que està molt ben fet, però tingues en compte que, com es diu popularment, «qualsevol semblança amb la realitat és pura coincidència». I és que una cosa és el que creus i l'altra molt diferent la realitat. Quan fas una despesa, ja sigui en un bar, en una geladeria, al súper o en una botiga de roba, mai guardes els tiquets per entrar-los al teu Excel en arribar a casa, oi? I doncs, com ho podries fer per no oblidar-te mai de posar-ho?

La primera opció és tenir un compte bancari destinat a despeses, ja que així sempre tindràs controlats tots els ítems de despeses. Si portes les finances conjuntes amb la parella, pots fer-ne una amb dues targes per poder gastar indistintament, però després traspassar-ho a un full de càlcul o similar per controlar-ho.

La segona, la tens al palmell de la mà quasi totes les hores del dia, i és el mòbil que, combinat amb alguna aplicació de control de despeses i una petita configuració per personalitzar les categories, farà que tot sigui més fàcil i senzill a l'hora de traspassar les dades.

Al mercat hi ha diferents aplicacions bastant bones per Apple i Android, el que has de mirar és com es configuren, si pots posar tots els apunts sota la mateixa Base de Dades i com s'extreuen els informes o el traspàs de dades de l'aplicació cap a un full de càlcul. Prefereixo no indicar aquí cap aplicació en concret. Segur que trobaràs la més idònia per a tu ràpidament.

En cas que et posis en contacte amb algun company assessor financer, o amb mi mateix, et podrem dir quina utilitzem i a partir d'allà, tu ho decideixes.

Pressupost familiar

Per fer el pressupost familiar no només cal unir les dues parts (ingressos i despeses) que has vist fins ara, això només servirà per veure què has fet fins ara i analitzar si estàs d'acord a continuar així o vols canviar alguna cosa a partir d'ara. Si el que veus t'agrada i vols continuar igual sense canviar hàbits de despeses, només et cal fer una revisió cada cert temps i enllestit.

Imagina que vas al metge de capçalera per fer un control. Et demana fer-te una revisió general de salut, una radiografia de tòrax, un electrocardiograma, un anàlisi de sang complet. A la següent visita, amb els resultats a la mà, el metge de capçalera interpreta les dades. Ell et coneix bé, i sap que no fas tot allò que hauries de fer, però també és comprensiu amb els pacients que no tenen cap dolència aparentment greu i llegeix els resultats...

Hmmm... veig que l'electrocardiograma surt perfecte, i el tòrax... Encara fumes aquests dos o tres cigarrets al dia, oi?

I d'esport... en continues fent, espero, o ja has parat?

Tens una mica de colesterol... i ja saps què vol dir, oi? Ja fas bondat?

Bé, com et sents? ... Com et trobes?

Ja saps el que s'ha de fer. Et cuidaràs millor aquest any?

Surts de la consulta sense una malaltia greu detectada, arribes a casa i a la parella li dius: *m'ha trobat fet un xaval de 20 anys!*

Amb l'economia familiar passa una mica el mateix. Pots continuar així, t'ho passes bé, gaudeixes, pots suportar les despeses que tens, doncs endavant. Però potser estàs cultivant una dolència futura si no la controles. Si t'ha passat pel cap demanar hora per un assessorament financer amb mi o amb algun company meu, que sàpigues que jo no soc tant bondadós com el metge generalista de la història anterior... si voleu que us diguin que sou molt guapos i que esteu molt bé, podeu anar a veure l'àvia o un altre assessor financer. Jo dic les veritats.

Els pots vs. el pressupost familiar

Molts cops m'han preguntat com a assessor financer quin hauria de ser el pressupost familiar ideal, i la veritat és que sempre contesto que no hi ha un pressupost ideal, sinó que cada persona o família ha de gestionar-ne el seu segons la seva manera de viure, de treballar i evidentment també dependrà del que cobren, de les seves creences sobre els diners, de com es relacionen amb els diners, etc.

Sempre comento que no hi ha dues persones iguals davant dels diners, i és que hi ha moltes variables. Imagina dues persones d'edat similar, que treballen a la mateixa empresa, que tenen el mateix sou, que tenen les mateixes despeses de transport, potser tenen el mateix nombre de fills o no, a una li agrada viatjar i a l'altra no, a una li agrada el càmping i a l'altra anar d'hotels, a una li agrada sortir a sopar contínuament i a l'altra no.

Davant de tantes variables diferents no puc marcar un pressupost prefixat per a tots igual, oi?

Ara, imagina que et dic que els cànons que es marquen per a la despesa familiar són els següents:

- **55 % per viure:** Inclou pis, menjar, subministraments, despeses diverses.
- **10 % Formació:** Formar-se un mateix és essencial.
- **10 % Oci:** Gaudir és molt important en tots els aspectes.
- **10 % Estalvi general:** Per objectius a mig i llarg termini.
- **10 % Estalvi llibertat financera:** Per algun dia jubilar-nos abans dels 67 anys.
- **5 % Donacions:** Ser agraït amb el món és vital i se'ns recompensarà.

Pensa en una família que cobra 1.000€ al mes, ho compliria? Segur que no. El primer que em dirien es que han de destinar més de 550€ per al pis, menjar, subministraments i altres despeses. Els 100 € de la formació i els 50 € de les donacions me les faig a mi mateix. Per una altra banda, el possible estalvi el consideren ciència ficció i el destinaran a comprar menjar per a la família.

I, ara, pensa en una família que cobra 10.000 € al mes: dedicar 5.500 € al mes per viure és exagerat i potser amb 1.000 € d'oci al mes es queden curts perquè el seu ritme de vida és diferent.

Sé el que penses, però estic posant exemples reals. Hi ha gent que cobra 1.000 € al mes i hi ha gent que en cobra 10.000. Vet aquí pressupostos molt dispars per mostrar que jo no puc dir-te en què t'has de gastar els diners. Has de ser tu qui faci el teu propi pressupost personal i complir-lo o, com a mínim, controlar-lo. Per això, el que recomanen alguns autors de finances personals és que el dia 1 de cada mes es posin uns diners en uns pots marcats, segons el pressupost assignat a cada part. Si has de fer una despesa de menjar, vas al pot de menjar i agafes els diners d'allà, si fas una despesa d'oci, agafes els diners del pot d'oci, etc.

Sincerament, que en ple segle XXI, amb unes tecnologies avançades com tenim, ens organitzem a partir d'uns pots de vidre amb diners ficats a dintre em sembla una mica arcaic, per això jo aposto per fer-nos un pressupost personal i fer el seguiment i control de les despeses amb una aplicació.

Com preparar un pressupost familiar

Per alguna banda hem de començar, certament, i ja sé el que he dit anteriorment de que si posem els ingressos i les despeses directament al full de càlcul és com anar a un metge a fer-te una revisió general i com que no t'ha trobat res greu no fas cas que t'has de cuidar.

Doncs bé, la situació és la que és i el que hem de fer és començar amb aquesta història que tenim fins ara i, per tant, omplirem el full de pressupost familiar* amb els números que tenim i ho posarem tot junt.

* Pressupost: https://octavigarcia.com/docs/05-PressupostFamiliar.pdf

PRESSUPOST FAMILIAR

INGRESSOS	GENER	FEBRER	MARÇ	ABRIL	MAIG	JUNY	JULIOL	AGOST	SETEMBRE	OCTUBRE	NOVEMBRE	DESEMBRE	TOTAL
Ingressos professionals/laborals	0,00	0,00	0,00	0,00	0,00	0,00	0,00	0,00	0,00	0,00	0,00	0,00	0,00
													0,00
													0,00
													0,00
Ingressos financers / inversió	0,00	0,00	0,00	0,00	0,00	0,00	0,00	0,00	0,00	0,00	0,00	0,00	0,00
													0,00
													0,00
													0,00
Pensions	0,00	0,00	0,00	0,00	0,00	0,00	0,00	0,00	0,00	0,00	0,00	0,00	0,00
													0,00
													0,00
													0,00
Passius i Recurrents	0,00	0,00	0,00	0,00	0,00	0,00	0,00	0,00	0,00	0,00	0,00	0,00	0,00
													0,00
													0,00
													0,00
	0,00	0,00	0,00	0,00	0,00	0,00	0,00	0,00	0,00	0,00	0,00	0,00	0,00

DESPESES	GENER	FEBRER	MARÇ	ABRIL	MAIG	JUNY	JULIOL	AGOST	SETEMBRE	OCTUBRE	NOVEMBRE	DESEMBRE	TOTAL
Fixes	0,00	0,00	0,00	0,00	0,00	0,00	0,00	0,00	0,00	0,00	0,00	0,00	0,00
· Llar (Hptca, lloguer, llum, ...)													0,00
· Menjar													0,00
· Salut													0,00
· Estudis/Extraescolars (filles)													0,00
· Estalvi (jubilació, inversions, ...)													0,00
· Altres: Assegurances, ...													0,00
Variables	0,00	0,00	0,00	0,00	0,00	0,00	0,00	0,00	0,00	0,00	0,00	0,00	0,00
· Transport													0,00
· Família (Roba, Perruqueria, ...)													0,00
· Regals													0,00
· Oci i Entreteniment													0,00
· Donacions													0,00
· Altres Depeses													0,00
Inversions	0,00	0,00	0,00	0,00	0,00	0,00	0,00	0,00	0,00	0,00	0,00	0,00	0,00
· Prestecs/Hipoteques													0,00
· Altres													0,00
	0,00	0,00	0,00	0,00	0,00	0,00	0,00	0,00	0,00	0,00	0,00	0,00	0,00
DIFERENCIA	0,00	0,00	0,00	0,00	0,00	0,00	0,00	0,00	0,00	0,00	0,00	0,00	0,00
CASH FLOW ACUMULAT	0,00	0,00	0,00	0,00	0,00	0,00	0,00	0,00	0,00	0,00	0,00	0,00	

Font: EFPA i elaboració pròpia.

Fins aquí tot correcte? Suposo que tens dubtes de com omplir el full, oi? Lògic, però segur que te'n sortiràs.

Finantrucs control econòmic

Un cop has posat les dades a l'Excel, cal fer la reestructuració i control de les despeses. En primer lloc, recomano que facis una reunió familiar per posar en comú quines són les despeses que catalogueu com a supèrflues ja que sovint —no vull dir que sempre sigui així— es poden fer moltes retallades.

Revisió de despeses supèrflues

El gimnàs acaba sent un clàssic. El fet que paguis i que no hi vagis tan sovint com t'agradaria, t'acaba convertint en soci capitalista del gimnàs. Sempre dic que nosaltres no som una ONG per anar regalant els diners, per tant revisar les despeses que tenim serà molt important. Vet aquí, doncs, un dels punts que sol ser conflictiu a les parelles: el gimnàs, ja que un dels dos no hi sol anar gaire i en canvi se segueix pagant.

És cert que sempre mitifiquem el gimnàs, però hi ha altres despeses ocultes que no sabíem que pagàvem fins que en fem una revisió completa. Una subscripció a una revista o a la biblioteca del barri on et vas oblidar de dir que et donaves de baixa, una aplicació o programa que et cobren cada cert temps i que no utilitzes. Aquestes micro-despeses solen ser els grans devoradors de recursos, sense voler-ho.

Fer una revisió exhaustiva del darrer any fa que puguis rescatar uns quants euros per a altres coses.

Revisió de serveis contractats

Normalment veiem com les companyies ens cobren cada cop més serveis que no utilitzem. Aquests serveis també es converteixen en devoradors de recursos.

Tots tenim internet a casa, ara ja no podem viure sense, però molts cops ve associat a uns serveis que no necessitem i que ens van oferir de forma gratuïta i que després d'un any es converteixen en serveis de pagament, quina casualitat. El mateix passa amb altres subministraments i factures regulars. Si revises bé cada cert temps les factures, ja veuràs com podràs estalviar de 500 € a 900 € anuals, i evidentment, perquè els tinguin ells gairebé millor tenir-los tu, no creus? Als meus pares el darrer cop que vaig revisar-los la factura de telefonia, vaig trobar-hi 57 € al mes de rebaixa.

Revisió de tarifa i/o canvi de proveïdor

Alguns cops ens pot fer una mica de mandra per tot el tema de trucar, canviar de proveïdor d'una cosa o d'una altra, però les grans empreses de serveis ja juguen amb el fet que alguns sortiran i altres entraran, però els que no es queixen paguen una mica més.

La telefonia mòbil n'és un cas, però n'hi ha d'altres. A més, com que no som uns experts, no sabem com funciona ni quines són les tarifes adequades. Potser no ho saps, però hi ha empreses que et poden ajudar a determinar el millor proveïdor o la millor tarifa de llum o gas. Jo n'utilitzo una que són de Barcelona i em van buscar la millor tarifa de llum. Quan l'energia elèctrica va pujar tant, em van trucar, em van fer el recàlcul directament i van gestionar ells el canvi a una altra companyia. En aquest llibre no hi posaré noms, però segur que pots buscar i trobar empreses que et donin un bon servei.

Descomptes per comprar

No seria ben bé com els cupons del súper, perquè si alguna cosa he vist en l'enfilall inacabable de papers que surten quan fas una compra a qualsevol súper és que, a part de ser poc ecològics pel paper que gasten, les ofertes que et surten són d'articles que o bé tu no n'ets el *target* de client (recordem que amb les targetes del súper ens tenen controlats per fer uns estudis de mercat d'allò més curosos) o bé ofereixen descomptes per volum quan en tot cas només en compraries un per provar.

Bé, el que volia indicar és que hi ha algunes aplicacions o pàgines web en què pots comprar als seus associats i els pagues el preu normal, però un cop comprat et retornen uns diners que s'acumulen fins que fas una certa quantitat i llavors t'ho ingressen al teu compte del banc. O sigui que per comprar et retornen uns diners. Evidentment, això ho paga algú i és que les empreses que estan «anunciades» a aquestes aplicacions o pàgines web solen pagar una comissió de màrqueting del 7-8 %. Al client li descompten un 3 % i després solen tenir un 2 % per als gestors comercials que han promocionat aquella empresa i l'aplicació o pàgina web s'endú un altre 2-3 % de la venda. La veritat és que és un bon negoci, perquè tothom hi surt guanyant: el client obté un descompte, l'empresa ven més sense pagar un màrqueting estàtic, sinó que el cost de màrqueting passa de ser un cost fix a un cost variable, i l'aplicació o pàgina web i els gestors comercials (*freelance*) cobren per la seva feina en la promoció de les vendes.

Ingressos extres

Hi ha moltes maneres d'obtenir uns ingressos extres amb altres negocis que no són nostres. Ara està molt més popularitzat i digitalitzat però aquesta feina d'*influencer* sempre ha existit en un altre rol, ja sigui com a promotor o comissionista però sempre s'ha desenvolupat una feina d'estar al mig i fer de catalitzador entre el comprador i el venedor.

Quan algú és molt popular li solen preguntar on ha comprat una cosa o una altra, i a més es pot endur un bon pessic. Jo no soc gaire popular i no em paguen per dir ni les aplicacions, no soc un home anunci! Hi ha gent, però, que això de recomanar ho porta a la sang i en fa la seva professió o ingrés extra. A això se'n diu *network* màrqueting, i en aquests finantrucs de control econòmic on hem parlat d'ingressos i despeses, no tot és evitar gastar sinó que aquest finantruc és sobre generar ingressos.

Assegurances

«La millor assegurança és la que mai es fa servir».

Per què volem les assegurances? Potser penses que són una manera de pagar uns diners alegrement a les empreses que s'aprofiten de les desgràcies i que no ens aporta cap benefici. Potser hi ha riscos que no ens compensen o molt poca cosa, de manera que no cal fer-nos una assegurança perquè podem cobrir nosaltres aquest risc, és a dir, el que és l'autoassegurança del risc. En canvi, en d'altres casos ens pot convenir molt perquè, tot i que el risc pugui ser petit, si el risc succeeix, el mal causat ens pot destrossar econòmicament.

Fer una assegurança ens cobreix d'una pèrdua. És a dir: tenim un risc que passi alguna cosa i assegurem un valor pel qual, si aquell risc finalment passa, nosaltres cobrem una indemnització. Evidentment, no hem de fernos rics quan contractem una assegurança, però aquella cobertura fa que no perdem diners o que no perdem tants diners.

Hi ha algunes assegurances que són obligatòries com, per exemple, les de vehicles que circulen per vies públiques. De fet, si tens un vehicle que no surt de la teva propietat privada no caldria tenir cap assegurança, per què? Doncs perquè les assegurances de vehicles obligatòries són les anomenades «a tercers» i això vol dir que cobreixen els danys a tercers, però no pas a propietats teves. Per tant, si tens el cotxe en la teva propietat privada, elimines la variable del «tercer», i com que a tu no et cobreix l'assegurança no caldria contractar-la, sempre que la finca no estigui molt concorreguda per persones externes a la teva família. De totes maneres, soc del parer que si el vehicle es mou, encara que sigui per la teva finca, hauria d'estar assegurat per si de cas algú passa per allà despistat i teniu potser un petit accident.

Imaginem que el teu cotxe provoca un accident amb un tercer sense víctimes ni danys personals (que no m'agrada la sang). Les despeses de reparació dels cotxes han de passar un peritatge i una determinació per saber qui té la responsabilitat en l'accident. El causant pagarà les despeses de l'altre. Si tu no tinguessis aquesta assegurança a tercers, te n'hauries de fer càrrec tu, en principi, i si tu no pots pagar perquè no tens diners, la pobra víctima que ha rebut l'accident no tindria el cotxe arreglat. Bé, no és del tot cert, perquè si la víctima té assegurança, llavors estaria coberta igualment pel fons de garantia d'assegurances. Ara bé, què passa amb el teu cotxe? Doncs que l'hauràs d'arreglar i pagar tu la reparació si només el tens a tercers i per això sempre és recomanable pagar una mica més i fer l'assegurança a tot risc, amb o sense franquícia.

A tot risc amb o sense franquícia? Vol dir que pots assegurar que també t'arreglin el teu cotxe encara que l'hagis provocat tu, l'accident. I la franquícia és perquè pots posar un import mínim que fins allà ho pagues tu i a partir d'aquell import se'n fa càrrec la companyia. Això es fa per evitar que per a qualsevol rascada petita que tinguis facis una comunicació i una reparació i t'obliga a ser tu qui pagarà la factura del taller en cas de petites coses.

En el cas de les no obligatòries, podem optar per assegurar el bé (cotxe, casa, vida...) o fer el que s'anomena autoassegurança. L'autoassegurança vol dir estalviar-te de pagar els 100€, 200€ o 400€ que pot costar una assegurança de la llar anualment, i en el seu lloc assumeixes tu el risc que si tenim algun desperfecte a casa provocat per un accident, n'hauràs d'assumir tu la reparació de la teva butxaca.

Et posaré un petit exemple: l'any passat a Les Cases d'Alcanar hi va haver unes inundacions provocades per una pluja descontrolada i unes rieres poc netes. Bé, tampoc vull jutjar per què va ser, però hi va haver molts desperfectes que es van haver d'arreglar. Molts dels afectats per les inundacions no tenien assegurança perquè, total, aquí al poble mai passa res i pagar 200€ l'any és llençar els diners. Doncs el cas és que sí que va passar i alguns han hagut de pagar molts diners de la seva butxaca per recondicionar casa seva perquè no tenien aquesta assegurança.

Llavors, sempre has de fer una assegurança? Per tot? Depèn: sempre s'han de fer números ja que, per exemple, una de les assegurances de les que jo estic totalment en contra és la de decessos, la que se li'n diu comunament «la dels morts». Durant tota la vida estàs pagant X€ al mes (o a l'any) per un enterrament, perquè saps que et moriràs tard o aviat. Llavors, si el risc ha de passar, doncs més val assegurar-lo, no? Sí, però amb el que s'especula no és amb el fet si passarà o no, sinó quan passarà. Si la mitjana de mortalitat està en 84-86 anys i portes des dels 20 anys pagant 10€ al mes, crec que si haguessis fet un estalvi personal que es digués «enterrament», tot i que el nom sigui molt macabre, i haguessis posat aquests 10€ al mes durant tant de temps, podries deixar els diners per gairebé pagar una piràmide egípcia.

No vull esplaiar-me gaire perquè no crec que hagis d'aprendre assegurances en un llibre, el que vull ensenyar-te és a controlar-les i a saber què has de valorar i saber fins a quin punt assumeixes tu el risc o el cobreixes amb una assegurança. Per altra banda, et recomano que primer t'informis amb uns especialistes d'assegurances que siguin assessors i no només venedors d'assegurances.

Gestió de les assegurances

Les assegurances són una secció molt important a emplenar de la carpeta vermella, perquè quan hem de saber una dada sol ser de forma urgent. Moltes vegades sabem que estem assegurats però no acabem de recordar amb qui, ni el telèfon, ni molt menys quin número de pòlissa tenim, ja sigui per gestionar un sinistre del cotxe, moto, llar, etc.

A més, és molt típic confondre'n una amb l'altra, sobretot si tens dues assegurances diferents. No seria el primer cop que, anant ràpid, truco a una asseguradora que té una Z al seu nom, reportant un sinistre que tinc amb una altra asseguradora que també té una Z al seu nom. Fora d'aquestes confusions sintàctiques, sí que és veritat que, si tenim ben estructurades les dades de les assegurances, estalviarem temps i, a més, qualsevol persona que necessitem que hi accedeixi, ja sigui una filla, pares, germans o amic de confiança, podrà tenir accés a la informació.

Fes un altre exercici de memòria en cinc minuts i a veure si recordes primer les assegurances que tens i posteriorment amb qui les tens, i si vols esplaiar-te pensant quin és el telèfon de contacte per reportar un sinistre, el nom del gestor, què cobreix, quan es renova, l'import que pagues, etc.

Tranquil·litat, aquest exercici el farem amb més detall més endavant.

Tipus d'assegurances

De tipus d'assegurances n'hi ha moltes i, normalment, dins de cadascuna ens hi solen encabir altres serveis que molts cops són necessaris, d'altres són molt recomanables i d'altres que potser no ho són tant. Aquests darrers serveis solen ser-hi perquè comercialment els va molt bé per posar-ho en el portafolis de productes com a diferenciació amb altres companyies, però la majoria de gent no els utilitza.

Per exemple, l'assegurança de cotxe que et cobreix els sinistres és una assegurança patrimonial. Una assegurança patrimonial és una assegurança que cobreix els danys materials del tercer (l'obligatòria) i el teu en el cas del tot risc amb o sense franquícia. També cobreix les despeses mèdiques, que també són patrimonials perquè són les despeses el que cobreixen. El fet és que aquesta assegurança patrimonial també té afegits uns serveis com el servei de grua (sense sinistre) i desplaçament de les persones (en cas d'avaria) que no són serveis essencials, però comercialment ofereixen una diferenciació.

En el cas de l'assegurança de la llar, on et cobreixen els sinistres de l'habitatge, també hi ha un servei de «manetes» que et permet fer un cert número d'actuacions de reparació o canvi de paraments a la llar. Per exemple, tu compres una aixeta i truques perquè vinguin a canviar-te-la. És clar que la majoria de gent no sap que disposa d'aquests serveis extres, que a més els estem pagant, però que les companyies ofereixen en l'oferta comercial per enganxar el client i valorar més la seva oferta que la de la competència, però que després ja no promocionen, perquè si no uses aquests serveis evidentment ells no els hauran de pagar.

Un dels serveis annexats normalment és el de serveis informàtics, li'n diuen «Assistència Informàtica Domèstica», el més curiós del cas és l'assegurança principal en la qual sol estar inclosa: la del cotxe!

Cal saber què estem contractant per tal de saber en què, com, quin import i quan ens indemnitzaran si hi ha un sinistre. Per altra banda, cal tenir clar també quins serveis estan inclosos i quins són els serveis que poden tenir un cost afegit o no estan coberts. Per tal d'avaluar una oferta d'assegurança en comparació amb una altra de la competència, has d'avaluar els serveis concrets que creus que necessitaràs, de manera que no cal contractar una assegurança «full equip» i podràs estalviar-te diners si creus que no necessitaràs la meitat dels serveis afegits.

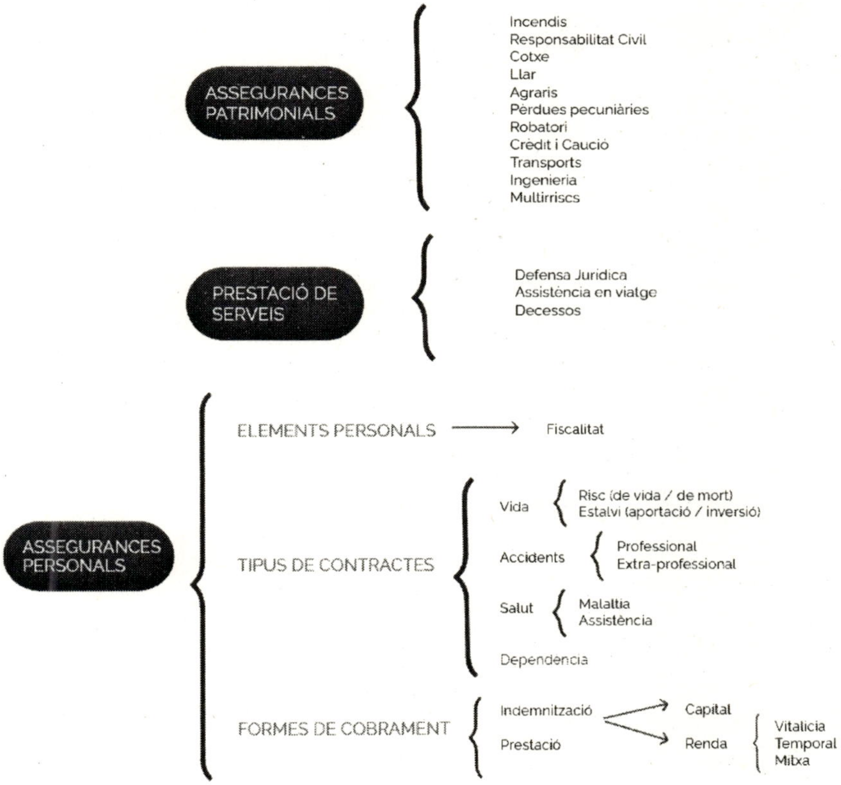

Aquesta és una classificació perquè sàpigues quins tipus d'assegurances hi ha principalment, però has de saber també que, si parlem d'assegurar, es pot assegurar quasi qualsevol cosa i és que quan dic quasi qualsevol cosa...

Els cirurgians s'asseguren les mans o els dits, hi ha alguna estrella del cinema i cantant que s'ha assegurat el cul i d'altres els pits. Però dins de les extravagàncies, les que s'enduen la palma són...

- *Aquella assegurança per si la núvia o el nuvi et deixa el dia del casament, que a part de totes les despeses del convit, també inclouen les teràpies dels psicòlegs, de la companyia Fireman's Fund.*
- *Una assegurança pels danys produïts per fantasmes i altres esperits* Spooksafe, *de la companyia Ultraviolet.*
- *Que siguis abduït per uns alienígenes, de la companyia St. Lawrence.*
- *Una assegurança contra morir-te de riure, de la companyia Lloyd's*

El valor de l'assegurança de vida: Valor Vital

Molta gent calcula el valor a assegurar de la seva pòlissa de vida segons el que els queda per pagar d'hipoteca. D'alguna manera aquest raonament és correcte (millor això que res), però també és inexacte ja que el valor real d'una persona pot estar per sobre d'aquest valor o per sota. Aquest càlcul ràpid el promou el banc, ja que no vol tenir una hipoteca impagada. En aquest capítol veuràs una manera de calcular quin és el Valor Vital, que seria el teu valor més aproximat per a la família i així et servirà per planificar la teva assegurança de vida. S'ha de mirar cada cas concret, però espero poder-te guiar per tal que sàpigues calcular quin és el teu valor numèric de Valor Vital.

Evidentment, he de dir que cap diner ni cap indemnització tornarà a la vida l'assegurat de la pòlissa, parella o qui sigui, però sí que com a mínim pot fer que no ens faci un buit més gran i una pèrdua que a més arrossegui la família a la fallida.

Per calcular el teu Valor Vital, farem el càlcul dels recursos que aportes a la família menys els recursos que consumeixes. Hi ha dos tipus de valors: els mínims i els màxims, perquè una cosa és el que aporta la persona a la família i l'altra és el que aporta perquè la família pugui viure sense excessos.

Mirem-ne un exemple:

Sou dos membres de la família en actiu i dos infants. El membre A seràs tu i cobres 30.000€ anuals i el membre B, la teva parella, que cobra 20.000€. En total cobreu 50.000€ i feu una aportació de diners a la família en forma *ganancial*, sense diferenciar qui ho ha aportat. Teniu una hipoteca de 100.000€ i, com he comentat abans, la idea general i ràpida és que, si us moriu tots dos, la hipoteca quedi pagada, oi? Llavors, la forma ràpida és que tant el membre A com el membre B tingui una assegurança de vida de 50.000€ cadascun, així es saldaria la hipoteca en cas de mort dels dos. En cas que un de vosaltres sobrevisqui, com a mínim tindrà una hipoteca reduïda en 50.000€ i així podrà fer front al pagament normal. La lògica diu que sí, però aquí només comptem les despeses de la hipoteca, i és cert que tenir una hipoteca menor alleuja la càrrega, però què passa amb les despeses comuns de menjar, subministraments i despeses de casa, salut, transport, escoles i extraescolars, personals (roba, perruqueria, etc.), estalvi i oci? Evidentment, no tindràs tanta despesa en menjar si hi ha un membre que no hi és, però la despesa hi serà igualment. I passa el mateix amb les altres despeses.

Per tant, en calcular la teva aportació a la família, hauries d'avaluar aquest tipus de coses i, si ho tens ben controlat com en el capítol anterior de Control Econòmic Familiar, la cosa és més senzilla. Per això, mirem de fer un anàlisi dels costos familiars d'una família amb 4 membres, i quin seria el compte provisional amb 3 membres sense baixar gaire el nivell de vida, que segur que posteriorment alguna cosa s'haurà d'ajustar.

Costos anuals Familiars	Amb 4 membres	Amb 3 membres
Hipoteca	12.500,00 €	6.250,00 €
Menjar	10.000,00 €	8.000,00 €
Subministres i despeses casa	2.500,00 €	2.500,00 €
Salut	2.500,00 €	2.000,00 €
Transport	2.500,00 €	2.000,00 €
Escoles i extraescolars	7.500,00 €	7.500,00 €
Personals (roba, perruqueria, ...)	2.500,00 €	2.000,00 €
Estalvi	5.000,00 €	4.000,00 €
Oci	5.000,00 €	4.000,00 €
	50.000,00 €	38.250,00 €

Segons els números que hem suposat, tu, el membre A, aportes 30.000€ i la parella, el membre B, n'aporta 20.000, segons aquest compte provisional, tot i comptant que la hipoteca baixaria un 50 %, i que certes partides baixarien un 20 %. En d'altres casos he suposat que no baixen, ja que els estudis dels fills no els gastes ni tu ni la teva parella, de llum, gas i aigua en gastaríeu gairebé la mateixa quantitat amb un membre més que amb un de menys. Per tant, crec que ningú dels dos arribaria a final de mes sense una ajuda econòmica extra. Malauradament, això (amb correccions a l'alça) és el que passa quan una parella es separa, però aquest tema no el vull tocar aquí.

Per tant, quin seria el teu Valor Vital? La diferència entre el compte provisional i el sou de la teva parella, la qual seria qui hauria de pagar les factures amb la teva absència.

- Membre A (si faltes tu): 38.250€ - 20.000€ = 18.250€ per any
- Membre B (si falta la parella): 38.250€ - 30.000€ = 8.250€ per any

A partir d'aquí, has de tenir en compte molts més factors:

- Els anys que et resten fins a jubilar-te: per multiplicar la teva aportació a la família pel nombre d'anys.
- Sumar-li la meitat de la hipoteca.
- Restar-li si tenim estalvi privat generat per a la jubilació. Seguint amb l'exercici, prendrem que tens un pla d'estalvi de jubilació de 25.000 € i la teva parella el té de 22.000 €.
- Aquí també se li hauria de descomptar la pensió de viudetat i orfandat. S'ha de dir que en la majoria de casos es cobreixen les despeses excepte en autònoms (perquè els computen una base més baixa) i en persones que no paguen gaires impostos. En aquest cas, ho extraurem de l'equació, però s'hauria de comptar la pensió per viudetat i orfandat (fins als 21 o 25 anys).
- Si volem fer-ho perfecte, hauries de tenir un compte provisional de despeses per quan els teus fills s'emancipin i tu o la parella visqueu sols sense les despeses dels fills.

Suposo que ho has entès, oi? Doncs bé, tot i que no és del tot correcte, et serveix com una aproximació perquè hauries de portar els diners de cada any a l'actual, fet que se li'n diu *actualitzar el valor*, i això es fa amb una senzilla fórmula que poso a continuació:

$$Valoració\ DCF = \sum_{n=1}^{N} \frac{FCF_n}{(1+k)^n} + VA.VR + Excès\ de\ Caixa$$

Aquesta fórmula de descompte de fluxos no te l'explicaré aquí, però et puc explicar què és, mostrar-ho gràficament i donar-te una fórmula d'Excel (la del valor actual), que serà com calcularem aquestes dades. Amb l'exemple que hem treballat fins ara, si faltes tu (membre A de la família), la teva parella necessita per viure sense excessos:

- El primer any: 50.000 € (de la hipoteca) + 18.250 € (per viure anualment), total 68.250 €
- Els següents anys: 18.250 € (per viure anualment), fins que es jubili*.

---

* He comentat que si fem un compte provisional de despeses sense els fills, quan aquests s'emancipin, podríem comptar-ho de diferents maneres.

Imaginem que els dos teniu 50 anys i us queden 17 anys per jubilar-vos. El descompte de fluxos es representa d'aquesta manera:

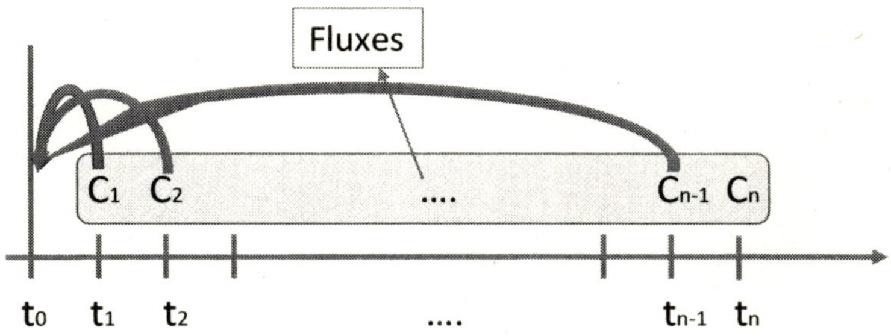

La fórmula del valor actual retorna el valor actual d'unes entrades de diners basant-se en cobraments periòdics constants i en una taxa d'interès constant. En aquest cas, com que el que no voleu és perdre valor adquisitiu, prendrem la mitjana de l'IPC dels darrers 20 anys, que és del 2 %. La sintaxi seria la següent:

VA(taxa, nper, cobrament, va, tipus)

	A	B	C
1		Membre A	Membre B
2	Interés	**2,00%**	**2,00%**
3	Aportació	18.250,00 €	8.250,00 €
4	Temps	16,00 Anys	16,00 Anys
5	Valor Final	0,00 €	0,00 €
6	Valor Actual	**247.793,19 €**	**112.016,10 €**

Si prenem com a referència aquestes caselles, a la casella B6 hi posem la següent fórmula: **=VA(B2;B4;-B3;B5).** A aquest valor que surti, li hauràs d'incrementar el valor inicial de 68.250 € i restar-li si tenies un estalvi per a la jubilació. Amb aquesta petita fórmula, podràs fer unes simulacions del valor necessari de la teva assegurança de vida teòrica. En el cas concret de l'exemple de la família:

	Membre A	Membre B
Interés	**2,00%**	**2,00%**
Aportació	18.250,00 €	8.250,00 €
Temps	16,00 Anys	16,00 Anys
Valor Actual	**247.793,19 €**	**112.016,10 €**
50% Hipoteca	50.000,00 €	50.000,00 €
Primer Any	18.250,00 €	8.250,00 €
Estalvi Jubilació	-25.000,00 €	-22.000,00 €
TOTAL:	**291.043,19 €**	**148.266,10 €**

Aquest càlcul per saber quin és el nostre valor actual crec que és el més encertat, perquè realment és l'aportació del sou a la família descomptant certes despeses que és el teu consum que, com que ja no hi seràs, no faràs. De totes maneres, hi ha més càlculs del Valor Vital o valor actual d'una persona, que segurament són igual de bons, et convido a investigar per internet i, si vols, m'ho envies per mail o LinkedIn i un dia ho discutim, així podré afegir aquest càlcul en una segona edició del llibre.

Control de les assegurances: Carpeta Vermella

Com he comentat anteriorment, el fet de portar un llistat amb les assegurances farà que les tinguis controlades i, a més, tindràs la sensació de tranquil·litat, que és el principal motiu pel qual tenim una assegurança, per estar tranquils. Tenir aquest llistat no només és per a tu sinó també per als teus familiars. Ells han de saber que, si et passa alguna cosa, trobaran la informació adequada al lloc correcte: a la carpeta vermella.

Si tens diferents vehicles, l'assegurança de la llar, etc., la gestiones amb diverses asseguradores o agents d'assegurances i és possible confondre's amb les entitats (Zurich, Allianz, etc.). Al final el que has de buscar és la senzillesa i la practicitat, perquè anant amb presses o enviant algú a casa perquè ho miri en cas que estiguis en estat greu a l'hospital, no fa sinó complicar les coses. A més, és important tenir anotat el número de pòlissa o el telèfon de contacte per gestionar qualsevol incidència.

Per a això tens aquest full de control de les assegurances* (de vida, de béns immobles, de salut, de vehicles, de jubilació o decessos, etc.). Hi ha molta més informació que pots omplir que veuràs a continuació. Si tens altres assegurances, només cal afegir-hi línies i/o subtítols.

ASSEGURANCES

Assegurança de VIDA

Titular	Beneficiari	Entitat	N. Pòlissa	Tel. Contacte	Data Rebut	Prima	Capital Assegurat

Assegurança de Llar

Titular	Beneficiari	Entitat	N. Pòlissa	Tel. Contacte	Data Rebut	Prima	Capital assegurat	
							Continent	Contingut

Assegurances de Salut

Titular	Beneficiari	Entitat	N. Pòlissa	Tel. Contacte	Data Rebut	Prima	Cobertura

Assegurances Vehicles

Titular	Cotxe	Entitat	N. Pòlissa	Tel. Contacte	Data Rebut	Prima	Cobertura

Assegurances Decesos

Titular	Beneficiari	Entitat	N. Pòlissa	Tel. Contacte	Data Rebut	Prima	Cobertura

Font: Elaboració pròpia.

Per emplenar-lo, aquí tens unes premisses:

- **Titular/Prenedor:** Serà la persona que ha contractat l'assegurança.
- **Beneficiari:** El beneficiari és la persona que rep la indemnització en cas de consumar-se un mal i haver-se de pagar una indemnització.
- **Bé assegurat/Vehicle:** En alguns apartats no hi ha el beneficiari, perquè no aplica, però si que hi haurà el bé assegurat o el vehicle. En aquest punt, hauràs de posar el detall de cada un dels béns.

* Control assegurances: https://octavigarcia.com/docs/01-Assegurances.pdf

- **Entitat:** L'entitat és amb qui tens aquesta assegurança, per exemple: Generalli, Zurich, Catalana Occidente, etc.
- **Pòlissa:** El número de pòlissa és una de les informacions més importants, ja que si truques a l'assegurança et demanaran aquesta xifra que tens contractada per donar-te el servei o obrir-te la incidència.
- **Telèfon:** Si saber el numero de pòlissa és important, no ho és menys saber el telèfon on has de trucar per gestionar una incidència. Per tant, és recomanable tenir-lo a mà.
- **Data del rebut:** Saber si es paga mensual o anualment, tenir la data de quan paguem els rebuts i així poder-nos fer una previsió de pagament d'aquests rebuts. Però, més enllà d'això, en aquest apartat és important per si hem de canviar de companyia saber que ho has de gestionar amb una anterioritat mínima d'un mes.
- **Prima:** Cal saber quina és la prima, és a dir, quin és el cost del rebut que t'arribarà per poder comparar amb altres assegurances.
- **Capital i/o cobertures:** Finalment, només et queda per posar el capital assegurat o les cobertures que tens contractades. Com que la informació del capital assegurat i les cobertures va variant amb el temps, hauràs d'anar actualitzant aquest full de tant en tant.

És molt important tenir ben emplenat aquest full i ben estructurades totes les assegurances, ja que tindràs tota la documentació a la carpeta vermella. Pots ampliar més aquest full, tal com vulguis, però crec que, com a resum, és més que suficient. A dins de la carpeta vermella, també hauràs de posar una còpia de les pòlisses per tenir-les a mà.

Endeutament personal o familiar

M'agrada gestionar el deute familiar de la gent perquè és un dels punts on hi ha més marge de millora per a les famílies. De fet, tot i no tenir dades concloents, podria dir per experiència que el 90 % de les famílies que tenen deutes no estan correctament endeutades. Normalment, quan necessitem diners, els necessitem urgentment i signem els que ens posen al davant. És a dir, que estem en una situació de feblesa negociadora davant del nostre creditor, a qui considerem el nostre «salvador».

Començaré aquest apartat del deute amb una explicació breu sobre els principals productes de deute per a persones físiques:

1. Préstec: Un préstec és una quantitat de diners que es presta a una persona o a una empresa amb l'acord que aquesta quantitat s'haurà de tornar en un termini determinat. El prestatari rep una suma fixa i sol pagar-la en quotes mensuals, que inclouen els interessos sobre el capital pendent i una amortització (pagament del capital pendent).

2. Crèdit: El crèdit és similar al préstec, però amb una diferència important. En un crèdit, una entitat financera posa a disposició del prestatari uns diners màxims (import màxim del crèdit), i el prestatari pot utilitzar-ne una part o la totalitat segons les seves necessitats. Només es paga interès sobre la quantitat utilitzada, i el prestatari pot tornar a utilitzar els fons una vegada es paguen. Solen tenir un termini i al final d'aquest període el saldo del crèdit ha d'estar a 0, és a dir, no hem de tenir diners disposats.

3. *Leasing*: El *leasing* és un acord de lloguer financer en què una empresa (arrendadora) permet a una altra empresa (arrendatària) utilitzar un bé durant un període determinat a canvi de pagaments periòdics. Al final del

contracte, l'arrendatària pot comprar el bé, retornar-lo o renovar el contracte. Els *leasings* es solen fer amb valor 0 € a final del període fixat, de manera que la darrera quota sol ser la que formalitza la compra del bé.

4. *Renting*: El *renting* és similar al *leasing*, però aplicat principalment a vehicles o equips informàtics. En aquest cas, l'empresa de *renting* adquireix els vehicles o equips i els lloga a altres empreses o a particulars per un període determinat. El pagament mensual del lloguer inclou l'ús del vehicle o equip, així com els serveis relacionats com l'assegurança o el manteniment. En el cas del *renting*, no té valor 0€ al final del període. Per tant, s'ha de renovar el contracte o executar una compra a un preu que a vegades s'ha pactat prèviament.

5. Hipoteca: Una hipoteca és un préstec a llarg termini utilitzat per comprar una propietat immobiliària. L'immoble actua com a garantia principal per al préstec, però també es disposa de la garantia personal del prestatari. De fet, una hipoteca en realitat és un préstec personal amb garantia hipotecaria, i això vol dir que si el prestatari no compleix amb els pagaments, l'entitat financera té dret a prendre la propietat mitjançant un procés de desnonament. Però, si encara hi hagués un dèficit de valor (el capital pendent és superior al valor de l'immoble), el prestatari avala amb els seus béns actuals i futurs fins a liquidar el valor del capital pendent.

En què t'endeutes i per què?

És una bona pregunta i no tothom hi donaria la mateixa resposta. És lògic, també, ja que som tots diferents, vivim moments diferents de la vida i no estem en el mateix entorn social.

Alguns poden endeutar-se per una casa (és el més típic), però també ens podem endeutar per un cotxe/moto, per comprar-nos un mòbil, per un viatge, per formar-nos o pels estudis dels fills, per comprar-nos un patinet elèctric, per anar a sopar, per fer una escapada de cap de setmana, per fer les compres de nadal o del súper, per refinançar o pagar un deute antic, etc.

Tot allò pel que t'has endeutat era una necessitat, oi? És imprescindible: sense allò no pots viure, o això creus. No em ficaré en terrenys pantanosos perquè no vull que tanquis el llibre i m'aparquis definitivament, però sí que voldria que reflexionis i pensis bé alguns dels finançaments que has fet durant la teva vida. Creus que podries haver-los gestionat de manera diferent?

Em diràs que «sí, però és que no arribo a final de mes, he hagut d'anar a comprar al súper per poder menjar, he pagat amb la targeta de crèdit. Com que ja sé que el mes vinent estaré igual i no puc pagar tot el deute acumulat a la targeta, em planifico i dic que només em passin 200 € de la targeta... que és el que puc pagar». A curt termini sí que podríem dir que és una opció, però has d'analitzar bé com sortir d'aquesta situació i el primer de tot és analitzar com hi has arribat:

- *Què fa que arribis a final de mes sense diners al compte?*
  – *Cobro poc i no hi arribo, si a la meva feina em paguessin més, podria arribar millor a final de mes.*
- *Sí que és veritat que tenim uns sous una mica limitats, però creus que si et pugen el sou 200 €, s'acabaria el problema?*
  – *Sí, perquè podria pagar més deute de targeta i així arribar millor.*
- *No m'ho crec. I no poso en qüestió la teva capacitat i iniciativa de matar el deute amb 200 € més al mes, el que crec és que pujaràs les despeses mensuals 220 €.*
  – *Noooo, si cobro més, podré matar els deutes.*
- *Recordes la darrera vegada que et van apujar el sou? Tenies una situació així, t'atrapaven els deutes i no podies fer front a tot. Vas demanar un augment de sou, te'l van concedir, però no vas arreglar la teva situació de deutes perquè vas ajustar el teu nivell de vida a aquella nova situació de cobrar més diners cada mes. Què creus que passarà si t'apugen 200 € més el sou?*
  – *Aquell cop era diferent!...*

Sempre les coses són diferents, la condició humana ens fa estar sempre a la defensiva i fugir d'estudi. «Aquell cop era diferent» és una frase molt repetida, que no dubto que fossin situacions diferents, però has de saber en quina lliga estàs jugant per viure ajustadament. Si creus que et mereixes més, has de fer els canvis a la teva vida per revertir aquesta situació. Un conegut em va dir un dia i m'ho continua dient: «No puc estalviar perquè cobro poc, quan m'apugin el sou... estalviaré, t'ho prometo!». De fet, han passat uns quants anys, amb augments importants per canvis de categoria (no només l'IPC), i aquest conegut segueix sense estalviar, per què? Doncs perquè a mesura que anem tenint més ingressos creiem que hem d'elevar el nostre nivell de vida (o de despesa, millor dit), per això solem endeutar-nos una mica més cada cop, per tenir coses de més nivell.

Endeutar-se perillosament

Hi ha un article publicat al 2016 per la web El Financiero* que relata molt bé les situacions perilloses d'endeutament i com és que arribem a aquestes situacions difícils.

L'autor de l'article destaca cinc conclusions principals sobre l'endeutament, i la veritat és que les subscric del tot.

1. A molts, els agrada viure per sobre de les seves possibilitats.
2. Tenir una personalitat desordenada predisposa a l'endeutament.
3. Els que no estalvien estan condemnats a endeutar-se.
4. Si l'excés de deutes és part de la vida quotidiana, potser no estem prenent-nos seriosament la nostra felicitat.
5. Una educació financera deficient genera mals hàbits financers i deutes perillosos.

M'agradaria que tornessis a llegir aquests cinc punts un altre cop, però pensant en cada un d'ells una estona, pren-te un minutet per reflexionar sobre aquests punts.

Ens agrada viure bé, i tant, i ens agrada que ens vegin que ens ho passem bé. Ens agrada anar a un restaurant bo i enviar per WhatsApp els plats que ens estem a punt de menjar, per això en fem fotos i les pengem a Instagram, o les enviem als grups d'amics o familiars que tenim al telèfon. O, si anem de viatge exòtic, mostrem a tothom que hem estat allà fent el que estem fent. Fins i tot hi ha gent que, encara que no hagi fet alguna cosa, s'apropia d'una experiència per mostrar-la al món com si l'hagués viscuda en primera persona. Per què? Perquè volem viure per sobre de les nostres possibilitats i volem que tothom se n'assabenti.

Hi ha una dita al meu poble que diu: «S'ha de comprar de ric i gastar de pobre!», o alguna cosa semblant. Amb això enllaço la personalitat desordenada de «ara compro això... ara compro allò altre... ara em fa falta... ostres, això ja ho havia comprat!». Tampoc crec que m'equivoqui gaire dient que alguna gent, quan se sent una mica *xof*, se'n va al centre a comprar-se alguna cosa perquè així s'anima. No escric aquesta part del llibre per criticar-ho

---

* https://www.elfinancierocr.com/opinion/por-que-nos-endeudamos-peligrosamente/4RGLEOUL4ZF55FHQBCISIS4Q3E/story/

sinó per ajudar a adonar-te que l'endeutament és la conseqüència d'alguna cosa que no rutlla, si és que aquest és realment el teu cas, és clar.

Tenir una planificació, un estalvi, un control, aporta molts beneficis personals, entre ells la pau i la tranquil·litat de poder ser on vols ser, i no haver de patir pels diners en negatiu. S'ha de dir que els que estalvien també poden tenir problemes de diners, sobretot quan baixen els mercats. Però bé, això és un altre tema que veurem també més endavant. El fet de no tenir estalvis et genera que davant de qualsevol adversitat o alerta, t'hagis d'endeutar, potser perillosament, perquè cal arreglar el cotxe urgentment, la caldera, la nevera o qualsevol cosa que s'hagi espatllat. Com que no tens diners, vas a correcuita a demanar-los al banc. Llavors és quan apareix la nostra figura del «Super Heroi Salvador» —el teu banc de confiança— que, per una comissioneta i un tipus d'interès típic, potser incrementat una mica (o molt) per la urgència de la situació, et deixa uns diners i et diu «sí, només cal una signatura i ja està». Ja està? Sí, ja has venut la teva ànima al diable! Que em perdonin tots els banquers i banqueres per aquesta petita broma, no us estic anomenant diables!

El fet de no tenir deutes i, en conseqüència, de tenir una mica d'estalvis, canvia l'estat d'ànim de les persones. I això ho corroboren estudis com per exemple el publicat per l'American Psychological Association a l'informe *Paying with our health*. La gent treballa més a gust, estima més a gust, es relaciona més a gust, no són tan agressius parlant, solen tenir una «pau interior» que en temps d'endeutament no solen tenir. Fins i tot, l'estudi revela que la majoria de discussions amb la parella són per causa dels diners. El que si que és ben clar és que si tu tens problemes de diners, te'ls endús a la feina i no treballes al 100 % quan arrossegues aquesta feixuga càrrega. I, en el cas econòmic, aquesta càrrega és un dels principals problemes que fan baixar el rendiment a les empreses.

Però, per centrar el tema: tenir uns hàbits financers dolents pot desencadenar en deutes perillosos, i això en una disminució del rendiment productiu. Això passa tant si ets *freelance* com si treballes per compte aliè amb un sou variable que et pot comportar menys ingressos, els quals, evidentment, agreujaran la teva situació financera (més deutes, menys producció) i pots entrar en una espiral de la qual costa molt sortir.

Canviar aquests hàbits financers comença per formar-se. Llegir llibres com aquest és un primer pas, després cal «prendre consciència» i posteriorment canviar els hàbits que et duen a una situació de caiguda lliure. Si et pregunto si recordes les classes de finances personals que vas fer a l'escola, em contestaràs... «finances personals? No vaig fer res d'això». Cert, no vam fer res d'això, només un dia, a matemàtiques, potser vas fer el càlcul de l'interès simple (la fórmula del «CARRETE» ***i* = *CRT***) i, com a màxim, l'interès compost. Però res més. És curiós, perquè recordo que a l'escola vam estudiar llatí (*Puela nauta amat*) durant tot un any. Uns coneixements que fem servir gairebé tots els dies, oi? En canvi, sobre els diners i l'educació financera no ens van donar ni mitja classe. Des d'aquí, una abraçada al meu professor de llatí, que segur que estarà orgullós de mi ja que, per fi, després de 35 anys, he aconseguit que aquesta llengua em sigues útil per una vegada a la vida, com a mínim per mostrar en aquest llibre que el sistema educatiu s'hauria de replantejar des de la base.

Des d'aquí reclamo que els dirigents de MATRIX, tot i que no crec que ho facin, planifiquin unes classes de finances personals/familiars per a tots els alumnes de les escoles o instituts. Per una altra banda, crec que seria bo per a la productivitat de les empreses promoure l'educació financera i difondre uns bons hàbits financers entre els treballadors. Es podrien fer formacions sobre finances personals als empleats (moment publicitari) que, a més, es poden subvencionar per la Fundae, de manera que l'import del curs es descompta de les obligacions de l'empresa amb la seguretat social.

El que ja seria fantàstic seria que els bancs hi tinguessin un rol, en tota aquesta educació financera de la ciutadania. Malauradament, el més habitual és que els bancs no ajudin els seus clients a adquirir aquesta educació financera perquè el seu negoci precisament és que la gent es quedi dins de Matrix i poder disposar dels diners d'altres habitants de Matrix (a un baix preu) per deixar-los a altres més apurats (amb un preu més elevat). És a dir: compra-venda i lloguer de diners.

Ens sabem endeutar?

Has circulat mai amb una bicicleta per la Ronda de Dalt de Barcelona? Espero que no, i que no ho facis mai! No voldria ni que et fessis mal tu, ni que provoquessis un accident, ni que et posessin una multa per circular incorrectament.

Segur que pots fer una llista dels tipus de vehicles que es poden utilitzar amb totes les seves gammes: patinet, bicicleta, ciclomotor, moto, cotxe, furgoneta, camió, camper, autobús, tren, avió, vaixell, etc. I si et dic un punt d'origen i un punt de destí, quina càrrega vull portar, les persones que som, etc., n'estic segur que em podràs recomanar quin vehicle escollir, oi? Doncs bé, en termes financers també passa el mateix, no tots els endeutaments són iguals. Tots tenen característiques i durada diferents i això vol dir que no tots els productes serveixen per a tots, ni en totes les ocasions.

Els més típics i quasi per a tothom podrien ser els crèdits, préstecs, *leasings*, *rentings* i targetes de crèdit. Sabries dir-me les característiques de cadascun? Són bastant comuns i segurament en coneixerem algunes característiques i, si no, es poden buscar per internet. Si no sabem com funcionen, ens podem equivocar a l'hora d'escollir (o quan ens endossen) un producte financer de deute, i podem estar-hi lligats durant anys. Hem de tenir eines per si el nostre «Súper Heroi Salvador» ens encamina cap a un producte financer que no és del tot adequat per a la compra d'aquell producte de consum o per si t'ofereix unes condicions abusives. Cal que estiguem preparats per poder dir NO. És cert que el 90 % dels productes financers de deute signats són adequats, d'acord, però en la resta de casos se signen productes dubtosament convenients per a l'operació en concret.

Abans de signar un endeutament, s'ha de saber el tipus de deute que signaràs, fer càlculs del tipus d'interès, les comissions que pagaràs, les clàusules de contractació obligatòries inherents al deute contractat.

Saber-nos endeutar és molt important, tant o més que saber on invertir els diners quan en tenim. Quan se'ns ha ficat entre cella i cella una compra, busquem la manera d'aconseguir els diners i acceptem totes les condicions al primer banc que ens diu que sí. Normalment, en condicions normals, s'hauria de fer un petit estudi de quin és el producte adequat per a cada cosa, tipus d'interès, etc.

Si et vols comprar una *tablet* de 300 €, segur que no se t'acudiria pagar-la a 30 anys, oi? Per sentit comú, és lògic que una *tablet* que té un cost de 300 €, si l'haguessis de pagar a 30 anys, potser estaries pagant 1 € al mes. Però el més correcte de no acceptar un préstec per la *tablet* a 30 anys, és perquè la *tablet* no durarà 30 anys, no per l'import sinó pel servei que et pot fer. Jo soc del parer que una *tablet* que pot costar 300 € no s'hauria ni de finançar... si no tens els diners, hauries d'estalviar fins que els tinguis i llavors podries comprar-la. Això, és clar, si no és que tens la necessitat imperiosa de comprar-la i et falten els diners, però llavors fes un préstec d'acord amb la vida útil del bé.

En el cas d'un pis per anar-hi a viure, amb un valor de 200.000 €, per exemple, és normal que no els portis a sobre i també és molt habitual que no els tinguis al banc. Llavors, en aquests casos, és evident que hem de demanar un préstec pel qual normalment aportarem una garantia hipotecària.

De totes maneres, hi ha altres maneres de comprar un pis depenent de la persona, el bé, l'ús al qual es destinarà o el moment.

- **Préstec amb garantia dineràRia:** Ideal per a inversors que compren un pis per llogar-lo si tenen els diners invertits en una altra banda i no volen deixar de fer treballar els diners. És a dir: poden treure'n una rendibilitat doble.
- ***Leasing* immobiliari:** Un *leasing* immobiliari és com un *leasing* de cotxe, però amb immobles. Simplificant, seria com un lloguer on la darrera quota és la compra. Molt útil per a aquelles empreses que necessiten comprar una nau però que necessiten més d'un 80 % del valor de compra i, a més, volen desgravar-se a tall de despesa la compra de la nau/local.
- **Crèdit hipotecari:** Per a aquelles persones o empreses que compren un immoble i estan pendents de la venda d'un altre per saldar el seu deute. En aquest tipus només es paguen interessos del capital pendent.
- **Préstec personal:** NO! Mai s'hauria de finançar la compra d'un habitatge amb un préstec personal, per què? Per la durada del préstec i per l'import.

No posaré les opcions que hi ha per a cada tipus de bé, però ja et dic que depèn molt del producte, de l'obsolescència o valor del bé al llarg del temps, de les garanties, del tipus d'interès, del nostre flux de diners, etc. No és difícil escollir el millor producte de deute però et recomano anar a veure un especialista (independent, si pot ser) i assessorar-te, que et cobri per recomanar-te quin tipus de producte contractar. Sí, ho he dit bé, **QUE ET COBRI**, perquè no em serveix una recomanació d'un amic o conegut que no s'ho ha estudiat bé i només es basa en el que va fer ell un cop. Pensa que, si et fan un bon assessorament, el cost dels seus serveis es paguen sols, perquè només amb els interessos i/o costos inicials d'un préstec en un mal endeutament superen en escreix el cost de l'assessor.

Ara que dic això de pagar els assessors, et vull explicar un cas que em va passar fa poc amb una ex amiga que no va entendre que la meva feina costava uns diners. El fet és que es va enfadar amb mi quan vaig dir-li que l'estudi li costaria una quantitat, que li feia rebaixa dels serveis perquè la considerava amiga, però que hauria de pagar-me els honoraris. Evidentment li hagués pogut fer gratuïtament, però aleshores no li hauria dedicat el temps que es mereixia l'estudi, ja que no era posar quatre paràmetres al xat GPT.

Com podem comparar i escollir l'endeutament correcte

Quan vols fer obres a casa, sempre hauries de tenir tres opcions per decidir qui vols que et faci les obres i qui vols que entri a casa teva. Tu els expliques què vols fer, els dones el plànol (o el fan ells), les idees i/o com vols utilitzar aquell espai i ells et faran una proposta i un pressupost. De les tres opcions n'has de triar una, però tries la més cara? La més barata? La del mig? No sé, dependrà del *feeling* que tinguis amb aquella persona que t'ha atès, com t'ho explica, quines coses proposa, si veus que n'entén, si en sap. Al cap i a la fi, seràs tu qui viuràs durant un bon temps allà i, per tant, voldràs que sigui la millor opció i que no t'enganyin, oi?

Amb el tema dels préstecs, i sobretot amb els hipotecaris, has de mirar el preu, és clar que sí —no és el mateix haver de pagar 10.000 € més o menys al llarg d'una hipoteca de 30 anys—, però també hi ha altres intangibles que potser fins ara no tenies en compte.

Primer de tot: valorem numèricament com podem comparar dos préstecs hipotecaris o personals similars. «Per l'import de la quota que em queda!», uf, deixa'm dir-te que llavors segurament no tries la millor opció. S'han de tenir en compte molts factors:

- El tipus d'interès
- Les despeses d'obertura
- Les despeses d'amortització, cancel·lació
- Les despeses per rebut: timbres, correus o el que li posin.
- Productes associats:
  - Tablets, ipads, TV...
  - Assegurances
  - Alarmes
  - Targetes
  - ...

Vaja, en una oferta bancaria de préstec hi poden haver molts productes inserits que no valores a priori però que has de contractar perquè et facin un descompte al diferencial, el preu especial de l'oferta. Normalment, els préstecs a tipus variable es basen en el preu d'intercanvi del diner entre el Banc Central i els bancs. En el cas d'Europa, seria el Banc Central Europeu que marca el preu del diner que serà l'Euríbor. Per als particulars, el diferencial serà l'increment de preu que ens cobra el banc que ens està oferint el servei de préstec. Per tant, direm que el preu que ens costa un préstec serà de l'Euríbor més un diferencial. En cas que ens ofereixin un tipus fix, en el que es basarà el banc és en oferir-nos un preu del diner pactat per a tota la vida del préstec, i per això ha de fer una estimació del que li pot costar el diner durant tota la vida del préstec. A aquesta estimació s'hi afegeix un marge i, per si de cas, ho solen arrodonir amb un «curem-nos en salut», és a dir, un marge extra no fos cas que perdéssim diners. En definitiva, els préstecs a tipus fix solen ser més cars que els variables.

Has de valorar quin cost tindria contractar l'assegurança per una altra banda fora del banc i la que t'ofereix l'entitat bancària per avaluar quin és el sobrecost o l'estalvi de posar l'assegurança vinculada amb la hipoteca. Normalment, les assegurances que comercialitza el banc són de terceres companyies (Axa, Generalli, Fiatc, etc.). Per tant, no son dolentes, però el banc les comercialitza per dues raons: la primera és perquè així té controlat el risc del bé en tot moment, i la segona és perquè hi té un guany comercial extra. La suma de les dues raons és la que fa que el banc us ofereixi una rebaixa en el seu diferencial si hi teniu l'assegurança contractada. S'ha de dir que el personal dels bancs no sol estar format i amb experiència per ser corredor d'assegurances. Per tant, no serien els millors per assessorar en aquesta mena de productes. Les conseqüències poden ser casos en què l'assegurança cobreix poc (infraassegurança: no estem correctament assegurats) i casos en què l'assegurança cobreix massa (sobreassegurança: estem pagant més del que ens tocaria). S'ha de dir que n'hi ha molts que sí que estan formats, i d'altres que tenen un assessor extern que els fa les valoracions per a personal no qualificat.

Us he de dir que he vist barbaritats en préstecs a clients. Sí que és veritat que solen ser les signades fa bastant de temps, però encara ara hi ha coses que són sorprenents.

En unes condicions normals, on no hi hagués productes extres, t'hauries de basar en el TAE*: «Taxa Anual Equivalent», que no és res més que calcular el tipus d'interès nominal (el que solen anunciar les entitats), sumant-li les despeses i serveis que has de pagar com a client pel préstec. Si vas a tres bancs diferents i t'ofereixen:

- Un préstec a l'1,74 % amb un cost d'obertura de 2.000 € i sense despeses afegides tindrà un TAE del 1,904 % amb una durada de 30 anys.

* TAE Wikipedia: https://ca.wikipedia.org/wiki/Taxa_anual_equivalent

- Un préstec a l'1,70 % amb un cost d'obertura de 3.000 € i sense despeses afegides tindrà un TAE del 1,94 % amb una durada de 30 anys.
- Un préstec a l'1,68 % amb un cost d'obertura de 2.000 € i amb despeses de manteniment de 10 € al mes tindrà un TAE del 2,052 % amb una durada de 30 anys.

Fins aquí, si t'informen de totes les despeses que t'aplicaran, està prou bé ja que hi ha unes calculadores de TAE* per internet que fan bon ús per poder comparar préstecs, però el problema és que molts cops has de llegir entre línies les ofertes bancàries. Potser en el contracte et diuen que has de tenir una tarja de crèdit amb la qual has de gastar més de 3.000 € a l'any, però potser no indiquen que aquesta tarja té un cost de manteniment de 60 €/any i això tindria un TAE superior.

Per això, el millor és el que he suggerit anteriorment: busca un assessor financer de confiança o que estigui certificat per EFPA o pregunta-ho a algun advocat i fes-te revisar la hipoteca amb detall. Pensa una cosa: aquesta revisió de l'oferta i les escriptures abans de signar pot tenir un cost entre uns 100€ i 400€. En aquesta anàlisi se solen revisar i valorar les ofertes d'hipoteques, informar-te de si hi ha clàusules abusives (per sort cada cop n'hi ha menys), si t'obliguen a unes vinculacions a futur i que et valorin el que t'estalvies en relació a si haguessis contractat un dels serveis oferts per una altra banda. Amb això, et pots estalviar molts diners i molts mals de cap.

Crèdits ràpids, crèdits on-line i microcrèdits

[Fem]: Interès excessiu en un préstec. Guany, fruit, utilitat o augment que es treu d'alguna cosa, especialment quan és excessiu. Interès il·lícit que es portava pels diners o el gènere en el contracte de mutu o préstec.

Aquesta és la definició d'una paraula que ja no és delicte a l'Estat Espanyol des del 1995, és a dir, que no està tipificada dins del codi penal. Potser ja has deduït que la paraula definida és la ***usura***, que es refereix als interessos desorbitats que cobren les empreses financeres com sangoneres sedents. Aquest tipus d'empreses refloten amb les crisis i fan l'agost amb particulars que normalment estan apurats econòmicament, els quals pateixen ansietat financera.

* Calculadora: https://app.bde.es/asb_www/es/tae.html#/principalTAE

La meva recomanació és que fugis d'aquestes empreses que ofereixen diners ràpids «amb un sol click». Tothom es guanya la vida com pot, però crec que en el món empresarial i financer s'hauria de tenir una mica més d'ètica. El fet de promocionar productes financers amb unes condicions de «TAE mínim 24,90 % - TAE màxim 381,28 %» (extret de la plana web d'una coneguda empresa que fins i tot s'anuncia per la TV amb els seus préstecs i crèdits «atractius»), hauria de ser delicte. Per culpa d'això, alguns pobres inquilins del nostre Matrix Financer mai podran sortir d'allà, si han adquirit productes d'aquest estil.

De marques, estils i productes n'hi ha de molts tipus i tots són igual de dolents. Permet-me que sigui molt crític, però crec que haurien d'estar prohibits. Igual que es va crear un banc dolent (amb els nostres diners) per gestionar la cartera dels immobles devaluats per efectes de la crisi, també hi hauria d'haver un procediment d'ajuda més ràpid i no tan penós com la tramitació de la llei de la segona oportunitat.

Per tant, crec que el millor consell que et puc donar seria la prevenció abans de la cura. Per això, crec que és millor que fugis d'aquest tipus d'empreses, que busquis un assessor financer i intentis gestar un pla per tal de no caure en aquest sistema d'endeutament recurrent.

Targetes de crèdit

Els que em coneixen saben com soc i com dono les meves classes o xerrades. Si no n'heu vist mai cap, potser us ho podeu imaginar.

Quan parlo de les targetes de crèdit, intento ser molt gràfic perquè li quedi molt clar a la gent com es fan servir aquest tipus de targetes, o millor dit «***com no es fan servir***». I és que els dic i els faig repetir com un mantra: «targetes de crèdit: caca», «targetes de crèdit: caca», «targetes de crèdit: caca», «targetes de crèdit: caca», «targetes de crèdit: caca»...

Així de gràfic soc i és que les targetes de crèdit haurien d'estar prohibides per al 99 % de la gent. Bé, potser m'he passat un pèl, d'acord, haurien d'estar prohibides per al 99,99 %. I és que la gent, normalment, no sap utilitzar-les i és molt fàcil caure en el parany d'endarrerir el pagament de la targeta de crèdit per al mes següent perquè aniré millor el proper mes. Mentida!

Espero que mai t'hagi passat, però aquest pagar a crèdit fa que quan cobris la teva nòmina no puguis disposar-la al 100 %, això vol dir que al mes següent també hauràs de pagar alguna cosa amb la targeta i per norma general es va augmentant l'import de pagaments perquè no t'adones del que realment vas pagant amb la targeta. Arriba un punt en què ja és massa la quantitat de compres i has d'endarrerir el pagament amb el consegüent interès de la targeta de crèdit, començant l'espiral de deute que desembocarà en un pagament continuat d'interessos. El mateix banc que t'ha proporcionat la targeta de crèdit perquè t'endeutis et sortirà al rescat un altre cop com el teu «súper heroi salvador» oferint-te una sortida a la teva situació financera. La solució passa per atorgar-te un préstec personal amb un tipus d'interès una mica més baix que el de la targeta, però prou elevat per guanyar-se la vida pel risc que suposa deixar-te els diners.

Deixa'm fer un petit incís per il·lustrar el perquè de la meva croada contra els bancs que ofereixen targetes de crèdit a tort i dret. Quan jo tenia quinze anys, el meu banc de llavors (no en diré el nom), em va fer la primera targeta de crèdit de la meva vida, amb només quinze anys! Perdona'm, però això hauria d'estar penat. Per sort, jo en aquell moment ja era prou conscient que no havia de gastar uns diners que no tenia i la jugada els va sortir malament. Suposo que el que volien era que em comportés com un «*fucking money man*» i comencés a gastar sense control, arrossegant-me cap a una situació d'endeutament que hauria arrossegat també els meus pares de retruc.

Tornant al que he apuntat fa un moment, saps quin tipus d'interès solen cobrar els bancs per aquesta pràctica «innocent» de deixar-te pagar el mes següent el saldo que tens a la targeta de crèdit? Segurament mai t'has preguntat per què el banc «súper heroi salvador» et fa un favor, però l'interès és entre un 20% i un 30%, depenent del banc. Si el que tens acumulat com a deute són 100€, no ho notes, però hi ha famílies que tenen acumulats més de 10.000€ en targetes de diferents bancs o entitats de comerç (les de les grans cadenes dels centres comercials també compten i són de les pitjors) i això suposa uns 250€ d'interessos al mes.

El més trist del cas és que els clients no són conscients que estan pagant aquests interessos i diuen que ho tenen tot controlat, perquè van matant 250€ al mes. Com? Vas matant amb 250€ al mes? Noooo, et maten ells a tu, no amortitzes res, només pagues els interessos i de capital encara continues devent el mateix.

Si estàs en aquesta situació, fes-te un pla per saldar aquests diners. Si et pot deixar els diners algun familiar, millor. I, si no poden, fes un préstec negociat amb una altra entitat (si pot ser) perquè, si vas al mateix banc, et cobraran un tipus d'interès molt elevat. Un cop saldat aquest deute amb les entitats de crèdit, ves a la sucursal on tens la targeta de crèdit i dona-la de baixa. Talla-la tu mateixa allà davant seu i digues «no vull que em dessagnis més. Targeta de crèdit: caca».

Com comprar un cotxe?

La veritat és que aquest punt causa molta expectació i controvèrsia entre els meus alumnes i, ho confesso, a mi m'agradaria també fer-te fer l'exercici que et proposo a continuació.

Prendrem com a exemple un model de cotxe normal, personal o familiar, d'uns 30.000€ de compra (gairebé sempre et diuen que són 32.000€, però que si el finances o el vols en *renting* et fan 2.000€ de descompte). El cert és que tu anaves amb una idea de comprar-te un cotxe de 20.000€, però acabes amb un de 30.000€ sota el braç. Com s'ho fan? Perquè ells juguen amb el factor enveja. L'enveja és aquell pecat capital que tots més o menys tenim i els venedors de cotxes ho saben. Per això el potencien... perquè els teus amics i coneguts sàpiguen que t'has gastat els diners en un bon cotxe.

Ara ja fa força temps que no passo per un concessionari de cotxes, però no crec que hagi canviat gaire. A veure: com s'ho fan per vendre't aquest cotxe, els del concessionari? La veritat és que sempre intenten ferte uns còmodes terminis amb uns préstecs que no semblen gaire elevats i, a més a més, sempre ofereixen una opció especial per al client, el qual a més surt afalagat, tot i que potser per a ell no és l'opció financerament més adequada.

***Renting* o solucions híbrides:**

Una de les opcions que podem trobar són els *rentings* a X anys amb devolució del cotxe o compra al final del termini. Valor: 32.000€ amb 2.000€ de descompte.

- Es paga una part inicial: 10.000€
- Es finança una altra part: 10.000€ (en teoria)
- Queda un romanent per al final del termini (10.000€). Si llavors decideixes quedar-te el cotxe, pagues l'import o el refinances al mateix tipus d'interès que t'han aplicat al préstec anterior.

I et fan l'oferta concreta:

- 10.000€ d'entrada
- 60 quotes de 295,14€ (normalment sol ser més perquè integren l'assegurança i el manteniment durant els cinc anys per assegurar-se les vendes de taller i d'assegurança). Finançament al 9,95% durant cinc anys.
- 10.000€ de valor residual. Pots pagar-los o refinançar-los o tornar el cotxe.

Analitzem-ho:

- Opció pagament final: 10.000€ + 17.708,47€ (295,14€ * 60) + 10.000€ = 37.708,47€
- Opció re-finançament a cinc anys més: 10.000€ + 17.708,47€ (295,14€ * 60) + 12.733,47€ (212'22€ * 60) = 40.441,94€
- Opció tornes el cotxe: 27.708,47€ però sense cotxe.

Uauuuuu! No sé, se m'escapa alguna cosa? O, si tornes el cotxe, de fet, ja quasi el tens pagat però no tens cotxe? Ah, i sense comptar amb l'assegurança, manteniment i altres coses que, si no, no podríem comparar les diferents opcions.

Fixem-nos estrictament en l'import del cotxe: amb el finançament dels primers cinc anys inclouen dues figures: un préstec dels 10.000€, que aniran disminuint i del qual anirem pagant menys interessos, però també un crèdit de 10.000€ que serà el valor residual després de cinc anys. Això vol dir que pagues interessos de 20.000€ amb la primera quota i de 10.000€ la darrera quota. Si, a més, després vols refinançar-lo es tornen a fregar les mans, perquè pagues el préstec dels 10.000€ un altre cop: jugada perfecta.

Si tornes el cotxe, cap problema, el concessionari el posarà a la venda de segona mà i segur que en traurà més diners, encara. És a dir, sempre guanyen.

Venda amb o sense finançament:

L'altra opció és la venda normal amb o sense finançament. Cost de 32.000€ sense finançament, i te'n descompten 2.000€ si fas finançament amb ells.

- Opció pagament: 32.000€ és clara, tenim els diners i paguem al comptat.

- Finançament:
  - Es paga una entrada: entre 5.000€ i 10.000€ (posem 5.000€)
  - Es finança l'altra: 25.000€ (530,56€ x 60) = 31.833,68€

Acabem pagant: 36.833,68€

Aquí el més important és diguem-ne fer-te el *tonto* i preguntar molt, però estar atent a les respostes i si t'ho poden donar per escrit molt millor. Has de preguntar totes les condicions del préstec personal, tipus d'interès, entrada mínima i màxima, despeses mensuals, comissió de morositat (que t'apliquen quan retornes un rebut), termini mínim i màxim de durada del préstec, comissió d'amortització parcial, comissió d'amortització total o de cancel·lació.

A partir d'aquí has de fer els números per avaluar què et convé. Si tens els diners i només t'obliguen a tenir el deute durant 1 any (o es pot amortitzar sense cost) i l'import mínim a finançar és petit, potser sí que et surt a compte de finançar-lo per tenir el descompte dels 2.000€. En cas contrari és millor pagar-lo de cop.

Com gestionar el nostre endeutament

Quan estava en la meva situació econòmica vulnerable, després de tancar la meva primera empresa, el meu germà em va dir: «Tranquil que te'n sortiràs, només cal anar pas a pas i anar traient-te de sobre els deutes». Evidentment, no només li agraeixo la seva ajuda econòmica en aquells moments difícils, sinó també el gran consell que em va donar, el qual em va servir per assentar les meves bases financeres i les dels meus clients quan parlem de deutes.

Com netejar els deutes? **PAS a PAS**, és a dir, no vulguis matar-ho tot de cop, perquè t'ofegaràs. Ho he posat en negreta perquè és molt important tenir una seqüència i planificació. Però, per on començar? Això ja és més difícil de saber, perquè a priori et diria que comencis pel que tingui un tipus d'interès més alt, per no pagar tant, però en realitat conflueixen diversos factors com, per exemple, el capital pendent de cadascun dels préstecs i la quota que també pagues per cadascun d'ells.

Com que ja estàs llegint el capítol de l'endeutament, vol dir que ja has passat per la part del control econòmic i per la part de passius. A més, si has fet bé els deures, tindràs un full on sortiran tots els teus deutes detallats i ben definits amb capital pendent, tipus d'interès i quota.

Amb aquest full, podràs avaluar millor si destines un 50% de la paga extra a amortitzar totalment o parcialment el préstec amb el capital més petit. O si, deixant de consumir un cert oci, pots destinar 100€ mensuals (per exemple) a amortitzar un préstec, per acabar-lo abans i així disposar no només d'aquests 100€ extres sinó també de l'import mensual del préstec que estaves pagant Posteriorment, com que tindràs un préstec menys, podràs dedicar-te al préstec del cotxe i quan ja estigui amortitzat, anar al préstec del que sigui que també tinguis.

Com deia, anem pas a pas, i no caiguis en la temptació de comprar-te una TV a terminis perquè, ai, te la lliuren de franc. Tot es paga en aquesta vida i els interessos no perdonen, perquè està regulat per llei i, en aquest sentit, les lleis estan fetes perquè els hagis de tornar amb penalització si no ho pagues el dia que toca. Tenen la paella pel mànec, com se'n diu popularment.

Garanties i hipoteques

Quan signem una hipoteca, molts cops no sabem ni què estem signant. Només ens interessa el pis que volem i que això ens farà feliç perquè té una terrassa on pots posar la barbacoa. Per no saber, no sabem ni les condicions. És a dir, no sabem ben bé què implica o les obligacions que tenim a partir de llavors i normalment durant trenta anys.

Pel que fa a les garanties que dones quan signes un préstec, són dispars, però en totes hi ha un denominador comú: «**la teva ànima**». Suposo que has sentit més d'un cop la frase «ha venut la seva ànima al diable!». Ei, amb això no vull dir que les entitats de crèdit siguin adoradors de Llucifer, només comento que els préstecs, siguin del tipus que siguin (per comprar un cotxe, un pis, una ortodòncia...), són préstecs personals i d'aquí ve el comentari de l'ànima. Pel que fa als banquers... ja ho veurem després, si tenen cua i banyes de diable.

Tornem al tema: els préstecs hipotecaris també són préstecs personals amb garantia hipotecaria, i els préstecs per comprar un cotxe són préstecs personals al consum per comprar un cotxe. En tots dos casos, dones una garantia inicial, pis o cotxe, però què passa si no pots pagar el deute? Doncs que aniran a buscar la garantia i ja està, oi? Doncs sí, però no, per què? En primera instància, aniran a buscar el pis o el cotxe i el posaran a subhasta, i amb el que en treguin es cobraran el deute que tenim amb l'entitat.

Però... i si aquesta garantia s'afebleix o minva de valor? Imagina que vas comprar un pis en plena bombolla, cap al 2007, per 300.000€ amb hipoteca al 100%, per tant devies 300.000€. Un any després, veus que no pots pagar-lo perquè amb la crisi t'has quedat sense feina. Ara, un any després, el pis el valoren per només 200.000€, i de moment tan sols has amortitzat uns 3.000€ dels 300.000€ del préstec inicial. El banc et dirà: «Com penses fer front als 97.000€ de deute restants?». I és que, tal com he comentat, les hipoteques no són hipoteques, són préstecs personals amb garantia hipotecaria. I si el valor del bé no és superior al deute pendent, has de pagar la resta amb els teus béns actuals o futurs. Això dels teus béns actuals o futurs és un tema força desconegut, però vol dir que encara que ara no tinguis res, si tens previst ingressar alguna cosa, ja sigui la nòmina o la pensió, et faran pagar una part del deute pendent fins que el deute quedi saldat del tot.

Crec que només conec un cas que va deixar un deute a un banc sense pagar. Va ser fa molt de temps (cap al 2000), quan jo era assessor d'empreses. Un client meu tenia una empresa amb tants problemes financers que ja estava en procés de liquidació. Temps enrere havia comprat uns equips informàtics gràcies a un préstec que no estava avalat per ningú. És a dir: no tenien ni garantia ni aval dels socis. Van fer una bona «defecada», tal com li va dir el director de l'entitat bancaria, els del banc en qüestió, en no posar cap garantia ni aval a l'operació. Ell no va pagar i no li van poder reclamar res.

L'ESTALVI

L'estalvi és un els pilars de l'economia personal o familiar, tot i que de vegades en la societat consumista es menysté les persones que trien l'opció de l'estalvi per davant de seguir el ritme consumista dels altres. Si recordes el capítol de l'efecte ramat, allà explico com de car et pot sortir no tenir prou personalitat per imposar el que vols fer i quan ho vols fer i si entra dins de la planificació familiar o no.

Quan parlàvem dels tipus de persones en relació als diners (estalviadors, gastadors, evasius i controladors), aquesta classificació ens defineix en el sentit de com fem el nostre estalvi i sobretot la quantitat que podem estalviar.

Si ets estalviador, tindràs una planificació més severa que els gastadors i, tot i tenir potser els mateixos ingressos, tindràs més estalvi mensual. Sigui quina sigui la mena de relació que tens amb els diners, has de planificar-te l'estalvi i les despeses, és a dir, has de planificar la teva gratificació actual, a curt termini, però també la futura.

Aquesta postergació de la gratificació té efectes importants en la teva economia familiar ja que, per una banda, tens un estalvi real i, si utilitzes bé les eines, et pot sortir gratuïta. Diràs: Com? Gratuïta? Bé, no t'avanço res més i et deixo amb el caramel a la boca. Després reprendrem aquest tema.

No deixis per demà el que puguis estalviar avui.

Una gran frase que reforça la idea de la postergació de la gratificació, però —tot i anar en la mateixa línia— que no té ben bé el mateix sentit.

Imagina que disposes d'uns diners (100€ p. ex.) i te'ls pots gastar en alguna cosa supèrflua o no gastar-te'ls. El que està clar és que si te'ls gastes, aquests diners (aquests en concret) no els tornaràs a disposar mai per estalviar-los. N'hi haurà d'altres, potser més, però aquells concretament segur que no retornaran a la teva butxaca, si no és que el que hem comprat és defectuós, retornem el producte i en conseqüència ens reemborsen els diners. Però, per norma general, quan ens gastem uns diners podem certament dir: «*Bye-bye money!*».

El gelat

T'explicaré una intimitat: quan anava a la universitat, allà pel pleistocè, cada cop que aprovava una assignatura feia el ritual de l'aprovat. Aquest ritual era molt senzill; me n'anava jo tot sol a fer un volt, em comprava un gelat gran i em passava una bona estona amb el meu gelat de dues boles (si podia ser) gaudint-lo deliciosament i pensant que aquella assignatura ja no la tindria mai més. Aquesta sensació era molt gratificant, sobretot si l'assignatura en qüestió era un os.

De la mateixa manera que als animals de companyia se'ls dona un premi quan fan una cosa bé, els humans també som molt simples. Segurament ho arrosseguem des de ben petits, quan ens deien: «Si fas els deures... tindràs allò!». Potser si ets pediatre i llegeixes el llibre estaràs d'acord amb mi que això de prometre un premi com a recompensa d'una tasca, no ho hauríem de fer amb els nens. Però, per què no podem fer-ho per a nosaltres mateixos com a recompensa? De fet, nosaltres, que ja som grans, ho tenim integrat al nostre ADN i tota la vida ho hem *mamat*. Quan fem un esforç per aconseguir una fita o objectiu, necessitem un premi. O és que no exclamem «me l'he guanyada!» assenyalant una cervesa freda després d'haver fet una feina ben feta?

L'estalvi és un esforç molt important. Com he dit anteriorment, la postergació de la gratificació suposa un esforç, perquè es demora. I aquesta demora pot fer que la gaudeixis encara més quan arribi. La planificació d'un estalvi ha de tenir una consecució: el teu gelat. És a dir, la teva recompensa, que serà fer la despesa per a la qual s'ha destinat el teu estalvi.

A vegades, el teu gelat pot canviar de dimensió, gust i marca, però serà bo satisfer la teva persistència per aconseguir el premi. Imagina que has estat estalviant per una planxa de windsurf i portes un temps acumulant propines, extres o sou. Quan ja tens els diners, amb els companys de windsurf heu provat un dia el Kite i veus que ben mirat t'agrada més. Canvies de sobte el teu «gelat», però tot i que potser hauràs d'esperar uns mesos més, perquè és més car, el teu gelat es podrà fer també realitat. Busca i planifica el teu gelat, les teves fites... i llepa'l!

Decàleg per estalviar a llarg termini

Fa uns quants anys vaig trobar un article per internet sobre com estalviar a llarg termini. Des de llavors, l'utilitzo en moltes de les meves xerrades perquè el trobo genial. Es titula *Decálogo para reforzar el ahorro privado a largo plazo**, i és que dona deu premisses molt encertades a tenir en compte per estalviar:

- ***Estalviar a llarg termini:*** Incloure l'estalvi com un cost en el pressupost familiar.
- ***Planificar:*** Definir quin és l'objectiu real.
- ***Buscar un assessor:*** Farà les funcions de guia i control.
- ***Definir l'horitzó temporal:*** Després de la definició s'han d'ajustar els productes i riscos a l'horitzó.
- ***Diversificar:*** Diferents productes, zones, mercats...
- ***Mantenir una liquiditat d'emergència:*** Si tenim uns diners per a possibles imprevistos, no caldrà treure l'estalvi per qualsevol emergència.
- ***Ser disciplinat:*** Portar el control i no perdre el focus en l'objectiu.
- ***Aportar periòdicament:*** En la mesura que es pugui, fer les aportacions mensuals, trimestrals o com puguem, però... constants.
- ***Valorar i controlar els resultats:*** Revisar i controlar la inversió.
- ***Seleccionar productes adequats i regulats:*** No utilitzar productes miraculosos o de dubtosa reputació.

---

* Miguel Angel Bernal i Sergio Mínguez van escriure aquest article a Funds People el 2015. https://fundspeople.com/es/decalogo-para-reforzar-el-ahorro-privado-a-largo-plazo/

Com estalviem?

Hi ha moltes maneres d'estalviar, però no totes són efectives. Una de les maneres que em trobo més sovint és la d'estalviar en el mateix compte on es tenen els ingressos recurrents. Quan s'ha acumulat una certa quantitat, llavors es passa a un altre lloc per optimitzar la inversió. De fet, jo abans ho feia així, potser per això em vaig arruïnar.

Tant si tenim una nòmina més o menys fixa com si som autònoms i/o tenim ingressos variables, solem estalviar en el mateix compte on ingressem, de manera que, quan cobrem, puja el saldo al compte i posteriorment es va reduint amb els pagaments de factures, despeses, compres. Just abans de tornar a ingressar, tenim un saldo (espero que positiu) al compte i podríem dir que hem estalviat X diners. Solem estalviar segons la gran fórmula de l'estalvi. No us espanteu els que aneu més justos de matemàtiques:

$$I - D = E$$

És a dir, l'Estalvi és igual a restar les Despeses dels Ingressos. Em diràs, «ostres!, aquesta part del llibre si vols ja l'escric jo!». Correcte, així és com ho fa gairebé tothom, però no per això vol dir que sigui la millor manera d'estalviar. Analitzem amb un exemple aquesta situació:

Ingressos mensuals: 2.000€
Despeses mensuals: 1.800€
Saldo en compte inicial: 100€
Quin saldo tindrem al compte corrent després de 6 mesos?

La majoria de gent em contestarà: Estalvi = ((2.000€ - 1.800€) * 6) + 100€ = 1.300€, oi?

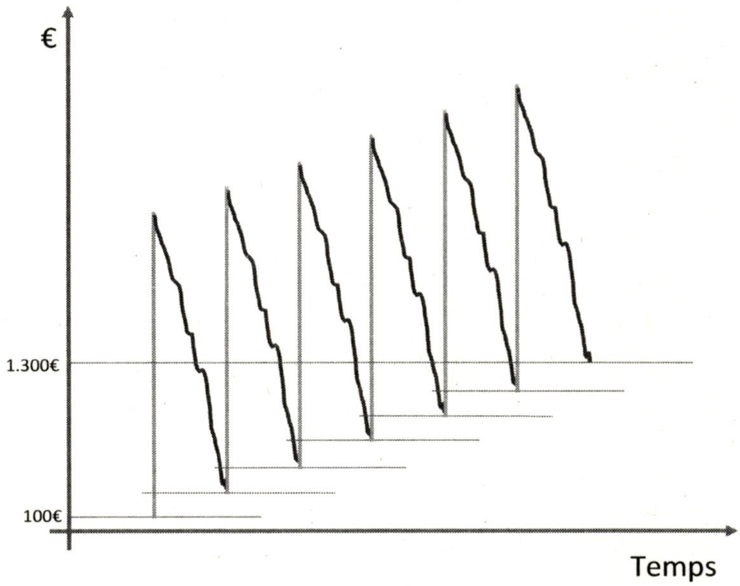

Font: Elaboració pròpia.

En canvi, si fas la prova tu mateix, et diré que amb el 99 % de possibilitats tindràs menys de 1.300€. Potser 1.200€, 1.100€, 800€, o 100€, però segurament no arribaràs al teu propòsit d'estalvi mensual sostingut.

Per què? Molt senzill: tots tenim un «termòstat dels diners» i quan veiem els diners en compte solem tenir una predisposició de gastar-los i ajustar el nostre saldo segons el nostre termòstat. Alguns ho justifiquen amb «és que m'ha vingut l'assegurança del cotxe, ha sigut l'aniversari dels meus fills i hem volgut fer alguna cosa especial, la reparació de la nevera o del cotxe...». Som uns *excusadors* nats, i tenim excuses per a qualsevol cosa i, si no, ens les inventem.

Al gràfic següent, veiem el que passa realment. El primer mes, aconseguim estalviar, cobrem i gastem, i el segon també aconseguim estalviar, però al tercer mes sol passar que, com que veiem un saldo més alt que la mitjana normal, ens deixem anar i gastem més.

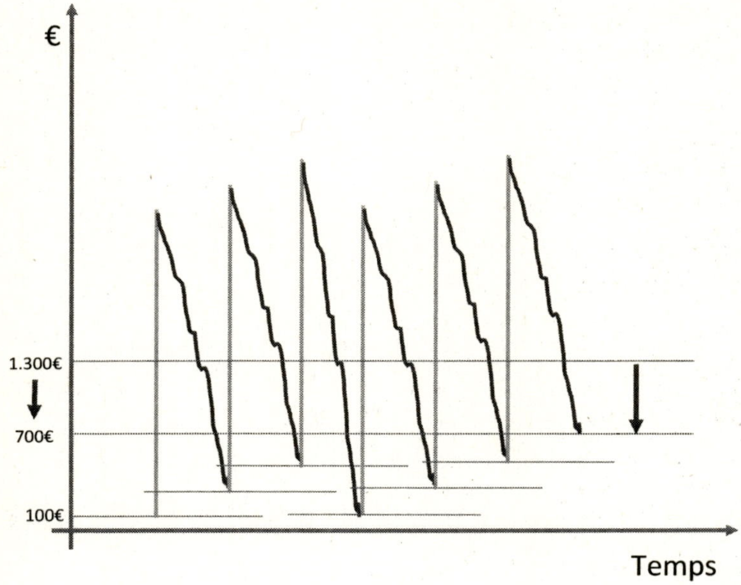

Font: Elaboració pròpia.

Segurament haureu conegut algú que, tenint uns ingressos fixos normals, arriba bé a final de mes però no estalvia, li apugen el sou o rep una bonificació extra, una paga doble, una petita herència, una devolució de la declaració de renda o un cobrament inesperat d'uns 5.000€, i aquesta persona posa els diners al compte corrent. Quan creieu que tindrà després de sis mesos o dotze mesos? Creieu que mantindrà el saldo en compte en 5.000€? La meva experiència és que solen rebaixar aquesta quantitat. Això és el que li passa a un amic meu, que sempre em diu que quan li apugin el sou podrà estalviar i que llavors farem un pla d'estalvi. Des que m'ho va dir el primer cop, ja li han apujat tres vegades el sou, no només per l'IPC, sinó pujades més o menys importants, però encara no aconsegueix estalviar, perquè realment no s'ho ha plantejat mai seriosament.

El problema no rau a tenir més diners, sinó en el mètode, perquè si veiem diners al compte solem gastar-nos-els. Tranquil·litat: això ens passa a tots. No et preocupis perquè ara t'explicaré un mètode tan infal·lible com senzill per aconseguir tenir diners estalviats a mig i llarg termini.

El primer que has de fer és crear-te un «compte separat», que no sigui el teu compte bancari habitual en què gestiones els diners del dia a dia. He posat compte separat entre cometes perquè al final no serà realment un compte d'estalvi, però per tenir la idea, ara ja ens serveix aquest concepte. El fet d'apartar aquests diners que hagis previst estalviar farà que sigui més efectiu l'estalvi. Així, quan cobris la nòmina, hi haurà una transferència automàtica dels diners previstos cap a aquest «compte separat» d'estalvi i ja no veuràs els diners al compte corrent.

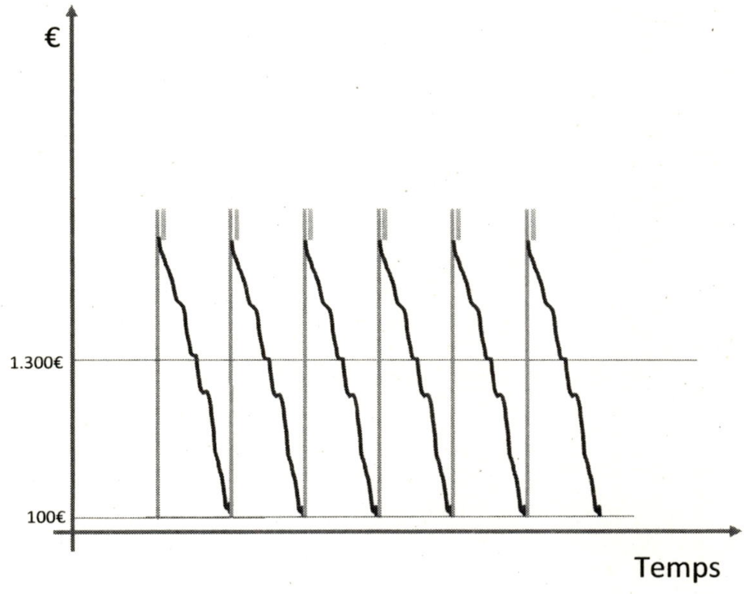

Font: Elaboració pròpia.

I el resultat de l'altre compte serà més o menys aquest:

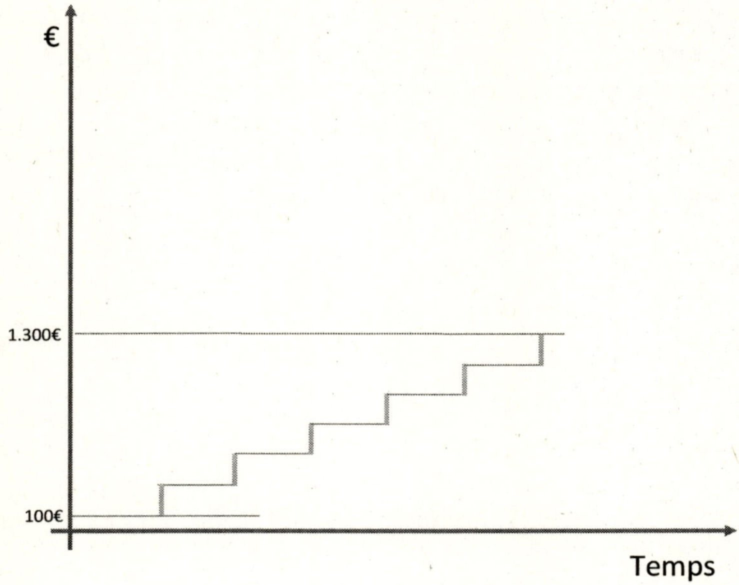

Font: Elaboració pròpia.

Ara, això és molt bàsic i tothom pot fer-ho, cert. Però i si, a més de l'estalvi, dotéssim aquest compte d'una rendibilitat mensual i no només el 0,0 % que ens dona el nostre compte bancari d'estalvi?

L'estalvi 2.0

Passem, doncs, a estalvi de forma efectiva sense que ens repercuteixi a la nostra vida?

Malauradament no puc aplicar una fórmula magistral a totes les persones o famílies perquè no tothom té la mateixa predisposició a l'estalvi ni el mateix perfil d'inversor, però sí que puc donar una fórmula per als més disciplinats i que es pot aplicar a gairebé tothom.

$$V_n = \sum_{j=1}^{n} C_j (1+i)^{n-j}$$

Fàcil d'aplicar, oi? Tranquil·litat, que ara m'explico.

Aquesta fórmula respon a l'acumulació dels estalvis mensuals en algun lloc on et doni una rendibilitat, ja sigui gran o petita, que dependrà del perfil de cadascú i de l'assessor financer que et gestioni l'estalvi.

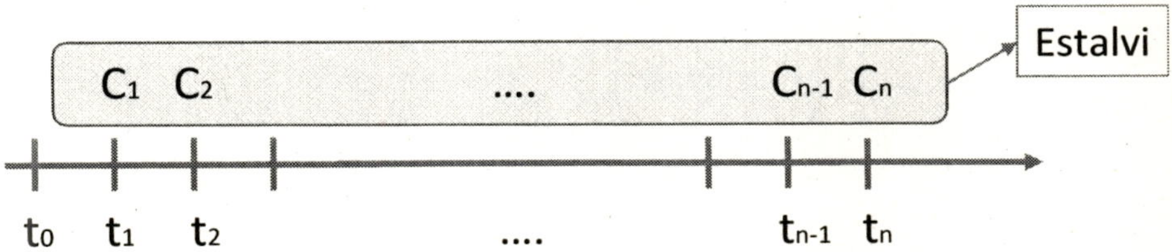

Font: Elaboració pròpia.

Si vols saber quin és el valor que tindries amb un estalvi mensual de 200 € a un tipus d'interès del 4,52 % anual durant 10 anys, només cal que agafis una calculadora per calcular-ho amb la fórmula del «Carrete» (Capital · Rèdit · Temps), anar-hi afegint 200 € cada mes i tornar a fer el càlcul. Això s'ha de fer per cada un dels mesos dels 10 anys, és a dir, 120 vegades. Jo crec, però, que et podràs florir i descomptar, per això gairebé millor ferho amb una fórmula d'Excel o Google Sheets que segur que aniràs més ràpidament, oi?

= VF(Interès Anual / 12 ; Anys * 12; - aportacions)

La fórmula del Valor Futur retorna el valor futur d'una inversió basant-se en pagaments periòdics constants i en una taxa d'interès constant. Sintaxi. VF(taxa, nper, pagament, va, tipus).

	A	B
1	Interés Anual	**4,52%**
2	Aportacions mensuals	200,00 €
3	Temps	10,00 Anys
4	Aportacions Totals	**24.000,00 €**
5	Valoració Estimada	**30.271,76 €**
6		

Font: Elaboració pròpia.

Si prens com a referència aquestes caselles, a la casella B5 hi posem la següent fórmula: **=VF(B1/12;B3*12;-B2)**

Amb aquesta petita fórmula, podràs fer unes simulacions de com vols fer el teu estalvi revalorat a un tipus d'interès concret.

El millor de tot és que no veuràs l'estalvi al teu compte corrent i així no tindràs «temptacions» d'utilitzar-lo.

Com que tampoc m'agradaria deixar-te a mitges, t'explico també com poder fer aquesta fórmula de forma mixta, tenint uns diners inicials i un estalvi mensual previst. Per exemple, posarem que tens uns 10.000 € inicials i un estalvi mensual de 200 €, i volem fer un estalvi a 20 anys.

8	A	B
9	Interés	**4,52%**
10	Aportació	200,00 €
11	Temps	20,00 Anys
12	1a. Aportació	10.000,00 €
13	Valoració Estimada	**102.454,71 €**
14		

Font: Elaboració pròpia.

Si prens les caselles de referència, la fórmula de la casella B13 seria:

=VF(B9/12;B11*12;-B10;-B12)

El patinet elèctric, el cotxe i l'avió

Què tenen en comú un patinet elèctric, un cotxe i un avió?

Segur que pots trobar trets comuns als tres, oi? Per exemple, que són elements de transport principalment de persones i que, com a tals, serveixen per desplaçar-se, però estem d'acord en el fet que són diferents.

Ara, imagina que tens a la teva disposició aquests tres vehicles; un patinet elèctric, un cotxe i un avió, i que vius en una ciutat com podria ser Barcelona.

Si vols anar a una botiga del centre, quin vehicle triaries per desplaçar-t'hi? Si tries el patinet elèctric, aniràs conduint, arribaràs, el plegaràs i entraràs a la botiga directament. Si escull el cotxe, hauràs de caminar un parell de carrers fins on està aparcat, anar conduint amb tot el trànsit per la ciutat, buscar aparcament o anar a aparcar a un pàrquing a quatre carrers més enllà i anar caminant fins a la botiga. Amb el cotxe, arribaràs més tard i amb un cost superior, oi? I en avió? Bé, dubto que et deixin aterrar l'avió al Passeig de Gràcia... per tant jo crec que per anar al centre millor el patinet elèctric, no creus?

Ara, el destí ha canviat i vols anar des de Barcelona a Girona, com hi aniràs? En patinet elèctric podries anar-hi, però crec que trigaries uns quants dies i tindries problemes per anar-lo carregant. No crec que sigui l'adequat. Si vas en cotxe, aniràs més tranquil, amb musiqueta, calefacció o aire condicionat i el temps extra d'aparcar segur que te'l compensa la tranquil·litat del viatge i la rapidesa de l'autopista. I en avió? Tot i que té aeroport i s'hi podria anar en avió, seria una mica estrany perquè no hauríem ni acabat de pujar que ja tocaria aterrar i perdries molt de temps de desplaçaments als aeroports. Per tant, el vehicle ideal seria el cotxe.

I si, en comptes d'aquests destins, ara volem anar a Londres sortint des de Barcelona? Pots anar en patinet elèctric, o com a mínim intentar-ho, però carregar cada 20 km se't pot fer molt pesat. En canvi en cotxe, és més còmode, però també és molt cansat i trigaries molt, tot i que s'hi pot anar perfectament. En canvi, amb l'avió es triga molt poc temps i en un tres i no res ja hauràs arribat sense gairebé adonar-te'n.

Em diràs que aquesta historieta no porta enlloc i no se'n pot treure cap aprenentatge econòmic. Doncs ben al contrari, ja que ens servirà com a base de l'estalvi i de la inversió.

De la mateixa manera que teníem tres vehicles, tenim diferents eines per estalviar (i invertir). El vehicle petit era el patinet elèctric i serveix per a desplaçaments curts, el cotxe per la seva banda serveix per a desplaçaments mitjans i l'avió per a desplaçaments llargs.

Ara parlem d'eines financeres, els mercats financers* en concret. Tenim els actius monetaris que, com hem vist abans, són com una renda fixa però a curt termini (entre 0 i 18 mesos), la renda fixa que són productes amb una rendibilitat fixa entre 12 mesos i 5 anys, i la renda variable que són inversions en borsa on hauríem d'estalviar i invertir amb una temporalitat superior als 5 anys.

Igual que tenim un vehicle per a cada tipus de desplaçament, també podem tenir un producte diferent per a cada tipus d'estalvi. Així, si vols estalviar per comprar-te un mòbil d'aquí a sis mesos o un any, o pagar els impostos trimestrals, hauries de triar un producte a curt termini que serien els actius monetaris. Si vols estalviar per a un cotxe per d'aquí a quatre anys, seria millor fer-ho amb renda fixa. Però si vols estalviar per a la jubilació, sempre que no ens jubilem en breu, millor triar una renda variable diversificada.

* Mercats financers: cal dir que hi ha moltes eines financeres d'inversió, però per simplificar he agafat tres mercats bàsics perquè la intenció no es la de definir-los, sinó de marcar les temporalitats d'inversió.

Great Balls of Snow

Quan era petit m'agradava molt la cançó *Great balls of fire*, i és que sempre m'ha agradat escoltar i ballar el Rock&Roll. Però aquesta part del llibre no parla de boles de foc ni de Rock&Roll, sinó que toca parlar de la bola de neu, la Gran Bola de Neu!

No sé si heu experimentat mai el plaer de fer un ninot de neu. Us he de dir que jo sí i que m'ho passo genial fent-los amb les meves filles. A més, ara en traurem un aprenentatge financer. Per fer el cos del ninot podem fer dues coses:

1) anar ajuntant neu en un lloc fins que tingui una forma i dimensió adequades per a poder-li posar una altra bola a sobre, o
2) començar amb una bola petita i fer-la rodar, acompanyant-la amb les mans. Amb aquesta segona tècnica, vas molt més de pressa perquè la neu s'enganxa a la petita bola, que cada cop es fa més grossa i, en un tres i no res, tens la gran bola creada. Ara imagina que, en lloc d'estar en un lloc pla, la fem rodar muntanya avall. La bola s'aniria fent cada cop més grossa, oi? Doncs bé, fins aquí la classe de finances aplicades.

No, no, ara t'ho explico.

«La bola de neu» és el nom que es dona als interessos o beneficis que aconsegueixes amb l'interès compost. Què és l'interès compost? Potser el millor serà que comencem parlant de l'interès simple, i després ja ho anirem complicant.

L'interès simple és el benefici que et dona un capital invertit durant un temps determinat. Recordes quan anaves a l'escola i et van donar una classe de matemàtiques financeres per calcular els interessos d'una inversió o d'un préstec? No et preguntaré si ho recordes, perquè quan ho pregunto als cursos es fa un buit i suposo que ara també. O no et van donar mai classes de finances personals o no estaves atent, tant és. Doncs bé, la formula és aquesta:

$$\mathbf{I = C \cdot R \cdot T}$$

Col·loquialment se l'anomena la «fórmula del Carrete» i és que amb les consonants fas la fórmula. I ara veurem com funciona. Si tenim 10.000€, i ens ofereixen un 5% de rendibilitat durant un any, quin interès tindríem?

$$I = 10.000€ \cdot 5\% \cdot 1 = 500€$$

I si l'any següent ens ofereixen un altre 5%, i el següent també, i l'altre...?

$$I = 10.000€ \cdot 5\% \cdot 1 = 500€$$
$$I = 10.000€ \cdot 5\% \cdot 1 = 500€$$
...
$$I = 10.000€ \cdot 5\% \cdot 1 = 500€$$

Això vol dir que cada any tindrem 500€ per gastar-nos i sempre tindrem els 10.000€ de capital. Això, com he dit, era l'interès simple.

L'interès compost ens proposa que els 500€ —que hem guanyat el primer any— els incorporem dins el capital del segon any per tal que també rendeixin, i els interessos del segon en el tercer, etc., de manera que...

$$I1 = 10.000€ \cdot 5\% \cdot 1 = 500€$$
$$I2 = 10.500€ \cdot 5\% \cdot 1 = 525€$$
$$I3 = 11.025€ \cdot 5\% \cdot 1 = 551€$$
...

Què, et comença a agradar això, oi? Cada any tindria major benefici i si reinverteixo els guanys, de seguida podem tenir un bon capital per fer el que vulguem. D'acord, i si vull invertir un cert capital durant 10 anys, hauria d'anar aplicant aquesta fórmula 10 vegades? Doncs no, per això tenim la fórmula de l'interès compost:

$$C_f = C_i(1 + r)^n$$

On el Capital final és el resultat de multiplicar el Capital inicial i 1 més el tipus d'interès; tot això elevat als anys que volem. Per exemple: les dades de l'exemple a 10 anys:

$$C_f = 10.000€ \cdot (1+5\%)^{10} = 16.288'95€$$

I pels amants de l'Excel: la fórmula del Valor Futur retorna el valor futur d'una inversió basant-se en una taxa d'interès constant. Sintaxi. VF (taxa, nper, pagament, va, tipus).

A la casella B4 hi posem **=VF(B1;B2;0;-B3)**

	A	B
1	Interés	**5,00%**
2	Temps	10,00 Anys
3	Capital Inicial	10.000,00 €
4	Capital Final	**16.288,95 €**

Font: Elaboració pròpia.

I, tal com veiem, ens dona el mateix resultat. Malament aniríem si fos al contrari! Amb aquesta mini taula d'ajuda, pots fer les teves simulacions del que vulguis. Posteriorment veurem moltes aplicacions d'aquesta fórmula, sobretot a l'apartat d'Estalvi, Jubilació i Inversions.

Queda't ara de moment amb el concepte de l'interès compost i amb la frase que va dir un gran científic que no tenia un pèl de *tonto*:

«Compound interest is the eighth wonder of the world. He who understands it, earns it; he who doesn't, pays it», Albert Einstein.

Que traduït seria...

«L'interès compost es la vuitena meravella del món. Qui l'entén, se'l guanya; qui no, el paga.»

Els aliats de l'estalvi

Sempre és més agradable envoltar-te d'amistats que t'ajuden que no de contrincants que ens faran la vida impossible, oi? Amb l'estalvi passa el mateix: tenim uns aliats i uns enemics. Els enemics ja pots imaginar-te'ls: són les crisis, les guerres, els mercats financers, hisenda, etc. Però parlem dels aliats: aquells que et poden ajudar a rendibilitzar millor el teu estalvi.

El més important per estalviar és sempre tenir un pla i una estratègia clara. Això inclou establir un objectiu d'estalvi específic i realista, crear un pressupost detallat i fer un seguiment dels teus ingressos i despeses. També és important prioritzar els teus objectius i ser disciplinat en la seva execució.

M'agrada posar sempre en primer lloc la **constància***. Sense la constància, serà molt difícil arribar a l'objectiu. La constància implica mantenir un compromís personal amb l'objectiu marcat. Encara que sigui una quantitat petita, és molt important tenir una actitud mental positiva i perseverant, perquè l'estalvi requereix una disciplina constant, i la millor manera seria amb aportacions mensuals que ens recordin el nostre compromís. Per posar-te un exemple, és millor estalviar 50€ al mes que 200€ al trimestre. Per què? Doncs perquè aquest estalvi mensual el tens més integrat i més present. En canvi, amb l'estalvi trimestral començaràs molt bé i amb més quantitat, però és més vulnerable als imprevistos.

La **constància** és una actitud clau per a l'estalvi. Si ets una persona constant en el teu esforç d'estalvi, amb una actitud mental positiva i un pla

---

* Constància: voluntat ferma i continuada en la determinació de fer una cosa o en la manera de realitzar-la. Font: Wordreference.com

clarament definit, podràs aconseguir un gran estalvi a llarg termini. De manera que, si vols millorar la teva situació financera, fes dels hàbits d'estalvi una part integrant de la teva vida diària i mantingues-te constant en el teu esforç per aconseguir els teus objectius.

El teu segon aliat és el **temps**, que potser sembla una obvietat, però com més temps estiguem fent un estalvi, més estalvi tindrem. Això em porta a un recurs que utilitzo als meus cursos de finances i és preguntar als assistents: «Sabeu quin és el millor moment per començar un estalvi?» Normalment responen «ara», «avui», però la resposta correcta és «el millor moment va ser ahir!». Però no passa res, si no vas començar l'estalvi ahir, perquè el segon millor moment per començar un estalvi és, ara sí, avui. I la resposta és lògica perquè, si comences l'estalvi avui, no tindràs els diners d'ahir estalviats. Evidentment, no ve d'un dia, ahir o avui, però sí que es tracta d'haver començat o no l'estalvi. Si ja el vas començar ahir, ja tens l'estalvi iniciat i si encara has de començar avui... encara has de demostrar que realment comences. En un capítol anterior, et parlava de l'acció de l'estalvi i he mencionat que tinc un client que li costa decidir-se a fer la planificació de la jubilació. Per això, cada any que passa hauria de ficar més diners per tenir la mateixa planificació de la jubilació. És a dir: com abans comencis un estalvi, major serà el capital que tindràs i més boles tindrà el teu gelat.

De l'**interès compost**, ja n'he parlat abans amb l'efecte bola de neu, crec que no cal tornar a comentar-ho gaire. Serà un dels nostres aliats claus per a l'estalvi, ja que permet que els diners guanyats a través dels interessos ens ajudin a produir més interessos. En altres paraules, els interessos s'acumulen al capital inicial i això fa que el saldo creixi exponencialment amb el temps. Això significa que els inversors que utilitzen l'interès compost poden aconseguir un gran estalvi a llarg termini, sense haver de fer grans esforços de forma constant.

De la **diversificació** en parlarem més a la part d'inversió, però també s'aplica a l'estalvi, i no només per la típica frase de «no posar tots els ous a la mateixa cistella», sinó que té més matisos que veurem més tard. De moment, pensa i tingues present que no cal estalviar només en un sol producte, perquè —com també he dit abans— hi ha diferents tipus d'estalvi i podem estalviar de diverses maneres i en diferents productes.

El darrer aliat, però no per això el menys important, és la figura del guia: l'**assessor financer** que us pot acompanyar per no sentir la sirena de la venda quan els mercats estan baixos, o el de l'avarícia quan els mercats estan massa sobrevalorats i s'espera una baixada espectacular en breu. Podeu fer-ho vosaltres mateixos, i tant, però si dubteu o voleu una guia sempre podeu acudir a un professional.

S'ha de dir que tots els aliats són igual d'importants, però si m'hagués de quedar amb un de sol, ja ho he dit, seria la CONSTÀNCIA, perquè és l'inici de tot: la motivació.

Planificació de l'estalvi

No tot és ni tan difícil ni tan senzill, però evidentment qui hi ha millor que nosaltres mateixos per conèixer què és el que volem, en què volem estalviar i en què no? És cert que normalment sempre anem atrafegats, amunt i avall, i sembla que no tinguem temps per a res, però prendre'ns una estona per a nosaltres mateixos i per a les nostres finances farà que enfoquem millor i estalviem millor. En el cas de l'estalvi i la seva planificació, és on més retorn de la inversió del nostre temps podem tenir.

En el bloc 1, parlava de la importància de la planificació i ho he descompost en dues paraules «**Planificació = Planificar + Acció**», doncs és del tot cert i en aquest capítol intentarem fer això, una planificació de l'estalvi perquè no només és voler estalviar més sinó estalviar per allò que volem i quan ho volem. Si el nostre objectiu és tenir més diners, és molt fàcil assolir-lo, ja que només has d'esperar la següent nòmina per poder disposar de més diners... per tant, objectiu assolit!

També nosaltres mateixos sabrem fins a quina xifra d'estalvi podem arribar i haurem de posar-hi prioritats. Una cosa és el que volem i l'altra el que podem. Si vols estalviar per a un pis o una casa, un cotxe, l'ortodòncia de la filla, els seus estudis, una autocaravana que t'agrada, canviar-te la TV, el mòbil, l'ordinador i una tablet, tot plegat alhora, crec que ho tens una mica magre. No crec que sigui convenient estalviar 3.000€ al mes però a canvi no poder menjar, oi que no? Per això, tu mateix has de saber i has de posar el teu propi límit a l'estalvi.

A part de posar aquests límits, també has de pensar com vols fer el teu estalvi i tenir-lo ben planificat en el temps. Per això a mi m'agrada posar-ho en el triangle patrimonial.

A mi, que soc una persona molt visual, em funciona per estructurar-me i mostrar-ho de forma gràfica als clients.

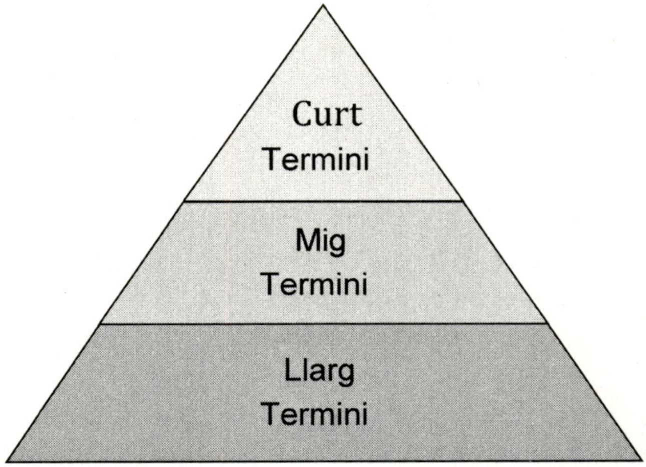

Font: EFPA i elaboració pròpia.

Tots els nostres objectius o estalvis els hem d'anar posant a la nostra piràmide, segons corresponguin per temporalitat, recordem que:

- Curt Termini: De 0 a 1 anys
- Mig termini: D'1 a 10 anys
- Llarg termini: Més de 10 anys

Aquesta disposició dels estalvis ens donarà una estructura que hauria de sortir compensada tal i com reflecteix el triangle: més quantitat al llarg termini (que seria la base), menys en el mig termini (la part central) i molt menys a curt termini (la part superior). Això és sempre així? Doncs és clar que no, hi ha situacions personals i edats que fa que potser tinguem un estalvi puntual superior al mig termini.

Per exemple, uns joves que s'han de comprar un pis en breu i estan estalviant per l'entrada. Temporalment tenen el seu estalvi principal al mig termini, mentre no s'encarrili la situació de la compra del pis, però això no vol dir que no hagin de pensar en la seva jubilació i preparar-la. Com veurem després, com més aviat comencin a estalviar per a la jubilació més profitós els serà, menys càrrega hauran de suportar i tindran una quantitat superior de diners per gaudir de la jubilació.

Com a introducció del fet que hem de planificar els nostres estalvis, crec que ja n'hi ha prou, però mirem ara amb més detall com ho hem de fer, això de planificar.

Per a què estalvies?

Sempre que faig aquesta pregunta, la gent em sol respondre amb evasives i és que molts cops no tenim al cap els motius per als quals hem d'estalviar. Per sort no sempre és així i sí que hi ha motius o objectius per als quals ens cal fer-ho.

Un pis o una casa, una moto/cotxe, un mòbil nou, fer un viatge, els estudis dels teus fills, una ortodòncia o un tractament. Els motius d'estalvi poden ser molt diferents i depenen de cada persona, evidentment, perquè no tots som iguals, per sort. Estalviem per al mateix que ens endeutem, en definitiva.

I tu? Per a què estalvies?

Revisa mentalment quines són les coses que has fet els darrers anys que han implicat un cost una mica més elevat i pensa com les has pagat... havent estalviat prèviament o endeutant-te? Segurament et causa una major gratificació temporal el fet de tenir allò que vols quan ho vols, és a dir, endeutant-te, però per una altra banda també et causa neguit veure cada mes el rebut d'allò per a que t'has endeutat, el que en dèiem la insatisfacció o ansietat financera. El fet de no haver de pensar que estàs pagant una cosa mensualment, et donarà més tranquil·litat i t'evita el malestar de veure el rebut de la quota cada mes.

A qui tingui gravat a l'ADN la mentalitat gastadora li costarà molt tot això, però no t'atabalis: si ets d'aquesta mena... NO ESTÀ TOT PERDUT! Només et cal planificar-te i gestionar bé aquest estalvi, enfocant-lo correctament. Recordes quan parlava dels pots? Aquest mètode d'estalvi és molt bo per a tu si ets gastador perquè t'ajuda a enfocar-te. Si poses el focus en aquell estalvi i fas com una formigueta, aniràs estalviant.

L'estalvi té nom i cognoms: Premisses per fer un estalvi

Tots nosaltres solem tenir nom i dos cognoms, en alguns països es perd el primer o el segon cognom, però d'ordinari tenim una estructura de nom, primer cognom i segon cognom. L'estalvi també té nom i cognoms o, com a mínim, hauria de tenir-ne, perquè d'aquesta manera mantenim el focus en aquest estalvi, com dèiem abans. Però quin seria el nom i els cognoms del teu estalvi?

Bé, en un principi el nom del teu estalvi serà el que vols aconseguir, que podria ser un cotxe, una moto, l'entrada d'un pis, els estudis d'una filla, o qualsevol altra cosa que vulguis aconseguir o comprar en un futur. Posem el cas que vols comprar-te un cotxe, el nom de l'objectiu seria «COTXE».

Un cop tinguis el nom, passaràs a determinar els cognoms. Quin seria el primer cognom del teu estalvi? Doncs la quantitat que has d'aconseguir per comprar el cotxe, en aquest cas. Per tant, hauràs de saber més coses de l'estalvi, quina marca i model vols comprar a priori perquè això determinarà el preu que hauràs de pagar i, per tant, quin és l'import que hauràs de marcar-te com a estalvi. Per exemple: vols un cotxe utilitari d'uns 20.000€.

Recopilant la informació, ens trobem que volem un COTXE de 20.000€. Ara posem-li el segon cognom. Quin podria ser el segon cognom del nostre estalvi? Doncs sí, serà el «quan». Quan vols gaudir d'aquest cotxe? Per tant, quan has de tenir aquest estalvi disponible. Imagina que el teu cotxe encara va prou bé, però d'aquí a cinc anys ja serà una mica vellet i voldràs canviar-lo.

En definitiva, el teu estalvi es dirà: **COTXE de 20.000€ per d'aquí a cinc anys!**

Felicitats, ja hem batejat el teu estalvi. Però encara no hem acabat. L'hem batejat, però encara falta inscriure'l al registre (no, al registre civil, no), però quasi-quasi: al nostre registre de la CARPETA VERMELLA!

Inscripció al Registre dels estalvis: Definició d'objectius

La inscripció al registre és molt important perquè queda certificat que volem aquest estalvi. Les coses que pensem sempre tenen la possibilitat de canviar, millorar, empitjorar o no fer-se realitat.

A mi m'agrada treballar amb una taula on es mostren tots els objectius reals i anar-los actualitzant cada cert temps. És molt important tenir-los clars, parlar-los i acordar-los amb la família, si en tens, perquè en cas contrari correm el risc que no tots remem en la mateixa direcció i acabin a l'arxiu definitiu, és a dir, a la paperera.

Et mostro la meva taula d'objectius financers*, la qual també podràs trobar al link del codi QR que hi ha a la cita.

OBJECTIUS FINANCERS

DATA	OBJECTIU	QUANTITAT NECESSÀRIA	DATA PREVISTA OBJECTIU	DATA OBJECTIU ACONSEGUIT	MESOS aprox	ESTALVI NECESSARI (Mensual, Anual, ...)	ASSESSOR: Rendibilitat Esperada	ASSESSOR: Estalvi Mensual

Font: EFPA i elaboració pròpia.

Omplir aquesta taula és molt senzill. A la columna «data», has de posar-hi la data en què et compromets a fer aquest estalvi, a «objectiu» aniria el nom i una petita descripció, a la «quantitat» el primer cognom, i a la «data prevista de l'objectiu» el segon cognom. Tot això et donarà un càlcul del que hauries d'estalviar cada mes per aconseguir-ho, que pots fer-ho estalviant amb o sense rendibilitat. Si decideixes utilitzar l'estalvi amb rendibilitat, benvingut a l'estalvi 2.0 i llavors pots utilitzar la fórmula de la taula Excel que has vist abans amb el tipus d'interès que et doni el producte triat.

* Registre d'objectius: https://octavigarcia.com/docs/07-Objectius.pdf

Tipus d'estalvi

No és el mateix estalviar per a un cotxe que estalviar per als estudis d'una filla. Aparentment, es podria pensar que sí, ja que tot és un estalvi i són uns diners que estem estalviant, però ara veurem que depèn de per a què estalviem haurem d'utilitzar productes d'estalvi diferents.

Imagina que els estudis de la teva filla costen en total uns 20.000€, i també tens ganes de canviar-te el cotxe d'aquí a uns anys. Fent una mica de ficció financera, la teva filla té tretze anys i falten cinc anys per a que vagi a la universitat. Paral·lelament, vols canviar-te el cotxe també d'aquí a cinc anys i, concretament, el cotxe desitjat també val 20.000€. Si anem a mirar la taula Excel amb la fórmula de valor final que abans he presentat, tindríem els següents números:

	A	B
1	Interés Anual	**4,52%**
2	Aportacions mensuals	300,00 €
3	Temps	5,00 Anys
4	Aportacions Totals	**18.000,00 €**
5	Valoració Estimada	**20.153,91 €**

Això vol dir que per aconseguir aproximadament uns 20.000€ per d'aquí a cinc anys, amb un tipus de rendibilitat anual del 4,52 %, necessitem anar aportant uns 300€ al mes. Fins aquí les dues opcions són iguals, però què passa si hi ha algun imprevist i et mors abans dels cinc anys? Compte! Que no et vull matar, però hem de cobrir-nos davant dels imprevistos.

Què passaria amb l'estalvi del cotxe? Respon-te per a qui seria el cotxe? Qui conduiria el cotxe, si tu t'has mort? Evidentment, crec que en aquest cas no et cal protegir l'estalvi perquè si no aconsegueixes l'estalvi per una raó de pes com seria la mort, tampoc et suposarà cap «malestar», oi?

Però què passa en el cas de l'estalvi per als estudis de la teva filla? Voldries que els teus fills poguessin estudiar encara que tu hagis mort, oi? Crec que tots els pares respondrem «és clar!». No es tracta de protegir un estalvi superflu, es tracta de protegir alguna cosa que ens estimem.

En aquest sentit, podríem dir que hi ha dos tipus d'estalvis principalment: l'estalvi financer i l'estalvi vida. De fet, tots dos es basen en un tipus d'estalvi fonamentat en les aportacions mensuals i pel qual faràs un estalvi en un període marcat. En el cas de l'estalvi vida, el protegiràs amb una assegurança que en cas de mort (o els condicionants que t'ofereixin) tindràs l'import total aportat, revalorat o contractat a data final depenent del que hagis pactat.

Imagina que contractes un estalvi amb aportació de 300€ al mes amb assegurança de vida i només portes al voltant de 7.000 € aportat quan als dos anys et mors. L'asseguradora aportarà la resta, de manera que el compte estalvi quedaria amb els 20.000€ necessaris per als estudis de la teva filla.

En canvi, a l'estalvi del cotxe, només hi haurà els 7.000€ que tenim estalviats fins ara, sense res més.

La jubilació

«Benvingut al club dels 25!».

La jubilació és un dels moments més esperats de tota la nostra vida: volem fer de tot i gaudir-ho al màxim. Deu ser per aquest motiu que la gent sol gastar molt més del que es pensava a priori, ja que, a més a més, tenim mals hàbits de consum adquirits prèviament. Aquesta situació, fins ara, s'ha anat gestionant prou bé perquè les pensions han estat prou bé, però això canviarà ben aviat, segur. Si volem gaudir d'una jubilació de qualitat, hem de començar amb una preparació prèvia.

Tot i que actualment les condicions del sistema de pensions actuals són bones, els jubilats d'avui dia cobren unes pensions baixes. Aquestes situacions tenen una explicació molt senzilla:

La «seguretat social» del règim anterior i de principis de la democràcia permetia una explotació laboral més gran que l'actual. Aquesta explotació estava basada a treballar en negre, sense cotització a la seguretat social o una part molt petita. A l'empresari li anava bé i al treballador també perquè no pagava els impostos que hauria d'haver pagat, però ara que ja s'ha fet gran i es jubila la pensió que li queda al treballador és minsa.

Si això ja sembla una mala situació per a molts, el futur no pinta massa millor, però és per un altre motiu. Les raons del problema de les pensions del futur ve donat per l'esperança de vida actual i futur principalment. Aquest canvi demogràfic l'està experimentant la majoria de països desenvolupats. Els països estan envellint i cada vegada hi ha més persones majors de 65-67 anys que es retiren i menys persones joves que entren al mercat laboral. Això significa que hi haurà menys persones treballant per finançar les pensions dels jubilats.

Un altre motiu important és la inestabilitat econòmica i els canvis en els mercats financers. Molts països han estat afectats per la crisi econòmica global dels darrers anys i això ha afectat negativament les reserves dels fons de pensions. En altres països, com Espanya, a més s'hi afegeix que s'ha emprat el fons de pensions aconseguit durant els anys de vaques grasses per a altres motius, però això no ens pertoca jutjar-ho a nosaltres, o sí, però no hi podem fer res.

Un altre factor que afecta la sostenibilitat de les pensions a llarg termini és que els costos dels serveis de salut estan augmentant i això té un impacte directe sobre la pensió que reben els jubilats. Els medicaments i les tecnologies mèdiques són cada vegada més cares, i això significa que els sistemes de salut hauran de gastar més per mantenir sans els jubilats.

Per últim, és important destacar que les pensions dels jubilats del futur poden estar afectades per les polítiques governamentals. Els governs poden decidir augmentar l'edat de jubilació, reduir els beneficis de les pensions o canviar la manera en què es finança i gestiona el sistema de pensions. Això pot tenir un impacte important en la capacitat dels jubilats per viure amb dignitat durant la seva jubilació.

De quin color es veu el futur? Tindrem pensió els que ens jubilem d'aquí a... 20 anys?

Tindrem pensions, però no te n'alegris massa encara, perquè serà només una pensió de subsistència. Si vols tenir una jubilació de qualitat, has de treballar ara per aconseguir-la. A poc a poc, les pensions s'aniran reduint per mantenir el sistema equilibrat i garantir que totes les persones majors poden subsistir. De totes maneres, els que han cotitzat més a la Seguretat Social rebran una pensió una mica més elevada que els altres. Igual que ara, sí, però no amb les diferències que hi ha actualment.

Hi ha un col·lectiu al qual això afecta molt més, com gairebé qualsevol canvi legislatiu que es fa: els autònoms. Aquests éssers que han de treballar amb 39 de febre i que tenen 11 pagues en comptes de 14 perquè el mes de vacances tampoc el cobren. En aquesta situació, l'autònom pot triar per quin import cotitzar a la Seguretat Social dins d'un barem de mínims i màxims, però es veu entre l'espasa i la paret a l'hora de pensar en la jubilació.

L'estalvi de la jubilació és un dels més importants de la nostra vida, perquè és un moment on no generem guany per regla general, i és quan volem gaudir més. Sovint, a causa dels mals hàbits adquirits durant la nostra vida, se sol gastar més del normal.

Per si no ho sabies, els jubilats cobren la pensió el dia 25, és per això que molts fan la broma que ja són part del club 25.

Sistema de pensions a Espanya

El sistema de pensions de jubilació públic a Espanya actualment es basa en el sistema de repartiment i principi de solidaritat intergeneracional, en el qual els treballadors actius actuals paguen mitjançant les cotitzacions socials les pensions dels jubilats.

Aquest sistema de repartiment va ser ideat a finals del segle XIX pel Canceller Otto von Bismark a Alemanya i implementat a Espanya el 1960 amb ajustos i posteriorment modificat el 1978. En aquell moment, l'esperança de vida eren 12 anys després de la jubilació (77 anys). Actualment l'esperança de vida és superior als 83 anys i encara continua creixent.

Per rebre una pensió de jubilació a Espanya, els ciutadans han de complir amb una sèrie de requisits. La quantitat de la pensió depèn dels anys que s'ha cotitzat i dels ingressos obtinguts durant la vida laboral del sol·licitant.

El càlcul de la pensió es fonamenta en el que s'anomena base reguladora, que es calcula en funció dels ingressos obtinguts durant els últims anys cotitzats. Això significa que si un treballador ha tingut una carrera laboral llarga i ha cotitzat per una quantitat elevada, la seva pensió serà més alta que la d'una persona que ha cotitzat durant menys temps o amb ingressos més baixos.

El sistema de pensions a Espanya també ofereix diferents opcions per als jubilats. Els jubilats poden optar per rebre una pensió vitalícia o bé una pensió parcial amb la possibilitat de compatibilitzar la pensió amb una feina. En alguns països és una pràctica molt habitual.

No obstant això, el sistema de pensions ha estat objecte de debat en els últims anys a causa de la seva sostenibilitat financera. El creixement de la població jubilada, la disminució de la població activa i altres factors econòmics han provocat una disminució en la capacitat del sistema per sostenir les pensions. Això ha portat el govern a implementar reformes per garantir la sostenibilitat financera del sistema de pensions, com ara l'augment de l'edat de jubilació o les restriccions en l'acumulació de pensions i salaris.

Quina jubilació tindrem? Quant cobrarem de pensió?

En aquest sentit, la teoria va per una banda i el que cobrarem, la pràctica, anirà per una altra banda.

Per saber què ens diu la teoria del que cobrarem, podem consultar la web de la Seguretat Social: https://www.seg-social.es. Allà, amb el teu certificat digital, podràs consultar diverses coses, com per exemple quina ha estat, de moment, la teva vida laboral i quina es la previsió de la teva pensió de jubilació si continues cotitzant com fins ara.

Ja he comentat que aquí sortirà la teoria, no pas la realitat. La realitat ja me la diràs quan et jubilis d'aquí uns anys. Evidentment, com menys temps passi, menys error hi haurà entre el que et tocaria cobrar i el que cobraràs, però si et falten més de deu anys, comença a tremolar perquè s'esperen revolts.

Com a assessor, molts em pregunten: «Tu com veus el tema de la jubilació? En tindrem?». La resposta és que SÍ, tindrem pensió, però de subsistència, no pas una jubilació daurada. M'explico: jubilar-se prové del llatí *iubilare*,, que vol dir "cridar d'alegria", i era el que feien els que arribaven a una certa edat que ja no havien de treballar i vivien amb la pensió. A dia d'avui, les pensions públiques (el que es cobra de l'estat com a contraprestació als nostres anys de dur treball i cotització), s'han anat reduint amb els coeficients de sostenibilitat i en un futur serà només una pensió de subsistència. Això vol dir que la pensió base serà molt petita. I que els que han cotitzat més tindran alguna cosa més que els altres, però serà molt poc aquest increment. Per tant, als directors i alts càrrecs se'ls reduirà molt la pensió i s'equilibrarà amb els que cobren menys i encara que hagin cotitzat per diversos milers d'euros. Sí, les pensions seran més socials i això és bo, però els que estan acostumats a un «cert nivell de vida», a un estil de vida de més despesa, ho poden passar malament si no estalvien abans.

La pensió de subsistència crec que serà la tònica habitual, però evidentment des de la Seguretat Social no ho poden admetre, perquè tot el sistema es desmuntaria i es formarien unes manifestacions que mai s'han vist. Ens aniran fent els canvis i retallades a poc a poc, a fi que no ens n'adonem gaire.

En un futur, hi haurà una classe social que no arribarà a final de mes i és que els jubilats pensionistes que no s'hagin preparat la jubilació amb una part privada, ho acabaran passant malament. Ara depèn de tu el que vulguis fer.

Les pensions dels autònoms: Pujar la cotització o estalviar

«Ara que ja he arribat als 50 anys, m'apujaré la quota dels autònoms per cobrar més a la jubilació».

Molta gent pensa que, augmentant les cotitzacions d'autònom, en tindrà suficient. I encara que és cert que gaudirà d'uns imports majors de pensió, no haurà solucionat el problema de la jubilació. En aquest capítol, veurem com actuar per tenir un bon retir.

Abans del 2023, la quota d'autònoms era diferent segons si l'autònom era administrador d'una societat o treballava com a *freelance* en empreses externes. L'any 2023 van canviar les quotes d'autònoms, però per sort ho van canviar tot per no canviar res. Dic que no van canviar res perquè, tot i haver canviat el sistema de pagament dels autònoms a la Seguretat Social, segons el seu nivell d'ingressos, els seus drets de retribució de les pensions quan es jubilin no van canviar gaire. Conec gent que està molt emprenyada amb el canvi de les quotes, i entenc el seu punt de vista, perquè ara la quota a pagar dependrà dels seus ingressos. Podríem dir que tot plegat és més equitatiu, però no és la solució al 100%.

Abans la cotització mínima era un import fix (294€) per a tothom, tingués la facturació que tingués. Ara depèn del rendiment net que hagi tingut durant els dos mesos anteriors. De totes maneres, si ets autònom i no vols complicar-te la vida, pots fer un pagament mensual del que creus que tindràs de benefici brut mig i a final d'any saldes comptes amb la Seguretat Social. La taula de la discòrdia és la següent:

Taula de cotitzacions mínimes dels autònoms			
Rendiments nets mensuals	2023	2024	2025
<= 670 €	230 €	225 €	200 €
671-900 €	260 €	250 €	240 €
901-1.166,70 €	275 €	267 €	260 €
1.166,71 € -1.300 €	291 €	291 €	291 €
1.301 -1.500 €	294 €	294 €	294 €
1.501 -1.700 €	294 €	294 €	294 €
1.701-1.850 €	310 €	320 €	350 €
1.851-2.030 €	315 €	325 €	370 €
2.031-2.330 €	320 €	330 €	390 €
2.331-2.760 €	330 €	340 €	415 €
2.761-3.190 €	350 €	360 €	440 €
3.191-3.620 €	370 €	380 €	465 €
3.621-4.050 €	390 €	400 €	490 €
4.051 - 6.000 €	420 €	445 €	530 €

Font: Elaboració a partir del Real Decreto Ley 13/2022, 26 de Julio.

El que a mi m'interessa en aquest capítol és saber el que cobraria un autònom mig i, per tant, em centraré en el cas d'un autònom que factura entre 1.500€ i 1.700€ al mes nets, que és com es calcula la nova quota d'autònoms, *Facturació - Despeses*. Si mirem la taula presentada amb aquests ingressos bruts mensuals, pagaries el mateix que es pagava abans: 294 €. Ho he fet així també per simplificar. Tal i com he comentat a l'inici del capítol, aquest mateix autònom, en comptes de pagar aquests mínims, pot pagar més per tal de tenir una pensió de jubilació millor. Però ara veurem que aquest pagament de màxims a la Seguretat Social no ens garanteix que cobrem molt més quan ens jubilem. Els màxims són els mateixos que l'any anterior: 1.266,66€ per a una base de cotització de 4.139,40 €.

A la taula Excel següent, veurem una simulació de les cotitzacions mínimes i màximes mensual i anual, i el total que hauríem abonat a 25 i 35 anys. També s'ha calculat la diferencia entre el pagament a mínims i a màxims, i a la darrera fila es pot veure el total amb el supòsit que aquesta diferencia s'hagi posat a treballar estalviant amb un pla privat durant aquests anys:

	Quota	Anual	Vida laboral 25 anys	Vida laboral 35 anys
Cotització mínima	294,00 €	3.528,00 €	88.200,00 €	123.480,00 €
Cotització màxima	1.266,66 €	15.199,92 €	379.998,00 €	531.997,20 €
Diferencia	**-972,66 €**	**-11.671,92 €**	**-291.798,00 €**	**-408.517,20 €**
Estalvi privat	972,66 €	11.671,92 €	539.462,69 €	994.240,80 €

Font: EFPA i Elaboració pròpia.

Si comptem només 25 anys d'aportació de màxims, correm el risc de no tenir la pensió màxima perquè hem de complir unes condicions mínimes i potser abans de jubilar-nos canviaran els paràmetres, com ja ens tenen acostumats que fan. Agafarem l'opció més realista, que seria la dels 35 anys d'aportació per aconseguir la pensió màxima, ja que crec que en breu comptarà tota la vida laboral.

Per tant, la diferència d'aportacions de mínims a màxims, assumint que no s'apugen les quotes*, són 972€ al mes, que en 35 anys suposen una diferencia total d'aportacions de 408.517€. Si amb aquesta diferència de quotes fem un estalvi privat per a la jubilació amb una rendibilitat mitjana de 4,52% anual, tindríem una revaloració de 994.240€. Un bon estalvi, no?

Per la part de les pensions a cobrar, si cotitzem el mínim seran 1.310€ al mes, que net anual seran uns 15.300€ anuals. Si ho fem amb la cotització a màxims, tindríem una pensió (si aconseguim tenir-la) de 3.546€, que després d'haver descomptat l'IRPF serien uns 35.000€ anuals. Si multipliquem les xifres per les estadístiques de l'esperança de vida (fins als 90 anys com a màxim, en realitat són 84 anys els homes i 86 anys les dones), ens surt que acabarem cobrant 306.000€ i 700.000€... home, és una bona diferencia, cert, però aquí entren en joc diversos factors afegits dels quals, després de mostrar la taula, faré la meva reflexió.

	Mensual	Anual	Net (-IRPF)	Vida jubilat (20 anys)
Pensió mínima	1.310,00 €	18.340,00 €	15.300,00 €	306.000,00 €
Pensió màxima	3.546,00 €	49.644,00 €	35.000,00 €	700.000,00 €
Diferencia	**-2.236,00 €**	**-31.304,00 €**	**-19.700,00 €**	**-394.000,00 €**

Font: Elaboració pròpia amb dades d'internet.

* He assumit que no pugen les quotes per no complicar els càlculs i que sigui més entenedor, però si es considerés un 2% de IPC els càlculs encara surten més favorables.

Reflexions que cal tenir en compte:

1. El factor confiança en la Seguretat Social i en les seves bones pràctiques en temes de la gestió de pensions. En el meu cas, és molt baixa i no em mereix cap credibilitat el que ens diu la web www.seg-social.es que puguem cobrar.
2. Si cotitzem els mínims, tenim uns ingressos de pensió més minsos, però si que tindrem uns ingressos.
3. Si estalviem la diferencia durant 35 anys tindríem un estalvi de 994.000€ i a 25 anys de 539.000€ i, evidentment, si ho repercutim mensualment segons les estadístiques de l'esperança de vida (prenent 90 anys), ens donaria un extra superior a la diferència neta mensual de cobrar el màxim de pensió.
4. L'estalvi generat als 70 segueix rendint, no s'atura si el sabem treballar bé, i sense perdre capital, només els interessos anuals ja ens donaria uns rendiments de 25.000€ abans d'impostos que si els comptem en import net serien al voltant dels 20.000€, per tant, no reduiríem gairebé gens el nostre capital estalviat en la nostra planificació de la jubilació.
5. Quan morim (fet pel qual tots passarem), perdrem els drets de cobrament de la pensió (exceptuant els temes de viudetats, etc.), però en el cas de l'estalvi generat, aquest capital passa després de pagar impostos de successions, als nostres hereus/pubilles.

Repercusió de la pensió privada			
	Estalvi	Repercusió 20 anys	Repercusió mensual
25 anys	539.462,69 €	26.973,13 €	2.247,76 €
35 anys	994.240,80 €	49.712,04 €	4.142,67 €

Encara que la nostra pensió pogués ser de 1.310 €, amb la cotització mínima cal tenir en compte que en l'última reforma de la Llei de Pensions ja s'aplica un factor corrector que la fa reduir per ser més sostenibles i, per tant, les pensions més altes, a partir d'ara, es veuran reduïdes. Per altra banda, crec que, tal com indicava més amunt, tendirem a una pensió mínima de subsistència, i tot i que només són especulacions meves, us ho deixo per escrit aquí perquè en un futur m'ho pugueu criticar si no passa.

En cas de tenir la pensió màxima de 3.546 €, sense que ens toquin res de la nostra pensió, tindríem aproximadament, nets, uns 20.000€ més que amb la pensió mínima, que són uns 1.700€ més al mes. Si ens n'anem a l'escenari de l'estalvi privat, amb els 977.671€ estalviats en 35 anys, podríem estar uns 40 anys cobrant 1.700€ al mes, tenint en compte el pagament d'impostos dels beneficis a un 23 % i comptant que aquests diners no es revaloressin en arribar a la jubilació.

Ja sé que he donat moltes dades i moltes xifres, espero que encara em segueixis, però per a mi el més important són les conclusions que podem treure de tot plegat, més que no pas els números mostrats.

Les conclusions per a mi són clares: millor fer un estalvi privat perquè no depens de la solvència del sistema de pensions públic, ni de l'import final a cobrar de pensió. En segon lloc, la revaloració del nostre estalvi dependrà directament del lloc on nosaltres vulguem estalviar, que normalment sol tenir molta més rendibilitat que un sistema públic. En tercer lloc, quan morim passa directament als nostres hereus/pubilles (pagant prèviament impostos de successions), i la darrera però no menys important, és que, si necessitem un import extra per gaudir de la nostra vellesa, podrem treure'l en qualsevol moment perquè som sobirans del nostre estalvi, cosa que amb el sistema públic no podem disposar d'aquest import per avançat.

Planificació de la Jubilació

Molta gent pensa que pel fet d'anar posant 50€ al mes a un pla de pensions ja té planificada la seva jubilació, i de fet això no passaria ni que haguessin començat a fer-ho quan eren al bressol. Les raons són diverses:

1) La quantitat: 67 anys * 12 mesos = 804 mesos. Si això ho multipliquem per 50€ = 40.200€ d'aportacions. Una mica just.
2) La revaloració: normalment els plans de pensions estan en mode conservador i no són gaire rendibles. Solen tenir una rendibilitat del 1 %-1,5 %, una mica per sota de l'IPC i, per tant, aquesta rendibilitat només ens garanteix que perdem una mica de poder adquisitiu.

Els empleats de banca solen dir això als seus clients: «Vingui, Sr. Joan, que anem a planificar la seva jubilació, posi 50 eurets al mes en aquest pla de pensions i així ja tindrà un diners per quan es jubili que no s'espera». Això havia passat en el nostre sistema bancari comercial.

Per treballar la jubilació haurem de fer una mica de ficció financera, ja saps que són d'aquelles coses que m'agraden a mi, i has de pensar com serà la teva vida futura, quan ja estiguis jubilat.

Aniràs a treballar? No, oi? Doncs què faràs? Com vols viure? I on vols viure? Et quedaràs a casa sense sortir? Viatjaràs? A una segona residencia al poble? Tindràs el pis pagat? Potser necessites de més despesa de sanitat o potser tindràs una salut de ferro.

Tot, absolutament tot, podria tenir una conversió econòmica. Però, és clar, si ja se't fa difícil d'imaginar-te el futur, imagina pensar en els diners del futur! Seran encara els euros, els dòlars, els Bitcoins o Ethererum? Tampoc sabem el valor que tindran els diners de demà, però podríem fer una aproximació calculant l'increment de cost de la vida amb l'IPC. Com que no sabem res del futur, només has d'imaginar què faràs quan siguis més gran, però pensem amb els preus d'avui: què em costaria viure quan em jubili?

Si ja no tens els fills vivint a casa, el pis on viuràs ja el tindràs pagat, tindràs més despesa de salut, voldràs viatjar (ni que sigui una vegada a l'any amb l'IMSERSO i un parell de cops més per la teva banda a descobrir Europa) i, si tot va bé, anar a dinar o sopar fora quan vulguis.

Cadascú té el seu ideal de vida de jubilat i hem de transformar-ho a valor d'avui. N'hi ha que viurien amb 1.400€ i n'hi ha que voldrien viure amb 5.000€. Recomano que es faci un exercici doble, un de preveure com seria viure amb mínims i l'altre a màxims... per què? Doncs perquè així tindràs una forquilla d'estalvi i es pot calcular millor segons les expectatives a complir, perquè si ens posem que volem viure amb 5.000€ al mes, potser vol dir que hem d'estalviar una quantitat inviable per a nosaltres i deixarem córrer l'estalvi per a la jubilació. Un bon exemple per viure la jubilació podria ser: a mínims podria viure amb 3.000€ al mes d'ara, però per fer tot el que vull i com jo vull (no cal comprar-se un Ferrari, ja m'entens), necessitaria 5.000€ al mes.

Perfecte, això és una bona aproximació del que podràs necessitar. Cadascú tindrà el seu valor: els que a dia d'avui tenen un nivell de vida més elevat, s'esperaran una vida amb una mica més de luxe, i els que cobren menys, esperaran un cost menor. Cap problema, és normal. Ara toca portar-ho al moment de jubilar-se. Per saber el valor dels diners que necessitaràs per quan et jubilis d'aquí a 10, 15, 20 o 30 anys, ho haurem de fer incrementant-ho amb l'IPC anual. Per conèixer la mitjana de l'IPC, es pot consultar per Internet i aproximadament és el 2% anual per als darrers 20 anys, a més és l'objectiu de la UE.

Segur que m'ho discutiràs i em pots dir que, com que en els anys 2021 i 2022 va pujar entre un 6% i un 9%, la mitjana ha pujat i es mantindrà. Bé, les mitjanes són mitjanes i, per exemple, l'any 2020 (el del COVID) l'IPC va ser negatiu i també compta per a la mitjana. Evidentment que m'equivocaré perquè no tinc una bola de vidre per conèixer el futur, però m'he de basar en alguna cosa i qui sap si variarà entre un 1,5% i un 2,5%, potser sí, però jo agafo la mitjana dels darrers 20 anys per tenir una dada concreta que, a més, és una xifra que el Banc Central Europeu vol marcar com a estàndard de creixement de preus. Ens hem de basar en alguna cosa i, si has de canviar alguna cosa a posteriori, ho podràs corregir amb la fórmula que ara et donaré.

Per tant, com puc portar aquest valor al futur? Doncs amb la mateixa eina que vam veure al capítol de l'estalvi: l'Excel i la fórmula del Valor Final. Però, en comptes de posar un valor d'estalvi mensual, canviarem una mica els valors i hi posarem 0€ d'estalvi, de manera que a la casella B5 hi posarem la fórmula: ***=VF(B1;B3;B2;-B4)***

	A	B	C
1	Interès	**2,00%**	**2,00%**
2	Aportació	0,00 €	0,00 €
3	Temps	18,00 Anys	18,00 Anys
4	Valor Actual	3.000,00 €	5.000,00 €
5	Valor Futur	**4.284,74 €**	**7.141,23 €**
6			

Font: Elaboració pròpia.

En aquest cas, pots veure com 3.000€ d'ara seran aproximadament uns 4.284€ d'aquí 18 anys, això vol dir que esperem que amb 4.284€ puguem comprar el mateix que ara amb 3.000€. El mateix amb la columna C, que seria el nostre exemple de jubilació a màxims.

Com que ara ja sabem com volem viure i, com has vist abans també, podem consultar què tindràs de pensió segons la Seguretat Social (SS), podràs saber quin buit financer tindràs en jubilar-te. Per exemple, si jo soc autònom i la SS em diu que cobraré 1.400€ i a la meva parella li surt que cobrarà 2.000€, això fa un total de 3.400€, fins a 4.284€ hi ha una diferència de 885€ al mes, que hauré de cobrir d'alguna manera. Com? Fent un estalvi privat de jubilació per cobrir aquest buit.

Els 885 € al mes, per 12 mesos són 10.620 € per any que, si espero viure fins als 90 anys, segons les estadístiques actuals, seran uns 212.400 € que he de tenir estalviats per quan em jubili als 70 anys (segurament pujaran l'edat de jubilació).

Direu que estic boig, com podem aconseguir aquestes quantitats? Doncs de la mateixa manera que et menjaries un elefant, tal com diu un bon amic meu, «a poc a poquet, a mossegades!», doncs el mateix passa amb aquesta planificació financera de la jubilació. Quants anys et queden per jubilar-te? S'ha de dir que si te'n queden només cinc, per jubilar-te, i no tens encara un estalvi, ho tens bastant malament, perquè per aconseguir 200.000 € entre 60 mesos, hauries d'estalviar uns 3.500 € al mes, i em fa l'efecte que és una xifra una mica elevada. Ara bé, agafa l'Excel de l'estalvi amb el valor final i prova amb els anys que et queden fins a jubilar-te: quin estalvi mensual hauries de fer per aconseguir aquests 200.000 € (o la xifra que consideris adequada)? Pots utilitzar el tipus de rendibilitat d'una renda variable diversificada sense ser gaire agressiva (un 4,52 % anual) que et donarà una xifra assumible. En el cas que estàvem comentant, la necessitat d'aconseguir 200.000 € com a complement, es pot fer amb la fórmula del valor final i anar fent proves, o amb la inversa, que seria la fórmula «PAGAMENT» (Excel en català) o «PAGO» (Excel en castellà) i que ens retornaria el valor de l'aportació que hauríem de fer per aconseguir un valor concret, tenint en compte una rendibilitat constant.

=PAGAMENT(tasa, nper, va, vf, tipo)

=PAGAMENT(4,52%/12;Anys*12;0;-200000)

	Estalvi mes
5 Anys	2.977,09 €
10 Anys	1.321,36 €
15 Anys	778,70 €
20 Anys	514,13 €
25 Anys	360,60 €
30 Anys	262,42 €
35 Anys	195,66 €
40 Anys	148,37 €
45 Anys	113,87 €
50 Anys	88,19 €

Font: Elaboració pròpia.

Com pots veure, per aconseguir 200.000€ d'estalvi per a la jubilació, hauries d'aportar 2.977€ al mes si només et queden cinc anys per jubilar-te, però si et queden encara més de vint anys l'aportació ja no és tan gran. S'ha de dir que, com més joves siguem, millor treballa el nostre estalvi i més garanties tindrem de tenir una molt bona jubilació.

Torno a dir que he posat un cas hipotètic de voler tenir 200.000 € de complement a la jubilació, que pot ser real o no. La teva necessitat de complement dependrà directament de com vols viure quan et jubilis i de quina serà la pensió que cobraràs de l'estat. Cada cas és particular.

Ah, un parell de comentaris més amb el tema de la planificació de la jubilació. Hem fet els números amb una parella casada, que continua casada i que es jubila casada. Malauradament, els assessors financers hem de pensar en el fet que pot haver-hi ruptures i no solen ser agradables econòmicament, més aviat són perjudicials. Si voleu riure per no plorar, mireu una pel·lícula de fa molts anys on sortien Danny De Vito, Kathleen Turner i Michael Douglas que es titula *La guerra de los Rose* (1989), potser se us treuen les ganes de separar-vos!

Bromes a part, deia que els assessors hem de contemplar la possibilitat de la separació i, per tant, potser allà on dèiem que necessitaràs 3.000€ al mes a dia d'avui, potser són 2.000€ per a cadascú, i ja no són 4.285€ d'aquí 18 anys, sinó que són 2.850€ per a cadascú. Recordem que un dels cònjuges havia de cobrar 1.400€ de pensió (un buit de 1.450€/mes) i l'altre cònjuge 2.000€ de pensió (un buit de 850€/mes), és a dir, que el càlcul de les planificacions de les jubilacions haurien de ser familiars i personals alhora.

Estratègia de complement a la pensió

En arribar a la jubilació, canviem d'etapa de la vida, passem de la maduresa a la jubilació. I, evidentment, canvien més coses que només un any d'edat, dels 64 al 65, dels 66 als 67 o dels X-1 als X. Poso la incògnita X perquè no sabem del cert a quina edat ens deixaran jubilar en un futur, però més val estar preparats que serà més tard que els 67 d'ara.

Com deia, canviaran moltes coses, l'edat, les coses que fem i com les fem, el que gastem i també el que ingressem. A algunes persones els costarà adaptar-se a la nova situació perquè voldran seguir el ritme d'abans (o més) i no tindran els mateixos ingressos. Hi ha molts dubtes sobre el tema de com estarem a la jubilació:

Què farem quan ens jubilem? Com arribarem a final de mes? Quan cobrarem de pensió? I com estarà el valor de la vida llavors?

En països com Alemanya o Japó, alguns jubilats han de treballar als supermercats posant els productes en bosses per poder tenir un complement a la seva pensió perquè no arriben a final de mes. Aquí no ha arribat aquesta moda perquè, fins ara, els jubilats han tingut una pensió prou digna. Sí, ja sé que em diràs que molts jubilats malviuen amb la seva pensió i que, a més, han d'ajudar les seves famílies, i és cert. Però, tot i que alguna gent ho passa malament en l'actualitat, he de dir que el poder adquisitiu dels jubilats d'avui dia està prou bé a causa que els governs utilitzen el fons de reserva de les pensions. D'aquí un temps, el sistema de pensions serà insostenible i, amb el fons de reserva de les pensions esgotat, tindrem unes pensions més aviat minses, de subsistència. Crec que, si no tenim un complement de la pensió ben planificat, la nostra jubilació serà un sobreviure.

L'estratègia és clara. Si, per exemple, vols tenir un nivell de vida de 3.000€ al mes, però cobres només 1.800€ de pensió, necessites 1.200€ al mes que surtin d'alguna banda. Però d'on han de sortir? Hauries de crear una estructura d'inversió basada en la temporalitat de quan necessitaràs els diners. Per exemple: si tens 300.000€ acumulats el dia que et jubiles i tens una necessitat de 1.200€ nets al mes, ho organitzem amb una part a curt termini, una part a mig termini i una part al llarg termini. Com si estiguéssim estalviant però a l'inrevés, recuperant els diners en comptes d'aportar-los. Anem a fer números.

Tenim que 1.200€ amb 14 pagues són 16.800€, però això són bruts. Hauràs d'aplicar-li un pagament d'impostos, per tant, fes un increment d'un 10%*, per si de cas. Per tant, tindràs la necessitat de treure del teu estalvi de la jubilació de 18.480€ anuals. Però s'ha de tenir en compte que cada any necessitaràs una mica més de diners perquè tenim la inflació que fa pujar el cost de la vida i has de comptar-ho. Per tant, compta un increment de cost de la vida d'un 2% de mitjana, de manera que el primer any necessitaràs 18.480€, però el segon 18.849€ i, per tant, en 20 anys haurem de necessitar uns 450.000€.

---

*. Els diners que obtens d'un guany financer tributen per trams. El 19%, 21% o 23%, però el capital inicial no paga impostos, per tant, com que els diners que aconseguim seran una part capital i una part benefici, podem assumir un 10% destinats als impostos per no trobar-nos amb aquesta sorpresa.

	Necessitat Capital:
Any 1	18.480,00 €
Any 2	18.849,60 €
Any 3	19.226,59 €
Any 4	19.611,12 €
Any 5	20.003,35 €
Any 6	20.403,41 €
Any 7	20.811,48 €
Any 8	21.227,71 €
Any 9	21.652,27 €
Any 10	22.085,31 €
Any 11	22.527,02 €
Any 12	22.977,56 €
Any 13	23.437,11 €
Any 14	23.905,85 €
Any 15	24.383,97 €
Any 16	24.871,65 €
Any 17	25.369,08 €
Any 18	25.876,46 €
Any 19	26.393,99 €
Any 20	26.921,87 €
SUMATORI	**449.015,39 €**
IPC	**2,00%**

Font: Elaboració pròpia.

450.000 €? No esperaves que fos tant, oi? Doncs sí, tindràs una necessitat de 450.000 € amb una mitjana de 22.000 € anuals, però tranquil·litat que tinc un as a la màniga i, de fet, per aquests números que estic fent d'exemple només necessitaràs els 300.000 € que he comentat, però ben estructurats.

Aquests 450.000 € no els necessites tenir el primer dia, sinó que seran durant els 20 anys (de mitjana) que podràs necessitar-los. Per tant, pots crear una estructura en què els diners també vagin rendint mentre no els utilitzes. El mateix exercici que has fet amb els objectius de l'estalvi el faràs ara amb els objectius de la jubilació, per això... Què necessitaràs durant els propers cinc anys? De fet, ho desglossem en tres parts:

Curt termini (dos primers anys): Estalvi de 37.000 € amb un procediment de rescat automàtic mensual, sense gairebé rendibilitat però a resguard de volatilitats. El producte ideal per a aquest tipus d'estalvi seria uns actius monetaris.

Mig termini (de l'any 2 a l'any 5): Estalvi de 58.000 € amb poca rendibilitat (si cobreix l'IPC ens donem per satisfets i a resguard de grans volatilitats, un producte que ens pugui donar la seguretat de tenir uns diners i una petita rendibilitat. Per a mi, el producte ideal (a dia d'avui) és una Renda Fixa diversificada.

Llarg termini (a partir de l'any 5): Estalvi restant, els 205.000€ poden estar invertits en productes més volàtils, amb més rendibilitat i que veuràs al següent capítol d'inversions. Es pretén que aquests diners no rebaixin el seu valor per l'IPC sinó que, a més, donin un benefici extra.

Cada mes has de tenir previst de passar automàticament del Curt termini cap al compte corrent com si d'una nòmina es tractés i al juny i desembre una paga extra. Per tant, el curt termini s'anirà buidant, però has de tenir en compte que cada any hauràs d'anar omplint el curt termini amb diners del mig termini, i el mig termini l'hauràs d'anar omplint amb els diners proporcionals del llarg termini. Potser penses que és millor omplir directament el curt termini des del llarg termini i ja està, no? Doncs sí, si els mercats són favorables. Però si hi ha una crisi mundial i els mercats de renda variable han baixat molt, et serà millor no tocar aquells diners de moment fins que es recuperin, i de fet, per això està creada aquesta estructura de curt termini i mig termini, per aguantar una bona crisi de cinc anys per si de cas.

Ja hem vist abans que el mercat té volatilitat i —si t'enganxa que just quan vols fer els moviments està baix—, podria ser que traguéssim els diners en un moment que no sigui l'òptim per a la nostra situació inversora i per tant els trauríem en pèrdues. Tranquil·litat, però, perquè la paciència paga i com que podrem esperar, ja farem aquest traspàs d'aquí a un any i llavors movem l'equivalent a dos anys. M'agrada molt la frase d'un gran mestre de les inversions, Warren Buffett: «El mercat de valors és un instrument que transfereix el diner de l'inversor impacient a l'inversor pacient». Per tant, em reitero en el fet que, si tens l'estructura muntada de cinc anys de complement de la pensió, no et cal preocupar-te si el mercat està baix.

Per altra banda, si tot va bé, el llarg termini anirà rendint alguns anys més i d'altres menys o fins i tot negatiu, però ja veuràs en el següent capítol d'inversions com invertir per tenir una «bona» rendibilitat a llarg termini. Evidentment, cada cop tindràs menys beneficis, perquè els diners s'aniran acabant, però podràs viure tranquil i bé durant la teva vellesa. Et deixo una taula perquè vegis com els diners que empraràs no només seran del capital que anirà disminuint, sinó que es tracta del meu as a la màniga: la rendibilitat mitjana que anirà donant aquest capital.

IPC	2,00%
Rendibilitat Mitja	4,52%

Any	Any 1	Any 2	Any 3	...	Any 18	Any 19	Any 20
Capital Inicial	300.000,00 €	292.368,00 €	284.090,43 €		58.236,75 €	34.466,13 €	9.318,44 €
Interès Simple Anual:	10.848,00 €	10.572,03 €	10.272,71 €	...	2.105,84 €	1.246,30 €	336,95 €
Necessitat Capital:	18.480,00 €	18.849,60 €	19.226,59 €		25.876,46 €	26.393,99 €	26.921,87 €
Reducció capital	**7.632,00 €**	**8.277,57 €**	**8.953,88 €**		**23.770,62 €**	**25.147,70 €**	**26.584,92 €**

Font: Elaboració pròpia.

Fiscalitat de l'estalvi de jubilació

Hi ha diverses eines d'estalvi per a la jubilació, en faré un repàs fiscal per decidir quina eina és millor per planificar l'estalvi del complement per a aquesta etapa de la vida.

Plans de pensions

S'ha d'admetre que el producte pla de pensions té una gran fama a causa de la seva fiscalitat. Veuràs que tampoc és tant el guany que tens i que era gairebé un producte creat pel Govern per enriquir el mateix Govern. Però bé, ara tot això s'ha diluït perquè l'import màxim anual de les aportacions no pot superar els 1.500€. Per tant, aquells grans avantatges que tenien alguns han quedat en no-res. Potser ho tornaran a canviar, però sincerament crec que hi ha altres vehicles millors que incentivar l'estalvi per una rebaixa fiscal que a la llarga t'acaben cobrant amb escreix. Per mi, els plans de pensions és com un bufet on pagues les consumicions a un preu exagerat al final. Però vegem-ho amb números:

PLA DE PENSIONS

Any	Any 1	Any 2	...	Any 19	Any 20
Aportació	1.500,00 €	1.500,00 €		1.500,00 €	1.500,00 €
Desgravació	450,00 €	450,00 €		450,00 €	450,00 €
Acc. Aportacions	1.500,00 €	3.000,00 €		28.500,00 €	30.000,00 €
Revalorització	1.500,00 €	3.067,80 €		43.681,43 €	47.155,83 €

Font: Elaboració pròpia.

Imaginem que tens un sou d'uns 30.000€ anuals, aportes el màxim que pots aportar al pla de pensions, 1.500€. La desgravació mitjana serà d'un

30 % perquè rebaixa la base de cotització de l'IRPF i per a uns 30.000 € anuals seria aquest 30 %. Per tant, tindràs un guany fiscal de 450 € anuals que, per cert, és un guany fiscal per estalvi per a la jubilació, però normalment el gastem per a les vacances o com a deducció de la renda, és a dir, per a un altre concepte. A la taula de dalt, podeu veure aquests 1.500 € anuals, en 20 anys suposen 30.000 € d'aportacions totals. Tot i que normalment els plans de pensions estan invertits en maneres conservadores (renda fixa), posaré que la revaloració sigui al 4,52 % i, per tant, tindríem 47.155 €. I hem de comptar l'estalvi fiscal dels 450 € anuals, que seran 9.000 € que ja ens haurem gastat, és clar.

A efectes fiscals, el cobrament del pla de pensions tributa com a rendiments del treball i, per tant, s'integra en la part general de la base imposable de l'IRPF i està subjecte a la retenció que tinguem segons el nostre sou o pensió. En cas de mort del partícip, les prestacions que rebi el beneficiari tributen en IRPF com a rendiments de treball, per tant no tributen en l'impost sobre successions, sinó que serà com si el beneficiari hagués treballat i cobrat. Per sort, no cal treure-ho i pagar els impostos per IRPF en aquell moment.

Cal suposar que cada cop aniràs cobrant més durant la vida i que, per tant, pagaràs més impostos després de 20 anys que quan comences l'estalvi, però prefereixo no valorar aquesta hipòtesi i així els números seran més clars. Assumeixo doncs que, quan et jubiles, cobraràs normal amb una retenció similar a la de l'estalvi i la desgravació: un 30 %.

Per cobrar el pla de pensions tens dues opcions:

a. ***Cobrar-lo de cop:*** Si cobres els 47.000 € de cop, segurament pujaràs de tram de l'IRPF, i en comptes de pagar un 30 % potser pagaries un 40 % o un 45 %. Si posem un 40 %, dels 47.000 €, pagaràs d'impostos 18.800 € d'aquest estalvi i, per tant, més impostos del que ens vam desgravar (9.000 €), i et quedaran 28.200 €. Si treus la inflació acumulada en els 20 anys, és a dir, portem el valor a dia d'avui, serien poc més de 19.000 € i vam aportar-ne 1.500 € * 20 = 30.000 €

b. ***Cobrar-lo a poc a poc:*** Cobrar a poc a poc és probablement una decisió més sàvia, però no tant com potser et penses. Dividim els 47.000 € en 20 anys de cobrament i tindràs 2.350 € per any bruts, però com que tributarem al 30 %, suposen uns impostos de 705 € * 20 anys = 14.100 €, que seran nets 1.645 € anuals. Si acabes cobrant una mica més del que vas posar (145 €), però si calcules el valor actual d'aquests diners quasi seria millor haver-los ficat en alguna altra banda.

Tant si fas el cobrament d'una manera o d'una altra, els números demostren que pagues més impostos dels que et desgraves i, a més, perds valor adquisitiu perquè l'IPC també actua en contra teva. Amb aquestes dades és quan jo puc afirmar el que he dit abans: «Els plans de pensions són un producte ideat pel govern per enriquir al govern».

PIES

Què són els PIES? PIES és l'acrònim de Pla Individualitzat d'Estalvi Sistemàtic. Suposo que per deducció has entès que és un tipus d'estalvi, però el nom no dona per gaire més. El PIES és una eina per planificar la jubilació, principalment, tot i que algunes entitats l'utilitzen com a estalvi general. Mirem-los amb una mica més de detall.

Es tracta d'un estalvi personal, és a dir, individualitzat. Per tant, l'estalvi serà personal i intransferible en casos normals perquè es tracta d'un estalvi en forma d'assegurança de vida, que en direm «estalvi vida» per abreujar. Podeu retornar als tipus d'estalvi si no us ha quedat clar què és un estalvi financer i què és un estalvi vida. Les assegurances serveixen per protegir, de manera que és millor protegir-te per viure la jubilació amb un sac de diners acumulat, no?

I que passa si et mors? O si no et mors? Doncs vol dir que, si sobrevius, és a dir no et mors, tindràs uns diners estalviats per gaudir de la teva jubilació. I si et mors abans, aquests diners passen a un beneficiari directament sense passar per la casella de sortida, és a dir, que el/els teus beneficiaris cobren l'estalvi del PIES sense passar pel testament/herència, cosa que sol ser més llarg. Després us diré les utilitats més importants del PIES i ho entendreu millor, ara anem entenent millor el producte.

Fixa't que hi posa la paraula «Estalvi», no pas Inversió, i també posa la paraula «Sistemàtic», no puntual. Això vol dir que aquest producte pretén ser una eina d'acumulació constant de diners a partir d'una recurrència. Per què? Doncs perquè el producte permet fer un estalvi màxim de 8.000€ l'any amb un màxim de 240.000€. La limitació anual de 8.000€ està feta perquè no hi hagi algú que posi el darrer any tot l'import de cop i així accedir als mateixos avantatges que tenen els estalviadors pacients. La limitació total té la mateixa intenció, que sabent que aquest producte té uns atractius fiscals més bons, les persones amb alts ingressos no tinguin una porta oberta a tenir una millor fiscalitat.

Acabo de comentar que té una fiscalitat favorable, però havent vist l'avantatge fiscal del Pla de Pensions, et deu fer por, oi? Doncs bé, després de fer un estalvi sistemàtic personal on hem pogut aportar una sèrie de diners, l'avantatge fiscal estarà en la retirada. Mirem-ho tal com m'agrada a mi, amb els números, i hi posaré exemples concrets.

Per exemple, si fas unes aportacions anuals de la meitat del màxim, 4.000 € durant 30 anys. En total hauràs aportat 120.000 € (4.000 € x 30 anys) i tindràs com a saldo final 244.856 € (amb una revaloració del 4,52 % anual). Si veus la taula següent, on l'aportació anual és de 4.000 € durant 30 anys, fixa't que al lloc de la desgravació no hi ha import, perquè l'avantatge fiscal és al final, quan es retira.

PIES

Any	Any 1	Any 2	...	Any 29	Any 30
Aportació	4.000,00 €	4.000,00 €		4.000,00 €	4.000,00 €
Desgravació	0,00 €	0,00 €		0,00 €	0,00 €
Acc. Aportacions	4.000,00 €	8.000,00 €		116.000,00 €	120.000,00 €
Re valoració	4.000,00 €	8.180,80 €		230.440,90 €	244.856,83 €

Font: Elaboració pròpia.

A partir d'aquí, podem fer dues coses: cobrar aquests diners i administrar-los nosaltres o bé demanar a alguna asseguradora que ens canviï aquest capital per una quota vitalícia. Amb 244.000 € ja es pot fer alguna cosa, però no gaire. Les asseguradores fan un càlcul de renda actuarial que no és res més que un càlcul de probabilitats i estadística de quan et pots morir i així ells tenir més guany, ja que el dret de la quota vitalícia pactada s'extingeix amb la mort del prenedor. En aquesta quota, hi tindrà molt a veure el sexe, l'edat, el capital que volem transformar a vitalici i algun paràmetre estadístic seu intern. Posem el cas que, per aquests 244.000 €, et donessin 1.000 € al mes. Doncs ara prendrem aquesta dada per fer els càlculs i les comparacions amb l'altre tipus de cobrament del PIES.

Si fas el cobrament del PIES de cop, tributarà com si fos una inversió financera normal i, per tant, anirà a la part de la renda destinada a l'estalvi, i pagaràs un tipus impositiu del 19 %, 21 %, 23 %, 27 % o 28 % per trams. Et recordo la taula de tributacions de l'estalvi:

Retenció Base Estalvi	Gravamen Actual
De 0 a 6.000€	19,00%
De 6.000€ a 50.000€	21,00%
De 50.000€ a 200.000€	23,00%
De 200.000€ a 300.000€	27,00%
Més de 300.000€	28,00%

Font: Elaboració pròpia amb dades d'Hisenda.

Per una altra banda, si cobres la quota vitalícia, hem fet el supòsit abans de cobrar 1.000€ al mes, 12.000€ a l'any, que tributaran a la taula anterior. En transformar-se en quota vitalícia tot canvia de producte i suposa la tributació pel total cobrat. El més aconsellable, però, és fer la quota vitalícia a partir del 70 anys, ja que llavors hi ha una reducció del 92% d'impostos, de manera que serà gairebé nul·la la repercussió fiscal. En cas d'estar entre els 60 i 70 anys, la reducció seria del 80%. Si ho mirem numèricament:

PIES: Tipus cobrament

	De cop	Q. Vitalicia	QV 20 anys
Cobrament	244.856,83 €	12.000,00 €	240.000,00 €
Capital	120.000,00 €	0,00 €	0,00 €
Benefici	124.856,83 €	12.000,00 €	240.000,00 €
Impostos	27.597,07 €	2.400,00 €	48.000,00 €
Red. Impostos	0,00 €	-2.208,00 €	-44.160,00 €
Impostos Total	27.597,07 €	192,00 €	3.840,00 €
Cobrament Net	217.259,76 €	11.808,00 €	236.160,00 €

Font: Elaboració pròpia.

Com dèiem, si ho cobres de cop no tens benefici fiscal, si ho cobres amb quota vitalícia tens una reducció de 2.208€, pagant uns tributs totals de 192€. Algunes entitats bancàries o d'assegurances diuen que està exempt d'impostos i NO! No està exempt, però pagar un 8% del 19%, que seria un 1,52%, gairebé podríem assumir que és no pagar impostos. Però caldria complir les condicions, que són les següents:

- El capital prové d'un PIES
- Tenim més de 70 anys quan transformem el capital en Quota Vitalícia

Un dels riscos que hi ha és que, en comptes de morir-te als 102 anys, et moris als 72 i només hagis cobrat dos anys de la teva paga vitalícia. Evidentment, el traspàs a quota vitalícia implica el no retorn del capital i, si et mors després de dos anys, els teus hereus no tenen possibilitat de rebre ni reclamar aquesta herència.

A mi, que m'agrada fer una mica de teatre, quan explico aquesta part als clients, faig veu de vellet (una mica cascat) i simulo una conversa amb la meva dona (ella tota eixerida i esvelta):

Jo: Ens estan plantejant fer una quota vitalícia amb els PIES, atxus-atxus!

Ella: I tu què en penses?

Jo: Uiiii, jo estic molt malament i no aguantaré gaire, atxus-atxus!

Ella: Doncs jo em veig la mar de sana i bé, crec que aguantaré fins els 105 anys com a mínim.

Jo: Doncs... saps què podem fer...? Aatxus-atxus! Jo cobro el PIES, atxus-atxus! I tu fas una quota vitalícia, atxus-atxus!

Per acabar aquesta part del PIES, t'havia de comentar quina és la segona gran utilitat del PIES. La primera evidentment és gaudir dels diners durant la jubilació. Però la segona és que, si defalleixes abans de tenir la jubilació o la finalització del PIES, com que és un estalvi VIDA, aquests diners no passen per herència sinó que van per la part asseguradora, de manera que és molt més ràpid, en un o dos mesos està gestionat. Evidentment, s'han de pagar impostos, però l'asseguradora ja sol gestionar la retenció, que si és directa n'hi ha una part exempta.

Molts cops, quan l'herència és elevada, els hereus no poden fer front al pagament d'impostos de successions i han de deixar l'herència estancada un temps. Amb el PIES, com que cobres relativament ràpid, es poden pagar els tributs de l'herència, acceptant-la i després ja es pot gaudir dels béns heretats.

Inversions

Arribem al capítol que potser estaves esperant: les inversions. Si esperes que en aquest llibre et doni cinc llocs on invertir per fer-te milionari, la veritat es que t'has equivocat de llibre, i millor que vagis a la llibreria a buscar-ne algun d'un «venedor de fum». Aquí el que podràs aprendre és com fer optimitzacions de capital amb seny i amb una bona planificació. Segur que no triplicaràs, o potser sí, però serà amb consciència.

El primer punt que has de determinar és saber com ets com a inversor, perquè si no tens clares les teves pors i limitacions, quan el camí de les inversions sigui tortuós això et farà prendre decisions equivocades i en conseqüència perdre diners. Per tant, abans de res analitza com ets:

- No pots perdre ni al parxís i, en temes de diners, no vols veure ni un euro en negatiu perquè això t'ataca els nervis.
- Pots arribar a perdre una mica, però també t'ataca els nervis.
- Pots assumir una pèrdua si t'ho expliquen bé, però que es recuperi ràpidament, si us plau!
- Com que saps que tot puja i baixa i no necessites els diners pròximament, pots tenir una pèrdua temporal sense que se't crispin els nervis.
- Ets una persona arriscada i t'agrada guanyar molt, tot i que saps que alguns cops pots perdre.
- Has vingut a jugar (com es diria als concursos de la TV): o tot o res. D'aquest, jo en dic *Nivell cripto*.

Per fer inversions, s'ha de saber què esperem guanyar, però també què podem perdre, i això a la gent li costa més saber-ho. De fet, quan els assessors expliquem el tema de les inversions, solem explicar el que es pot guanyar en les condicions normals, però també el que es pot perdre, sobretot si veiem que el client té una visió molt a curt termini. I doncs, què passa quan hi ha una recessió o una baixada temporal de mercats per causes alienes a nosaltres i la nostra inversió mostra un numero vermell «-15 %»? Doncs que si no he fet una mica de pedagogia de la situació per quan vinguin aquests moments, em poden trucar per dir-me que ho volen treure tot, que no és això el que els havia comentat (solen dir promès), etcètera. Però sí, i tant que era això el que vaig comentar, però moltes vegades m'escolten només a mitges!

Quan hi ha baixades de mercats, és com aquells moments de «rebaixes a les botigues de roba». Si les pots aprofitar, les rebaixes són molt bones perquè amb la meitat de preu pots comprar més coses. Evidentment, no sempre pots esperar a comprar-te un vestit per al casament de la teva amiga, però en molts casos podràs esperar al gener i no comprar-lo al desembre, quan resulta que és més cara. En les inversions també passa, quan més baixos estan els preus és quan hem de comprar, però això als inversors molts cops els espanta. El seu cant de sirena els visita i no acaben fent aquella inversió en un molt bon moment per fer-ho.

A mi m'agrada molt estudiar productes nous d'inversió, quan tinc temps, és clar, i m'agrada fer proves i inversions. «Alguns cops guanyo diners i en d'altres, n'aprenc», vet aquí una frase que dic molts cops perquè és certa, ja que quan guanyes diners, treus pit i quan no els guanyes analitzes què has fet malament. Tot i això, a mi m'agrada fer-ho amb seny, sabent on fico els diners, fer un estudi previ important. Això no vol dir que no m'hagi ficat alguna vegada en un *scam** (estafa), sobretot amb temes crypto. S'ha de dir que alguns d'aquests negocis *scam* estaven molt ben muntats i argumentats, i que van fer que alguns hi caiguéssim de quatre potes. En aquests tipus d'inversions, però, sempre hem d'intentar tocar de peus a terra, no escalfar-nos gaire i saber retirar a temps el capital inicial com a mínim per protegir-lo i, a partir de llavors, estar en benefici infinit. *Keep calm*, explicaré millor aquest punt després.

A tots ens agraden les inversions d'alt rendiment, però no podem acceptar mai la derrota, i això és el que passa normalment. Ens agradaria guanyar un 30-40 % mensual sense haver de fer res, i durant tota la vida. Aquest ti-

* Scam: un *scam* és una estafa o frau que es fa per enganyar i extreure diners o informació personal de les persones mitjançant enganys o promeses falses.

pus de rendibilitats només són a base de productes no recomanables per al 99% de la gent. Però, si la gent vol ficar-hi una part del seu capital, ha de saber que també ho pot perdre tot. En el món Crypto va passar això i durant un temps van sorgir tota mena de negocis d'aquest estil. Els conec prou bé perquè jo també hi vaig invertir, i molta gent em pregunta sobre aquests productes. Jo sempre els dic que sí que s'hi pot invertir, però s'ha de fer amb seny, i els faig sempre una petita reflexió, i és que comparo el seu capital per invertir amb una casa amb jardí, on la casa està feta amb uns fonaments, ciment, totxos, finestres bones, i un jardí amb unes cadires i taules, un para-sol i una piscina a l'aire lliure. Si en un moment donat arriba una tempesta, vent violent, inundació o qualsevol altre fenomen natural, la casa sol estar ben protegida i normalment no té gaires desperfectes, però a la part del jardí, les cadires, la taula i el para-sol han sortit volant, a la piscina li ha pogut caure un arbre que ha trencat les rajoles i ha provocat una esquerda. Què vull dir amb això? Doncs que, si vols invertir en certs productes de dubtoses garanties, el més recomanable seria fer-ho en dues parts. La principal, la major part del capital, ha d'estar ben invertit i a resguard de qualsevol tempesta. I una segona part pot estar invertida amb més risc, sempre que sigui una quantitat que no afecti la nostra situació financera (ni psicològica) en cas de pèrdua total.

Això no vol dir que, si tens la teva inversió en mercats regulats i de sobte esclata una guerra, o hi ha una baixada de mercat o els tipus d'interès pugen, la nostra inversió es mantindria intacta, no! Això vol dir que té menys risc que sigui fraudulenta i que puguis perdre tots els teus diners.

L'altra part del capital es pot invertir, si vols, en productes dels que jo en dic ***AR:*** *Alta Rendibilitat,* però també *Alt Risc*. Ara bé, has de saber que la tempesta pot venir de cop i volta, sense avisar, i pots acabar perdent tot allò que tenies al jardí si no has tingut la previsió de guardar les taules i les cadires en un magatzem. Crec que s'ha entès bé l'exemple, i es que jo m'he trobat amb gent que no només ha invertit el capital de les taules i cadires, sinó que ha muntat una zona de ball amb focus demanant un préstec al banc. De fet, a mi me'n van demanar en diverses ocasions i em vaig negar a gestionar-ho. A dia d'avui, aquests «inversors» encara estan pagant el préstec a la seva entitat bancaria i els «estafadors» tenen els seus diners. Malauradament, això passa massa sovint perquè els humans som avars per naturalesa i creiem que el que els passa als altres a nosaltres no ens passarà mai.

Un dels majors errors de les inversions és el fet de no diversificar, només posar els diners en una sola inversió. Això seria com anar a la ruleta del casino i apostar-ho tot a un únic número. El més normal és perdre l'aposta, per què? Doncs perquè, entre 36 possibilitats, ha de caure en el número que has triat. Possible és, però improbable també. Si vols guanyar a la ruleta, has de diversificar una mica i tenir una estratègia, com amb les inversions (en parlarem més tard).

Lligat amb la diversificació, venen els diferents productes d'inversió. Quines eines d'inversió coneixem? La majoria direm dipòsits i borsa, i algun podria dir alguna cosa més. Però realment hi ha molts i molts productes d'inversió i no tots són en mercats financers, però no m'avanço, ja hi arribarem.

Quan ajudo o ensenyo a invertir a la gent, m'agrada explicar quins tipus d'inversió hi ha perquè ells comentin amb quin tipus es troben més còmodes i què és el que volen fer en aquell moment de la seva vida amb els seus diners. Sembla una cosa molt òbvia, perquè de fet només hi ha tres models:

- **El model d'especulació** es basa en comprar una cosa i esperar fins que es revalori. Per exemple, comprem un pis i d'aquí a 6 mesos o 12 mesos el venem esperant tenir una rendibilitat molt superior que si haguéssim deixat els diners aturats al banc. En el món dels mercats financers, seria com comprar una acció d'un valor i esperar fins que pugi per vendre-la. Aquest model és el típic que ens han ensenyat a gairebé tots, comunament se'n diu «comprar barat i vendre car». I és que és lògic, vivim en el món del *pelotazo* i si puc guanyar-me la vida fent una bona inversió d'aquest tipus, per què perdre temps treballant? S'ha de dir, en favor dels especuladors, que ajuden a mantenir el mercat estable perquè, per exemple, en el mercat immobiliari seria una bogeria i mai sabríem si un pis està barat o car perquè no hi hauria una estabilitat. M'explico millor: en el mercat (immobiliari, borsa o canvi de divises), hi ha moltes operacions que són especulatives que ajuden a tenir una regularitat del mercat. Si només es compressin pisos, accions o divises sense les operacions d'especulació hi hauria només un 10 o 20% de les operacions i, per tant, els preus no estarien en equilibri. En els mercats financers, els preus de les accions es desplomarien 100 vegades al dia i 100 vegades al dia valdrien 40 vegades el seu valor real. Els especuladors són importants en l'economia real per l'estabilització de preus, però això és un tema del qual no cal parlar en aquest llibre.
- **El model d'explotació** és diferent, es basa en explotar (valgui la redundància) una oportunitat. Podríem dir que seria obtenir una renda

d'alguna inversió, però que no busquem una gran revaloració. Alguns exemples d'aquest model serien, per exemple, els socis d'una empresa petita o un comerç que dona una rendibilitat anual com a repartiment de beneficis (a part del nostre sou, si hi treballem), i que difícilment s'internacionalitzarà ni tindrà una revaloració espectacular. Altres exemples: el lloguer d'un pàrquing (ara que les places dels pàrquings s'han estabilitzat una mica de preu); o la compra d'un habitatge en un poble petit per posar-lo a lloguer. A les grans ciutats, els habitatges sí que tindran una gran revaloració, però en un poble petit, no gaire. I en els mercats financers, l'exemple podria ser comprar un bo amb una rendibilitat anual.

- **El model mixt** ajunta els dos altres models en un de sol: per una banda l'especulació, és a dir, la revaloració de la inversió, i per l'altra l'explotació per treure-li un rendiment mentre esperem que es revalori. L'exemple més clar és el dels habitatges a les ciutats, ja que, a part d'obtenir una rendibilitat dels inquilins, normalment puja de valor, excepte en moments de crisi. En els mercats financers, podríem comprar una acció no només per la seva futura revaloració, sinó també perquè fan un bon repartiment anual de beneficis als socis.

Amb aquesta introducció, he pretès que valoris i pensis com et comportaries tu enfront d'una bona inversió i d'una inversió fallida per conèixer-te més com ets com a inversor. Ara, amb el perfil d'inversor i sabent en quin tipus d'inversió estaríem còmodes invertint, ja només queda... Ui, queda molt, tot just hem fet una petita introducció, anem a veure els riscos de les inversions i continuem.

Riscos de les inversions

> «En les inversions, alguns cops guanyo diners i en d'altres n'aprenc!».

Totes les inversions tenen risc? Sí, totes les inversions tenen risc, però no per això hem de deixar de fer una inversió. El que has de fer és saber quin risc hi ha, avaluar-lo per una banda i, per una altra banda, saber quin nivell de risc pots assumir tu com a inversor. Segur que penses que tenir els diners al compte corrent no té risc, oi? Jo no n'estaria tant segur. Realment té més risc que altres productes que semblen a priori més «arriscats», i és que evidentment tindrem el risc de l'entitat, que quan anem a buscar els diners aquest banc faci fallida i no tinguem els diners. Sí, els comptes corrents i dipòsits estan garantits pel Fons de Garantia de Dipòsits d'Entitats de Crèdit, fins a 100.000€ per persona i entitat, però ningú et garanteix quan cobraràs aquests diners i, si trigues molt a fer-ho, hauràs perdut el valor de l'IPC durant aquest temps. O, si tens els diners a sota el matalàs, el primer risc de tots és que t'entrin a casa i te'ls robin, a part del «risc» de perdre valor (IPC), el qual de fet no és un risc perquè sabem del cert que els diners físics perdran valor cada dia.

Has de saber que tindràs una sèrie de riscos que hauràs d'avaluar abans de fer una inversió:

1. **Risc sistemàtic o de mercat:** És un tipus de risc que afecta tot el mercat en general. Per exemple, les guerres, les crisis econòmiques

o els canvis de tipus d'interès. Exemple: crisi financera 2008 o COVID-19.

2. **Risc emissor:** És un risc particular de l'empresa que emet el deute o on invertim. Fa referència a l'entitat prestatària que no seria capaç de tornar els diners o faria fallida. Exemple: Banco Popular.
3. **Risc de liquiditat:** El risc de liquiditat està relacionat amb la possibilitat de transformar la inversió en diner líquid i/o sense tenir una pèrdua significativa de valor. Exemple: Preferents i Béns Immobles en temps de crisi o el Silicon Valley Banc.
4. **Risc legislatiu:** Es tracta d'un risc alliè als mercats, i que recau sobre els governs perquè tenen l'autoritat de canviar lleis. Per exemple: Repsol YPF, 20/01/2006; Coeficients d'abatiment en inversions anteriors al 1994, canvi de legislació en el preu de compra d'energia produïda per plaques solars...
5. **Risc de tipus d'interès:** És un risc a tenir molt en compte, sobretot en inversions de renda fixa, ja que els tipus d'interès poden patir variacions. Exemple: prima de risc vs liquiditat renda fixa, Euríbor.
6. **Risc de canvi:** És un risc que influeix en inversions en títols o productes en moneda estrangera. Les divises tenen fluctuacions per devaluacions provocades o conseqüencials. Exemple: hipoteques multi divisa o devaluació del yuan 2018.
7. **Risc d'inflació:** Relacionat amb l'IPC. Si la taxa d'inflació d'una economia creix, correm el risc que superi la rendibilitat de la nostra inversió. Exemple: valor del pla de pensions que rendeixi un 0,5 % anual amb inflació al 2 %-3 %.
8. **Risc operatiu:** Errors humans, informàtics, catàstrofe natural (Glòria), atemptat terrorista (torres bessones NY), pandèmia (COVID-19), etc.

Evidentment no són els únics riscos que hi ha, ja que en cada tipus d'inversió podem trobar una pega o un cant de sirena... recordes un dels primers capítols... on apareixia el *cant de sinera*? Segur que ens parla i ens diu «no ho facis», però la veritat és que com diu la dita: qui no arrisca, no pisca.

Conceptes bàsics d'inversió

Volatilitat

La volatilitat de les inversions és un concepte clau en el món de les finances que fa referència a la variabilitat dels rendiments d'una inversió al llarg del temps. Es tracta de la mesura de fluctuació del valor d'un actiu (acció, fons o inversió en general) en relació amb el seu valor mitjà.

La volatilitat és un indicador del risc associat a una inversió a curt termini. Quan una inversió és més volàtil, significa que experimenta grans canvis en el seu valor en períodes curts de temps. Això pot ser causat per diversos factors, com ara canvis en les condicions del mercat, notícies econòmiques, esdeveniments polítics o moviments dels inversors.

Els inversors consideren la volatilitat com una mesura del risc, però té una doble lectura, ja que la volatilitat, si se sap aprofitar, ens pot fer guanyar molts diners com a inversors. Quan la volatilitat és alta, hi ha una major probabilitat que els rendiments de l'actiu o la cartera puguin ser superiors o inferiors a que s'esperava. Això pot ser atractiu per als inversors amb una alta tolerància al risc, ja que hi ha una oportunitat de generar guanys significatius. No obstant això, també comporta un major potencial de pèrdues.

Correlació

La correlació de les inversions és una mesura estadística que indica la relació entre dues accions o actius d'inversió en general. Aquesta relació es basa en l'anàlisi de les fluctuacions i les tendències d'aquestes variables al llarg del temps.

La correlació de les inversions s'utilitza per determinar si hi ha una connexió entre dues variables i si aquesta connexió és positiva o negativa. Una correlació positiva indica que les dues variables es mouen en la mateixa direcció, és a dir, quan una augmenta, l'altra també ho fa, i viceversa. D'altra banda, una correlació negativa indica que les dues variables es mouen en direccions oposades, és a dir, quan una augmenta, l'altra disminueix, i viceversa. Els seus valors poden variar de -1 (correlació inversa) fins a +1 (correlació total), passant evidentment pel 0, que serà la no-correlació.

Una correlació de les inversions elevada pot indicar que les dues variables estan influenciades per factors similars o que existeix una relació causal entre elles. Això pot ser útil per als inversors per identificar oportunitats d'inversió i prendre decisions informades basades en les tendències i les correlacions observades entre els actius.

Per exemple: invertir en gas i en petroli tindrà una correlació del 100% perquè quan un puja l'altre també, se'n diu llavors que té una correlació de valor 1. Per tant, s'ha triar actius ben diversificats, amb baixa correlació o, fins i tot, amb correlació negativa.

No obstant això, és important tenir en compte que la correlació de les inversions no implica una relació de causa i efecte. És possible que dues variables estiguin correlacionades sense que hi hagi una connexió directa entre elles. Això significa que és necessari analitzar altres factors i fonts d'informació per comprendre millor la relació entre les variables i prendre decisions d'inversió més precises.

Punt d'equilibri

El punt d'equilibri d'una inversió és el punt en què els ingressos generats per aquesta inversió igualen els costos que té associats. És el punt en què una inversió o un projecte no té ni guanys ni pèrdues, és a dir, no obté beneficis ni té pèrdues.

Per calcular el punt d'equilibri en les empreses, cal tenir en compte els costos fixos, els costos variables, el preu de venda per unitat i la quantitat de vendes. Pel que fa a les inversions, tot és força semblant, ja que es calcularia en base al ROI, quan aquest valor sigui un 0%. El ROI inclouria els costos que hem tingut per fer la inversió, la rendibilitat que ens ha pogut donar fins al moment del càlcul i el seu valor actual.

El punt d'equilibri és un valor clau en la condició humana, perquè a ningú li agrada perdre —ni al parxís!—, per tant és un valor que posa molt nerviós a qualsevol inversor que veu un -0,01 € en una inversió. És un llindar que, si se supera en negatiu, costa molt d'assumir i superar mentalment.

Esforç de recuperació del mercat

L'esforç de recuperació del mercat o d'una acció o un fons fa referència a l'increment de valor que ha de tenir una acció per arribar al seu punt d'equilibri.

Dollard Cost Average

El Dollar Cost Average (DCA) és una estratègia d'inversió en la qual s'inverteix una quantitat fixa de diners en un actiu financer de manera periòdica, independentment del preu. Aquesta tècnica permet mitigar els efectes de la volatilitat del mercat, ja que es compren més participacions quan el preu és baix i menys quan el preu és alt. A llarg termini, es busca aconseguir un preu mitjà més favorable.

La seva traducció seria ponderar el cost d'adquisició. Es pretén que el cost d'un actiu (accions o fons d'inversió) comprat a un cert preu més elevat, pugui baixar el seu cost mig de compra... Així s'aconsegueix, per una banda, un major benefici quan torni a pujar el mercat i, per una altra banda, assolir el punt d'equilibri abans.

L'any 2020, en plena pandèmia, va baixar molt el mercat a causa de l'aturada general del confinament. Els mercats borsaris van baixar un 35 %-40 % en qüestió de poques sessions. Una de les meves recomanacions als clients que aleshores tenia va ser comprar els mateixos fons que tenien encara que la compra fos petita i ara en veurem un exemple:

- Abans del confinament:
  - Inversió: 10.000 €
  - Accions: 100 Accions
  - Valor accions: 10.000 € / 100 accions = 100 €/a.

- Durant el confinament:
  - Inversió: 10.000€
  - Valor: 60€/a.
  - Accions: = 10.000€ / 60€/a. = 166,66 a.
- Resum inversió:
  - 100 a. (abans) + 166,66 a. (durant) = 266,66a
  - Inversió total: 10.000€ + 10.000€ = 20.000€
  - Preu de Cost mig de les accions: 20.000€ / 266,66a =75€/a.

El resum d'aquests números és que abans del confinament es tenia invertit 10.000€ a un cost mitjà de les accions de 100€/a. Però, havent baixat durant el confinament fins a 60€/a, amb l'estratègia del Dollar Cost Average, si es comprava 10.000€ més de les mateixes accions, es feia abaixar el preu mitjà de cost fins a 75€/a i això implica totes les accions; les anteriors i les d'ara perquè és el preu mitjà ponderat de compra.

Benefici latent

El benefici latent en les inversions és la diferència positiva entre el preu actual d'un actiu i el preu al qual va ser adquirit, sense tenir en compte les taxes o altres despeses associades. Aquesta diferència indica el potencial de guanys que es podria obtenir si l'actiu fos venut en el mercat al preu actual.

El benefici latent es considera «latent» perquè encara no s'ha materialitzat fins que l'actiu es ven i es cobren els beneficis o consolidació, que veurem després.

Per exemple, si una persona adquireix una acció a 10 euros i el preu actual de l'acció és de 15 euros, el benefici latent seria de 5 euros per acció. Aquest benefici només es converteix en un benefici real quan l'acció es ven al preu de mercat actual.

El benefici latent serà sempre un import i pot ajudar els inversors a prendre decisions sobre quan vendre o mantenir els seus actius. El valor que més m'agrada a mi és el percentatge de seguretat del benefici latent.

Consolidació

Tinc una clienta que sempre em diu que aquesta paraula li fa molta gràcia, perquè no és correcta. Deu tenir raó, perquè és traductora, però comunament se'n diu així. I és que la definició de consolidar és la següent:

> *1. tr. Donar fermesa i solidesa a alguna cosa.*
> *2. tr. Convertir alguna cosa en definitiva i estable. Consolidar un dret.*
> *3. tr. Assegurar del tot, refermar més i més alguna cosa com l'amistat, una aliança, etc.*

Per mi, consolidar és passar part de les inversions de renda variable a alguna estructura menys volàtil. Seria com portar una inversió del llarg termini cap al curt termini, i així «assegurar» el benefici. En altres paraules, seria com *nedar i guardar la roba*.

Percentatge de seguretat

El percentatge de seguretat de la Inversió no és un terme acadèmic. Per tant, si busqueu percentatge de seguretat a internet no us sortirà expressat com jo ho dic. És un percentatge que a mi em serveix per saber com pot reaccionar el mercat i quin marge tinc fins a no perdre diners i, a partir d'aquí, poder actuar. Seria l'invers del percentatge de benefici i representa el que podria arribar a caure el mercat (o una acció) sense sortir dels límits del benefici. M'explico millor:

Si tenim 100.000€ de capital i ara està valorat en 120.000€, vol dir que tenim un benefici d'un 20%, cert?

Benefici = (ValorActual – Capital) / Capital
Benefici = (120.000€ - 100.000€) / 100.000€ = 20%

Però la seguretat no es mesura des del capital invertit, sinó des del valor actual, i per tant:

Seguretat = (ValorActual – Capital) / ValorActual
Seguretat = (120.000€ - 100.000€) / 120.000€ = 16,66%

Per tant, la seguretat d'una inversió serà el que pot arribar a baixar el mercat (des d'aquest moment) fins que la inversió comenci a donar pèrdues.

Benefici infinit

El benefici infinit és una estratègia d'inversió que molts inversors utilitzen per aconseguir una rendibilitat elevada. Consisteix a retirar el capital inicial invertit un cop s'ha assolit una certa quantitat de guanys, normalment el doble de la inversió inicial. A partir d'aquí, només es treballa amb els beneficis obtinguts, deixant el capital inicial a resguard o en una altra inversió.

Per exemple, suposem que decideixes invertir 10.000€ en una acció. Després de sis mesos, la inversió t'ha produït un guany del 50%, de manera que has arribat a un total de 15.000€. En aquest punt, retires els 10.000€ inicials passant-los al compte corrent o a una altra inversió, i deixes només 5.000 euros invertits. A partir d'aquí, imagina que segueix pujant l'acció i guanyes 50€ més i per tant ja en tens 5.050€, quin percentatge de benefici tindràs? La gent em sol contestar un 1%, però jo els dic que no, que és un Infinit%, per què? Doncs per la fórmula de càlcul del Benefici.

% Benefici = (Guany / Inversió) x 100

Per tant, *% Benefici = (5.050€ / 0€) x 100 =* ***Infinit***, perquè alguna cosa dividida entre 0 és infinit.

Això significa que, si el mercat comença a caure, l'inversor només perdria els 5.000€ (en el cas que caigués a 0) És a dir, que només perdria el que va deixar invertit (i que era el guany) i no els 10.000€ inicials.

Aquesta estratègia d'inversió és beneficiosa per protegir el teu capital inicial mentre continues aconseguint beneficis. Ara fa uns quants anys, cap a l'any 2000, vaig invertir en una empresa de gas que era molt natural, i vaig ficar-hi més o menys això, uns 10.000€. Estava molt de moda una cosa que ara està ja a l'abast de tothom: la fibra òptica. Doncs bé, investigant vaig saber que les canonades soterrades que instal·laven tenien una conducció de fibra òptica que estaven canalitzant i que, quan ho homologuessin, li podrien fer la competència a l'empresa de telefonia dominant. Suposo que aquest rumor el va sentir molta gent i per això es va enfilar fins als 15.000€ en poc temps. La llàstima és que no van homologar la fibra perquè, això me'n vaig adonar a posteriori, quan demanes una llicència per aixecar el terra per fer una canalització has de dir què hi passaràs i et donen el permís per a això, no per a altres coses que també hagis pogut posar. Per tant, aquesta empresa tenia un cablejat que no es podia emprar. Llavors va ser quan va baixar fins als 5.000€. Si hagués sabut aquesta estratègia, hauria tingut guanys d'uns 1.666€, però en canvi vaig perdre'n 5.000.

A partir de llavors, ja aplico el benefici infinit i amb les *cryptos* puc dir amb el cap ben alt que he guanyat diners, tal com reflecteix la meva declaració de renda, o encara estan invertits en benefici infinit evidentment, a l'espera de la recuperació del mercat.

Aquesta estratègia és molt bona com a conservació de patrimoni ja que, en cas que les coses no surtin com t'esperes, no perds el capital invertit i ajuda a limitar les pèrdues en cas que el mercat comenci a caure. D'aquesta manera, pots continuar invertint sense por de perdre-ho tot.

En resum, vigila la teva inversió, gestiona i valora correctament els resultats i retira el capital inicial en assolir una certa quantitat de guanys, segons la teva planificació. Això et pot ajudar a limitar les pèrdues a curt termini i a seguir invertint de forma responsable i efectiva.

La diversificació

Fer una bona diversificació amb uns productes adequats ens pot salvar la inversió, igual que crear una estratègia d'entrada i de sortida als mercats financers. Al punt anterior hem vist una sèrie de productes en els quals podem invertir. Depenent del múscul financer que tinguem, podrem fer més o menys inversions o de caire més o menys elevat.

Imagineu que tenim 100.000€ i volem fer una inversió financera. Destinem els 100.000€ a una empresa com Spanair. Què passarà? Doncs que la rendibilitat de la inversió (ja us ho imagineu) serà -100%, ja que Spanair va fer fallida.

Direu: home, diversifiquem una mica. Val, distribuïm entre empreses d'aerolínies, perquè les veiem molt rendibles i la gent viatja molt. Escollim Lufthansa, British Airways, Iberia, Ryanair i Norwegian i hi posem un 20% a cadascuna perquè pensem que, si una fa fallida, les altres agafaran la seva quota de mercat i pujaran més, cert, però... si hi ha un atac a les Torres Bessones amb un avió, això crea por de volar, o... si hi ha un virus COVID-19 que fa restringir els vols durant molt temps, hi ha moltes pèrdues i podem perdre la nostra inversió.

Doncs diversifiquem una mica més, val... agafarem Iberia, Telefónica, Iberdrola, Grífols, Solred, Seat, etc. Però, si hi ha una davallada a Espanya per algun motiu de crisi, podem perdre la nostra inversió.

És clar que llavors podríem anar a empreses globals i estaríem ben diversificats, i per això podríem agafar... VW, Apple, Grífols, Shell, AliExpress, Mitsubishi, Nespresso, etc. Ara ja estem diversificats, oi? Doncs sí, però... hi ha moltes més maneres de diversificar, que seria tenint productes diferents, temporalitats d'inversió diferents, etc. A l'exemple només us he posat renda variable, és a dir, borsa, però hi ha sector immobiliari, renda fixa, criptomonedes, etc., en mercats emergents o consolidats, amb inversions a curt, mig o llarg termini.

Com veieu, cal mirar com es fa tota aquesta diversificació. Si no sou experts, no passa res, utilitzeu el sentit comú, tot i que com sempre us recomanaria que tinguéssiu a prop un assessor financer que us guiï. Però, si voleu fer-ho vosaltres mateixos, no cal que mireu els índexs de correlació entre els actius triats per no complicar-vos la vida, però apliqueu el sentit comú per triar una cartera suficientment diversificada.

Planificació de les inversions

Abans de fer un estalvi dèiem que havíem de fer una planificació, doncs amb les inversions també. Hem de saber què esperem, però també per quan ho volem i per a què. Aquesta planificació ha de ser coherent i també, naturalment, realista. Si tens 20.000€ per invertir i vols tenir-ne 40.000€ d'aquí a sis mesos, doncs se'ns planteja un gran problema, ja que el nivell de rendibilitat amb tant poc temps i sense seguretat, es fa molt difícil de complir i, per tant, millor que anem a posar un ciri a la Verge de Montserrat.

Les planificacions han de ser realistes i serioses i hem de tenir objectius concrets perquè, si no, podem acabar tenint una insatisfacció financera. Ja he comentat algun cop que els clients no acaben escoltant amb atenció el que comentes, i reben la informació esbiaixada. No ho fan amb mala fe, és la condició humana que fa que prestem més atenció a certes coses que ens diuen i en canvi a d'altres no gaire o gens. Quan definim els objectius, haurien de ser clars i concrets, com els objectius que hem marcat a l'estalvi. De fet, alguns dels objectius que determinem a la part de l'estalvi poden ser assumits mitjançant inversió, per exemple... imagina que entre els teus objectius hi ha tenir una jubilació amb un sou extra de 2.000€, que això ho cobriràs fent un estalvi mensual de 500€ al mes, fins aquí tot clar. Però també tens un altre objectiu que pot ser tenir una autocaravana per quan et jubilis, perquè vols anar de viatge lliurement. Actualment, l'autocaravana costa uns 80.000€, però podem suposar que d'aquí a 20 anys ja valdrà uns 120.000€. Tens uns diners estalviats i vols destinar una part d'aquests diners a donar-te aquest caprici o regal de jubilació i, per tant, pots posar-los a treballar sense fer cap aportació d'estalvi per aconseguir els 120.000€ per quan et jubilis d'aquí a 20 anys. Això seria un bon inici per a la planificació de les teves inversions.

Treballant sobre aquest exemple, podrem mirar quina és la millor inversió per complir aquest objectiu.

- **Tenim definit el nom i cognoms?** Sí, l'objectiu es diu: «Autocaravana de 120.000€ d'aquí a 20 anys».
- **Quin tipus de producte triarem?** Triarem una inversió financera no protegida. Si no arribes a jubilar-te perquè et mors abans, no cal tenir aquests 120.000€, per tant no cal fer un estalvi vida. Podries buscar inversions alternatives com les criptomonedes, però si perds els diners pots penedir-te'n la resta de la jubilació. També podries triar una inversió immobiliària, però ja veuràs més endavant que per a aquest cas no crec que sigui la millor opció. En conclusió: una inversió financera a 20 anys.
- **Actius monetaris, renda fixa o renda variable?** Tenint en compte que és una inversió a 20 anys, seria un llarg termini. A l'exemple de viatjar a Londres en patinet, cotxe o avió... seria amb quin vehicle triaries per anar-hi? Per mi no hi hauria discussió: com que és una inversió a 20 anys, jo la faria en renda variable diversificada. Bé, en concret serien uns fons d'inversió multi-assets (renda fixa i variable) però amb gran component de renda variable.
- **Quina inversió inicial caldria?** Ja saps que a mi m'agraden els números i sempre et remeto a fer-los. Hauràs de veure quina rendibilitat anual mitjana pots obtenir amb la renda variable a llarg termini i l'estàndard marca un 4,52 %. Normalment, podria donar una mica més, però m'agrada ser conservador amb les prediccions i un 4,52 % és la rendibilitat anual mitjana que indiquen els cànons. Abans d'aplicar la fórmula financera del Valor Actual (et recordo que, per portar un valor futur a l'actualitat, s'ha d'aplicar aquesta fórmula), hauràs de tenir en compte l'efecte fiscal de la teva inversió. Això ho veuràs una mica més endavant, a l'apartat de fiscalitat de les inversions, però ara compta fiscalitat del 21-22 %. Per aconseguir tenir 120.000€ per a l'autocaravana, hauries d'aconseguir uns 138.000€ bruts. Per aconseguir aquesta xifra de 138.000€, amb la fórmula del Valor Actual, ara sí, et donaria que amb 55.977€ es revaloraria la teva inversió fins a 120.000€ nets.

Interès	**4,52%**
Aportació	0,00 €
Temps	20,00 Anys
Valor Final	138.000,00 €
Valor Actual	**-55.977,62 €**

Font: Elaboració pròpia.

- **Quina estratègia d'inversió i desinversió faríem?** Com que ho explico en el següent capítol, et deixo amb la intriga per uns minuts.

El diré, però, què és el que pot passar al cap d'un temps que hagis fet la teva planificació de la inversió. Comptem que has seguit el procediment i has fet finalment la teva inversió. Està funcionant bé, però mires la TV un dia i hi ha hagut una guerra, una invasió, una pandèmia, un banc que ha fet fallida i n'ha arrossegat tres o quatre més amb ell, el que sigui. Total, que els mercats financers van de baixada i resulta que tens les teves posicions en negatiu. T'has de preocupar per això? Et diria que depèn de la temporalitat de la teva inversió i del temps que queda perquè arribi el teu objectiu.

Si has planificat bé els objectius amb el teu assessor i la necessitat dels diners és per més de cinc anys vista, et diria que pots continuar vivint amb la mateixa tranquil·litat que fins ara, ja que, per experiència, els mercats es recuperen i tornen al seu lloc pujant encara més alt el seu valor. Per tant, tranquil·litat i a confiar en l'estratègia d'inversió definida. I si el teu assessor creu que s'ha de canviar alguna cosa, ja t'ho farà saber a les vostres reunions periòdiques.

Vull un Ferrari

Jo no soc gens de l'estil de voler tenir un Ferrari, de fet, per dir-ho finament, jo no soc el *target* de client potencial d'aquesta empresa, però em servirà per mostrar uns conceptes que són molt interessants de cara a fer una planificació d'una inversió. Com he comentat, per fer una planificació de la inversió, t'has de focalitzar en l'objectiu i posar-li nom i cognoms. Però has de tenir en compte moltes coses que potser a priori no les comptaries.

Imagina que tens moltes ganes de tenir un Ferrari, però ara no és el moment i penses que hi pots destinar una quantitat de diners per fer-los créixer i poder-te'l comprar d'aquí a uns deu anys. Posem que disposes de 200.000€ avui i que el Ferrari que vols costa 250.000€.

Fas la planificació, i mires el que has d'aconseguir amb un mercat de renda variable diversificat amb una rendibilitat mitjana del 4,52%. El resultat que et dona aplicant la fórmula del Valor Final seria 314.000€ als deu anys i penses: «De sobres».

Una de les coses que els inversors gairebé mai compten és la devaluació del valor dels diners. Si, com hem dit anteriorment, cada cop es posen més diners en circulació, les coses perden valor, o haurem de pagar més diners per obtenir un bé. No és el mateix 200.000€ de fa deu anys que 200.000€ d'ara, ja que fa deu anys podíem comprar moltes més coses. Quantes? Doncs per això hem de veure l'increment del cost de la vida d'aquests anys, o el que comunament es representa amb l'IPC. Aquest IPC es pot consultar a l'INE*

* Per veure la variació d'IPC entre dates, es pot consultar aquesta web: https://www.ine.es/varipc/verVariaciones.do (consultat al juny de 2023)

i d'aquesta manera podràs tenir una valoració més adequada del resultat de la teva inversió. Saber l'IPC i tenir-lo en compte és molt útil, per exemple, si fas una inversió per comprar-te un objecte. Per exemple, en el cas del Ferrari, podem avaluar quin serà l'augment del cost del Ferrari amb el pas dels anys, estadísticament, és clar. Si penses a fer aquesta inversió de 200.000 € durant deu anys per comprar-te un Ferrari de 250.000 € d'avui, el que has de preveure és el cost que tindrà el Ferrari d'aquí a deu anys. Aplicant la fórmula Excel del VF amb un IPC (interès) del 2 % que és la mitjana de creixement de l'IPC en els darrers vint anys, resultaria que el Ferrari costarà uns 305.000 €, aproximadament, d'aquí a deu anys. Potser penses que això és poc realista perquè, si en els darrers anys ha pujat un 8 %, no hi ha per on agafar-se aquest 2 %. Però és una mitjana que simplement reflecteix que, tot i que últimament ha estat al 8 %, en altres anys l'IPC ha estat molt baix i, fins i tot, el 2020 va ser negatiu. Pots consultar-ho a la web de l'INE per a més informació.

Per tal d'aconseguir aquesta fita de 305.000 € partint de 200.000 € necessitaràs una rendibilitat anual del 4,31 %. La fórmula d'Excel per aconseguir la rendibilitat anual en interès compost d'una inversió és la TAXA(nper,pago,va,vf), que seria a l'exemple següent:

=TAXA(B2;B1;B4;B3)

	A	B
1	Aportació	0,00 €
2	Temps	10,00 Anys
3	Valor Final	-305.000,00 €
4	Valor Actual	200.000,00 €
5	Interès	**4,31%**

Font: Elaboració pròpia.

També has de valorar de forma numèrica els costos associats de la sortida de la inversió, si n'hi ha, i les seves implicacions fiscals, sobretot. Bé, les implicacions fiscals les hauries d'haver analitzat abans de contractar el producte, per assegurar-te de fer la inversió en el producte adequat i tenint en compte les millors opcions fiscals. La millor opció d'inversió no sempre és la que més rendiment et dona, sinó la que et dona el millor resultat net al final de tota la inversió. Per tant, el resultat net es calcularia després de treure totes les despeses i/o comissions del producte i després de reportar la inversió a Hisenda. Si vols aconseguir el Ferrari de 305.000 €, no pots aturar la inversió quan obtinguis aquest valor, perquè després hauràs de pagar impostos i, per tant, no arribaràs a assolir el teu objectiu de tenir el Ferrari. Imagina que no tens despeses de gestió, ni d'entrada ni sortida del producte financer escollit. Vas ficar els 200.000 € fa uns anys i ara tenen un valor de 305.000 €, quin resultat net tindràs? Aconseguiràs comprar-te el Ferrari?

La veritat és que no, perquè tindràs uns impostos de 23.030 € i no arribaràs a disposar dels 305.000 €. A la part de fiscalitat, ho veuràs més en concret. Però, si vols aconseguir l'import del cotxe, hauràs d'aturar la inversió més endavant, concretament en els 336.000 €, perquè després d'impostos siguin els 305.000 € del cost del Ferrari.

Evidentment, això seria per a aquest desè any, perquè l'any següent el cotxe ja haurà pujat de preu pel cost de la inflació (IPC). Et serà difícil tenir-ho ben calculat, ja que amb aquestes premisses serà impossible aconseguir-ho:

1) L'IPC: que puja cada any el cost del bé un 2 %.
2) Els impostos: que té una taula del 19 %, 21 % o del 23 %.
3) Capital per invertir: 200.000 €.
4) La rendibilitat que podem obtenir pot ser d'un 4,52 %.
5) Volem el Ferrari als deu anys.

Hem de posar alguna variable en comptes de tantes constants fixes. Per tant, o bé posem més diners, o bé planifiquem més a llarg termini, o busquem algun producte que generi més rendibilitat. Et proposo com a possible solució tres opcions diferents:

- Temps deu anys, rendibilitat 4,52 %, capital variable: El capital a invertir en deu anys haurà de ser d'uns 212.000 € per poder disposar del cotxe, comptant l'IPC i els impostos a pagar.
- Capital 200.000 €, rendibilitat 4,52 %, temps variable: serà al voltant de tretze anys que podrem disposar del cotxe, comptant l'IPC i els impostos a pagar.
- Capital 200.000 €, temps deu anys, rendibilitat variable: haurem de trobar un producte que ens doni una rendibilitat al voltant d'un 5,2 % per poder disposar del cotxe, comptant l'IPC i els impostos a pagar.

Aquest exercici és complex, es pot resoldre matemàticament, però no és l'objectiu del llibre ensenyar matemàtiques ni financeres ni logarítmiques. El que volia mostrar amb aquest exemple és que s'han de tenir en compte moltes variables, com pot ser l'IPC o els impostos a pagar. I, tot i que molts cops puguem fer inversions només per tenir més diners, és important planificar-les i tenir determinat què és el que volem aconseguir, quan i com.

Estratègies d'inversió i... de desinversió

Com a assessor financer, tinc una remuneració, jo també he de pagar factures, les meves filles també han de menjar, tenim unes despeses familiars per cobrir, etc. I cobro, entre d'altres coses, pel valor que tenen les inversions que han fet els meus clients amb mi i, per tant, és lògic que vulgui que als meus clients els vagin molt bé les inversions, perquè això voldrà dir que a mi també em va bé la feina. És lògic, oi?

I com puc fer perquè els meus clients tinguin més diners? Doncs —com que jo no tinc una bola de vidre per endevinar el futur i només soc un assessor financer que no sé que passarà amb els mercats— l'única cosa que puc fer és crear unes estratègies, tant d'entrada en mercats com de sortida dels mercats, per fer que les inversions tinguin el major benefici possible per als meus clients i, així, jo també cobraré més.

D'estratègies d'inversió n'hi ha moltes i encertar-les sempre és difícil. Tots els clients volen invertir quan sigui més barat i vendre el més car possible (*market timing*). Però quan els preguntes si van invertir al 2008 després de la caiguda de Lehman Brothers, tots diuen que no, que en aquell moment estaven acollonits per les pèrdues. I és que la por sol bloquejar la nostra manera de pensar. Daniel Kahneman —psicòleg que va guanyar el premi Nobel d'economia de l'any 2002 amb la seva teoria de les perspectives en l'economia del comportament— afirmava que els individus que prenen decisions en entorns d'incertesa s'aparten dels principis bàsics de la probabilitat. En altres paraules, els que prenen decisions basats en intuïcions en comptes de en criteris racionals erren en les seves decisions.

D'acord, llavors vol dir que hem de deixar que les màquines prenguin les decisions per nosaltres? Tampoc és això, però sí que hem de prendre decisions basades en la racionalitat.

De la mateixa manera, quan es veuen els indicadors que comencen a afluixar i li dius a un client «el mercat sembla que estigui molt alt, potser podríem consolidar resultats i crear una estratègia nova d'inversió», alguns et miren amb una cara de «t'has begut l'enteniment? No veus que tot està pujant com l'escuma?».

Per evitar situacions de conflicte amb els clients, el que se sol fer és crear una estratègia tant d'entrada com de sortida i predefinir què es farà quan passi cada situació rellevant, ja sigui de pujada del mercat com de baixada. Amb això, la tasca de l'assessor serà aconseguir que es compleixi, per assegurar les inversions del clients. Suposo que Kahneman devia dedicar-se a l'assessorament financer —encara és viu però ja deu estar jubilat— i, com a psicòleg, segur que va fer més d'una sessió de teràpia. Molts cops, els assessors fem de psicòlegs posant seny a les possibles decisions dels clients, però com que el client és sobirà dels seus diners, per molt que li posis seny a una decisió, si el client declina el teu assessorament, acaba prenent una decisió basada en l'eufòria o en la por i això acaba sent perjudicial per a la seva inversió.

Inversió:

Com deia, hi ha moltes estratègies d'inversió i cada persona per diferents motius acabarà construint una estratègia personalitzada i diferent de la d'una altra persona, ja sigui perquè són diferents socialment, o per perfil, o pel nivell de rendes. El que està clar és que en les decisions econòmiques és recomanable estar tranquil i prendre-les amb seny. I si pot ser acompanyat d'un assessor financer, encara millor.

Una de les millors estratègies d'inversió que recomano és la del *Dollar Cost Averaging*, que seria amitjanar el cost de les compres, i combinar-ho amb una estratègia d'*Asset Management* o gestió d'actius adequada i ben diversificada. Vaja, t'estic tornant a embolicar amb paraulotes rares, oi?

Anem a pams: què és la localització i gestió d'actius? Se li diu així a la selecció d'una sèrie d'actius, valors o fons d'inversió triats amb un component global i ben diversificat, on els components de correlació (això ja ho hem vist abans i volia dir la dependència o no d'uns valors amb uns altres) estiguin prou diversificats perquè, si hi ha una baixada sectorial o en alguna zona geogràfica concreta, el descens no influeixi tots els actius per igual. T'has perdut, ho sé, però ara t'ho explico en altres paraules més planeres. Es tracta de triar les millors empreses per invertir, però no qualsevol, sinó que entre elles no estiguin relacionades, per exemple podríem triar:

Apple, VW, Iberia, BP, Google, WallBox, N26, Lilly, Tesla, Pfizer...

Que tenen en comú? Doncs poca cosa, cada una és d'un sector diferent, localitzades en diferents països, algunes grans, d'altres no tant, amb factors de creixement diferents, en definitiva, amb poca correlació.

Evidentment no es pot triar el conjunt d'inversió perfecte, però sí que es poden minimitzar riscos. De totes maneres, has de saber que, tard o d'hora, estaràs afectat per alguna baixada, perquè ja sigui per algun motiu natural o «inventat» t'afectarà una baixada petita o gran que posarà a prova la teva resistència inversora.

Deixa'm prendre'm aquesta llibertat de posar «inventat» en referència al motiu de baixada de mercats perquè, en alguns casos, tot i que no estigui permesa la manipulació de preus en els mercats financers regulats, s'han publicat algunes notícies o rumors amb intenció d'espantar la gent perquè vengui i fer baixar més els valors. Aquestes baixades de mercat han estat aprofitades per algun *broker* afí al que donava la notícia o el titular.

En els mercats no regulats, coneixem un cas ben recent. El multimilionari i excèntric Elon Musk manipula el mercat de les criptomonedes amb les seves sortides de to més típiques d'un gàngster que no pas d'una persona de la seva rellevància, i que després són titllades d'excentricitats. Per a mi són pràctiques il·lícites de manipulació de mercats.

Tot i així, en aquestes baixades, ja siguin per causes naturals o no, és quan hauràs de posar a prova la teva estratègia del *Dollar Cost Averaging*, que recordem que era amitjanar el cost de les compres i aprofitar per comprar amb la mateixa inversió més participacions o accions del valor escollit. Imagina que tens 10.000€ per invertir i l'actiu que vols comprar en aquests moments té un valor de 10€. Ho pots fer amb dues estratègies diferents:

- **Opció A:** Posaríem tots els diners de cop comprant 1.000 unitats a 10€.
- **Opció B:** Faríem 10 parts, comprant 1.000€ cada mes. La primera compra seria a 10€ i compraries 100 unitats. Les següents compres

dependran del valor que tingui el dia de transacció en cada un dels nou mesos següents.

A la taula següent, veuràs dos escenaris diferents. En l'*Escenari 1* el valor de l'acció va disminuint 0,10€ al mes, i el novè mes acaba amb un valor de 9,10€ l'acció. Per altra banda, en l'*Escenari 2* el valor de l'acció augmenta 0,10€ al mes i acaba en 10,90€ per acció. Aplicaré els dos escenaris a les dues opcions A i B que hem esmentat abans i després n'analitzaré els resultats.

A l'opció A —és fàcil— en els dos escenaris tindrem 1.000 accions i haurem invertit 10.000€.

A l'opció B, en canvi, haurem de dividir 1.000€ pel valor de cada mes. A l'escenari 1 donarà un total d'accions de 1.048,07 perquè cada cop compràvem més accions, mentre que en l'escenari 2 només tindrem 957,66 accions a causa que cada cop el valor és més alt.

Fins aquí suposo que s'ha entès, oi? Doncs bé, anem a veure quin és el valor actual en cada una de les opcions i escenaris. A la taula següent, tindrem:

- *Valor actual opció A: Sense estratègia*
  - Escenari 1: 9.100€, perdem 900€
  - Escenari 2: 10.900€, guanyem 900€

  Lògic: perdem o guanyem 900€ a causa de la baixada o pujada del mercat, és a dir, si el mercat està alt guanyem i si està baix perdem.
- *Valor actual opció B: Amb estratègia*
  - Escenari 1: Com que, a causa de la baixada del mercat, hem comprat més accions (1.048,07), si les multipliquem pel valor actual de 9,10€, ens dona un valor de 9.537,43€. Això vol dir que perdem per valor de 462,57€. Realment perdem, però no perdem tant de valor com amb l'opció típica de comprar-ho tot el primer mes.
  - Escenari 2: 10.438€. Guanyem 438€. És cert que no guanyem tant com guanyaríem en l'opció A, però seguim guanyant.

  Com a conclusió, diria que el problema és més petit en aquesta opció B. Guanyem o perdem si està alt o baix però només un 50% menys que sense l'estratègia.

Una de les coses que més detesten els inversors és perdre diners. De fet, no només els inversors, sinó la condició humana, la qual fa que portem molt malament la pèrdua. Des d'un partit de futbol del teu equip, a la mort d'un

		Inici	Mes 1	Mes 2	Mes 3	Mes 4	Mes 5	Mes 6	Mes 7	Mes 8	Mes 9	Total
Valor Acció	Escenari 1	10,00 €	9,90 €	9,80 €	9,70 €	9,60 €	9,50 €	9,40 €	9,30 €	9,20 €	9,10 €	
	Escenari 2	10,00 €	10,10 €	10,20 €	10,30 €	10,40 €	10,50 €	10,60 €	10,70 €	10,80 €	10,90 €	
Opció A	I. Compra	10.000,00 €	0,00	0,00	0,00	0,00	0,00	0,00	0,00	0,00	0,00	**10.000,00 €**
	Accions E1	1.000,00	0,00	0,00	0,00	0,00	0,00	0,00	0,00	0,00	0,00	**1.000,00**
	Accions E2	1.000,00	0,00	0,00	0,00	0,00	0,00	0,00	0,00	0,00	0,00	**1.000,00**
Opció B	I. Compra	1.000,00 €	1.000,00 €	1.000,00 €	1.000,00 €	1.000,00 €	1.000,00 €	1.000,00 €	1.000,00 €	1.000,00 €	1.000,00 €	**10.000,00 €**
	Accions E1	100,00	101,01	102,04	103,09	104,17	105,26	106,38	107,53	108,70	109,89	**1.048,07**
	Accions E2	100,00	99,01	98,04	97,09	96,15	95,24	94,34	93,46	92,59	91,74	**957,66**

Font: Elaboració pròpia.

		Suma	Valor Actual	Esforç Punt Equilibri
Opció A	I. Compra	**10.000,00 €**		
	Accions E1	**1.000,00**	**9.100,00 €**	**9,89%**
	Accions E2	**1.000,00**	**10.900,00 €**	**N/A**
Opció B	I. Compra	**10.000,00 €**		
	Accions E1	**1.048,07**	**9.537,43 €**	**4,85%**
	Accions E2	**957,66**	**10.438,51 €**	**N/A**

Font: Elaboració pròpia.

familiar, passant per la pèrdua de diners... són tots aquests temes que solem portar tots bastant malament. A causa d'això, ens centrarem en l'escenari negatiu, en el qual perdem: l'escenari 1.

Has d'assumir que estàs perdent diners, d'acord, però has de continuar, oi? I com que jo soc de números i esperes que faci una anàlisi numèrica, miraré quan deixaràs de perdre diners en l'escenari 1 en cada una de les opcions. El fet d'arribar a tenir el mateix valor que vas invertir se li'n diu aconseguir el punt d'equilibri, tal com ja hem definit. Quan s'està en pèrdues, el punt d'equilibri és el moment més esperat per a tots els inversors, perquè molts pensen «aguantaré fins que no perdi i llavors vendré». Bé, aquesta seria una proposta d'estratègia, però podríem sospesar-ne d'altres que veurem després. Ara el que et volia explicar és un altre concepte que ja hem descrit abans i que ens servirà per valorar i actuar en temps de pèrdues, i és l'esforç de recuperació del mercat per arribar al punt d'equilibri.

L'esforç el mesurarem en percentatge i representa quant ha de pujar l'actiu (l'acció o el fons) per no perdre diners.

Esforç = [(Inversió inicial-Valor Actual)/Accions]/Cotització actual

Per a l'exemple que estàvem fent:

- **<u>A l'opció A:</u>** Hem de recuperar 900 € amb 1.000 accions. Això vol dir que haurem de recuperar 0,90 € (900 €/1000) per acció. Partint des de 9,10 €/acció (preu actual de l'acció) i aplicant la fórmula, seria: 0,90/9,10=9,89 % d'esforç del mercat per arribar al punt d'equilibri.

Esforç Opció A= [(10.000-9.100)/1.000]/9,10 = 9,89 %

- **<u>A l'opció B:</u>** Hem de recuperar 462,57 € amb 1.048,07 accions. Vol dir que només hem de recuperar 0,44 € (462,57/1.048,07) per acció. Partint igualment des de 9,10 €/acció, això seria: 0,44/9,10=4,85 % d'esforç del mercat.

Esforç Opció B= [(10.000-9.537,43)/1.048,07]/9,10 = 4,85 %

M'has seguit fins aquí? Si no t'ha quedat clar, pots agafar paper i bolígraf i reconstruir la fórmula per entendre-ho.

El fet de tenir una estratègia d'entrada basada en la compra gradual fa que no es guanyi tant quan els mercats són favorables, però també que no es perdi ant quan són desfavorables. Com que per condició humana tenim por de la pèrdua, és millor fer una estratègia basada en la compra gradual que no pas en la compra puntual. A més, tindrem un valor afegit, que en cas de tenir pèrdues però haver entrat gradualment, farà que ens calgui menys esforç per aconseguir el nivell de «no pèrdua», el punt d'equilibri.

I com reaccionarà la nostra inversió, en cas que a partir d'ara s'apugi? Fem una petita simulació de pujada del valor actual fins a 9,50€ i després gradualment amb un augment de 0,50€.

		Valor Act	Mes 10	Mes 11	Mes 12	Mes 13	Mes 14	Mes 15
Valor Acci	Escenari 1	9,10 €	9,50 €	10,00 €	10,50 €	11,00 €	11,50 €	12,00 €
	Increment	0,00%	4,40%	9,89%	15,38%	20,88%	26,37%	31,87%
Opció A	Benefici	-9,00%	-5,00%	0,00%	5,00%	10,00%	15,00%	20,00%
Opció B	Benefici	-4,63%	-0,43%	4,81%	10,05%	15,29%	20,53%	25,77%

Font: Elaboració pròpia.

Com es veu a la taula anterior, l'opció B (entrada amb estratègia) reacciona molt millor a les pujades que l'opció A (aportació única), tot i haver aportat la mateixa quantitat de diners en tots dos casos. La raó és que en comprar gradualment i estar amb un preu inferior de compra, hem pogut fer una acumulació major d'accions (comprar barat) i amitjanar a la baixa, el que hem comentat de l'estratègia *Dollar Cost Average*. Si es té més quantitat d'accions, quan el mercat puja el benefici és major.

Que sàpigues que aquesta estratègia que t'he mostrat es pot millorar. De fet, amb els meus clients, normalment aplico una altra estratègia, que és la de fer més aportacions com més negativa està la inversió, però ara per ara no et voldria atabalar encara més. Crec que, com a aprenentatge inicial d'estratègies d'inversió, entendre com funciona una estratègia d'inversió gradual —del tipus *Dollar Cost Average*— és suficient. A més, em permetràs que em guardi aquesta altra estratègia per al següent llibre, oi? Si vols ampliar els coneixements, pots buscar per internet estratègies d'inversió i segur que trobaràs un curs complet de gestió d'inversions adequat al teu nivell, sigui quin sigui.

Desinversió:

Quant a les estratègies de desinversió, són més senzilles que les d'inversió, la veritat. I és que, si has definit bé la temporalitat de la inversió, el més normal és que, quan hagis de retirar la inversió segons la planificació pre-establerta, estiguis en positiu. I això vol dir més satisfacció, perquè tot està en verd (guanyant). De totes maneres, és important parlar-ho prèviament a causa del que he comentat abans que a vegades costa d'entendre el procés de consolidació quan tot està pujant. Per què hem de sortir de les inversions si estem guanyant diners? Doncs bé, a aquest procés se li diu *consolidar*, com ja hem vist anteriorment.

Una de les meves propostes és que quan la inversió arriba a un percentatge concret, per exemple a un 20 % de guany, passem aquest percentatge cap a un producte financer menys volàtil i deixem el mateix import de capital inicial treballant igual. Per posar un exemple, si has fet una inversió de 100.000 €, i aconsegueixes tenir un benefici del 20 %, que seria tenir un valor de la inversió de 120.000 €, la meva proposta és treure aquests 20.000 € del benefici latent i deixar els 100.000 € treballant.

Si consolidem els 20.000 €, la nostra inversió de capital ara passarà a ser de 80.000 € i els altres 20.000 € seran capital provinent del benefici. Fiscalment no és així, però per a l'anàlisi de rendibilitats sí, si més no, des del meu punt de vista. Hi ha altra gent que segueix pensant que té 100.000 € de capital inicial, que fiscalment tampoc és correcte, però que cadascú faci la seva anàlisi de benefici com vulgui.

Sigui de la manera que sigui (com analitzem el nostre benefici després d'una consolidació), aquest procés és molt important de fer regularment, ja que estarem més protegits. Aquesta seguretat de la inversió la mesurarem amb el benefici latent que, si ho volem expressar en percentatge, seria el percentatge de seguretat de la inversió que hem explicat anteriorment.

Estratègia de seguretat:

Una de les millors estratègies de seguretat és la consolidació recursiva. Per a mi, un valor adequat de consolidació seria al 20 % de benefici latent. Per tant, la consolidació de resultats s'aconseguiria quan el valor de l'actiu arriba a un 20 % de benefici.

Imaginem que tenim l'exemple de fa un moment dels 100.000 €, que han pujat a 120.000 €. Consolidem un primer cop 20.000 €, ens en queden 100.000 com a inversió, dels quals 80.000 € serien de capital i, com deia, 20.000 € de beneficis (capital del benefici). Si l'actiu torna a pujar fins a 120.000 €, tornem a consolidar per segona vegada 20.000 € i el capital inicial serà de 60.000 € i el capital del benefici serà de 40.000 €. I així recurrentment.

Et preguntaràs: quins avantatges té fer aquests moviments? La seguretat. Pura i bàsicament la seguretat i la tranquil·litat de protegir les inversions.

Si mires el quadre numèric que he preparat, tindràs tots els números que he explicat.

	Inversió					
	Capital	[illegible]	% Benefici	% Benefici Total	Valor	Benefici
Inversió Inicial	100.000,00 €		20,00%	20,00%	120.000,00 €	20.000,00 €
Procés Consolidació 1	80.000,00 €	20.000,00 €	20,00%	40,00%	120.000,00 €	20.000,00 €
Procés Consolidació 2	60.000,00 €	40.000,00 €	20,00%	60,00%	120.000,00 €	20.000,00 €

Font: Elaboració pròpia.

	Amb Consolidació					Sense Consolidació		
	Import	Capital Nova Inversió	Benefici	% Seguretat		Capital	Benefici	% Seguretat
Inversió Inicial	20.000,00 €	80.000,00 €	20.000,00 €	20,00%	-	100.000,00 €	20.000,00 €	16,67%
Procés Consolidació 1	20.000,00 €	60.000,00 €	40.000,00 €	40,00%	-	100.000,00 €	40.000,00 €	28,57%
Procés Consolidació 2	20.000,00 €	40.000,00 €	60.000,00 €	60,00%	-	100.000,00 €	60.000,00 €	37,50%

Font: Elaboració pròpia.

Hi ha una cosa que vull que miris especialment, i són les columnes de la dreta, les ombrejades en gris més fort, on posa «% de seguretat». El percentatge de seguretat, com he dit anteriorment, seria el percentatge que pot arribar a baixar la inversió fins el punt d'equilibri, és a dir, el que pot arribar a baixar mantenint la teva inversió inicial sense perdre diners.

Abans de consolidar cap vegada, en valor absolut pot baixar 20.000€, que seria un percentatge del 16,67% de seguretat que hem comentat a les definicions. Però si consolides sense haver-se mogut el mercat encara, el percentatge de seguretat serà d'un 20% per tenir pèrdues i, per tant, tenim més seguretat.

- Abans de consolidar:
  - *Seguretat = (ValorActual – Capital) / ValorActual*
  - *Seguretat = (120.000€ - 100.000€) / 120.000€ = 16,66%*
- Després de consolidar:
  - *Seguretat = (ValorActual – Capital) / ValorActual*
  - *Seguretat = (100.000€ - 80.000€) / 100.000€ = 20%*

Si no ho has entès, que és normal, torna-ho a mirar, llegeix-ho un altre cop i pensa que l'explicació la trobaràs en el procés de consolidar com a tal, ja que traiem els 20.000€ del capital. Aquests ja estan a resguard, per tant el percentatge de seguretat serà més alt perquè el capital actual de la inversió serà més baix.

Per finalitzar aquest capítol d'estratègies, et diria que s'han de combinar les estratègies d'inversió i desinversió per multiplicar les rendibilitats. Què faries tu si el mercat tingués una gran volatilitat i puja un 20%? Consolidaries resultats. I si després fa una baixada d'un 20%? Aprofitaries els diners que has consolidat anteriorment i tornaries a entrar. I si després torna a pujar? Bé, això potser sembla fer volar coloms, però pot passar i de fet potser amb un 20% no, però amb un 10% se sol fer aquesta estratègia combinada d'inversió-consolidació. En alguns mercats, com el d'accions o com el de criptomonedes, funciona això de posar accions de compra i venda amb uns límits segons uns percentatges. Quan el mercat és volàtil, pots fer un bon negoci, tot i que no sigui apte per a cardíacs.

Com a resum final, les estratègies d'inversió pretenen ajudar-te a no equivocar-te gaire en la decisió de compra; establir uns procediments per disminuir l'emocionalitat de la compra i ser més racional; protegir la inversió acumulant més actius i aconseguir més guany quan es recuperi el mercat. Per la seva banda, les estratègies de desinversió pretenen tenir una planificació de rescat de beneficis més racional i assolir més seguretat.

Productes d'inversió

No vull fer una classe específica de productes d'inversió, ja que això no és l'objecte del llibre. Permet-me, però, que te'n faci cinc cèntims perquè després tu et puguis informar millor i decidir on invertir.

Hi ha una sèrie de productes que la gent sol contractar sense assessorament i que són de baixa rendibilitat. Evidentment, estic parlant dels productes bancaris més bàsics; els comptes corrents, dipòsits, fons garantits o algunes lletres anunciades per la TV. El que t'està comercialitzant aquell producte sap que no et donarà gairebé gens de rendiment i, en tot cas, l'única cosa que sol generar de benefici el producte financer s'ho sol menjar la comissió de comercialització que cobra el banc o el gestor. En aquest tipus de productes hi entrarien el 95 % de les famílies, que tenen els seus estalvis en un compte corrent o dipòsit estil «cervesa sense alcohol», és a dir, al 0,0 %. Però bé, cada un decideix què fa amb els seus diners, és clar. L'expressió *mal de muchos consuelo de tontos* tindria el seu vessan financer en aquest tipus de productes, ja que per molt que gairebé tota la societat posi els seus diners en productes sense rendibilitat, no vol dir que sigui una solució recomanable.

Però hi ha més vida a part dels comptes corrents i dipòsits, i la trobem en altres productes d'inversió, on cal un mínim de formació, coneixements i/o assessorament. No és que sempre hagis d'anar a petar als assessors financers, sempre tens l'oportunitat de formar-te adequadament per gestionar-te els diners, com ja he dit abans. Estar al dia de tots els productes és difícil, per això existeixen les especialitzacions i els estudis diferents. De productes n'hi ha molts i de variats: fons d'inversió, renda fixa, renda variable, estructurats, garantits, plans de pensions, pies, *trading*, *scalping*, criptomonedes, opcions, etc.

Hi ha cursos de formació molt bons al mercat per formar-te en *trading* i inversions, per exemple, però no tots són bons. Hi ha molts que són venedors de fum, ves amb compte! Si et serveix de consol, jo també m'he equivocat contractant cursos, i segurament no seré l'últim.

Si has de fer alguna inversió per la teva banda, et recomano que et formis bé, si és que t'agrada, perquè pots guanyar molt, és cert, però pots perdre fins la camisa. El que no m'agradaria és que et basis en la *rumorologia* o en el conegut que et diu en un sopar «compra això», i amb la bona fe li acabes fent cas, sense fer una anàlisi prèvia, només perquè t'ho ha recomanat un amic en un sopar. Et pot passar que, un o dos sopars més tard, t'adonis que has perdut els diners i el nostre conegut ni tan sols havia comprat allò perquè... «Ui, no! Era massa arriscat. Ah, tu si? Hahahà.»

Hi ha un producte que, de fet, no m'agrada gaire i és invertir en accions de borsa sense saber-ne. Això jo ho he rebatejat com a «Borsa: *Buy & Pray*». A molta gent li agrada seguir la borsa, la local, l'europea, l'americana... Seguim un valor durant un temps, però no hem fet cap anàlisi fonamental* ni tècnic, no!, només el seguim, i al final ens decidim a comprar-lo, *buy*, i acte seguit fem el *pray*, pregar, perquè pugi, com si Déu estigués escoltant les nostres pregàries inversionistes. Si va bé, *xuleges* dient «ja ho sabia, veus com tant de temps seguint-lo m'ha servit?» I si no va gens bé, senzillament calles i no ho expliques. Aaaah, tranquil·litat, si us ha passat algun cop, *me too*, a mi també m'ha passat, abans de ser assessor, era «inversor de pacotilla», no és que ara en sàpiga molt més, però com a mínim tinc una estratègia. Tot i que en alguns valors havia guanyat bastant, en d'altres havia perdut perquè havia fet cas a la *rumorologia* i coneguts i, com no podria ser d'altra manera, jo també havia practicat el *Buy & Pray*.

On us recomano no ficar-vos mai és al món dels *Opcions*, *Futurs* o *Warrants*** sense conèixer bé què esteu fent. Podeu guanyar-hi, si sabeu com fer-ho, però podeu perdre-hi molt si no ho domineu. A més, en aquest tipus d'inversions es treballa amb palanquejament. Per operar amb aquests pro-

* Anàlisi fonamental i tècnica: a grans trets, és analitzar l'actiu on volem invertir des del fonaments. Qui és? Què fa? Com? Analitzar-lo bé. El tècnic seria més la valoració de mercats, valors de resistència, mitjanes mòbils, etc.

** Opcions, Futurs i Warrants: aquestes inversions són instruments financers derivats que permeten especular sobre el moviment de preus d'un actiu subjacent en el futur, gestionant riscos i buscant oportunitats de guany.

ductes, només es requereix un percentatge del valor total del contracte com a marge inicial, la qual cosa permet controlar una posició més gran del que es podria amb el capital propi. Això amplifica tant els guanys potencials com les pèrdues. Si el preu de l'actiu subjacent es mou a favor de l'inversor, el palanquejament pot donar grans beneficis. No obstant això, si el moviment és contrari, les pèrdues també es magnifiquen. És fonamental comprendre i gestionar el risc en utilitzar el palanquejament en inversions de futurs. És un mercat molt arriscat, i més quan hi ha empreses que promouen aquests tipus d'inversions captant gent amb problemes econòmics prometent uns beneficis increïbles. El problema és que no diuen res de les possibles pèrdues, i això fa que aquestes persones sense experiència inversora acabin perdent molts diners, devent-ne més i havent-se d'endeutar per pagar la mala inversió que acaben de fer.

L'altre producte d'inversió del que us volia parlar és el de les criptomonedes que, tot i que no en sigui un expert, m'agrada seguir i invertir-hi perquè li veig la utilitat i el futur. De totes maneres, no us penseu que tota l'economia anirà cap allà i no treballarem mai més en euros o dòlars. Crec que veurem un sistema econòmic alternatiu, que no vol dir que estigui exempt de tributació. Jo defenso la tributació dels beneficis en criptomonedes o de qualsevol vehicle d'inversió. Les criptomonedes són un vehicle d'inversió, però també de gestió i administració, vull dir que no només ens hi podem posar per guanyar diners, sinó que també tenen una utilitat per exemple en temes de Metavers, Jocs en línia, NFT's o col·leccions privades d'obres d'art, immobles, imatges, logos i d'altres utilitats, ja que alguns *tokens* resolen problemàtiques de la vida real. Et recomano que si tens temps i ets una mica *friki* miris i investiguis el tema, no només com a inversor, sinó per tenir coneixement del que pot venir en un futur. Com a inversor de criptomonedes, has d'entrar amb la part que comentàvem anteriorment del jardí, és a dir, amb diners que «et sobrin». Ja ho sé que mai sobren, però ja m'entens si dic que són aquells diners que no fan trontollar la teva economia familiar.

Altres productes d'inversió amb els quals es pot treballar són els immobles, evidentment no hauria de ser un «tot al negre», vull dir que no podem només estar invertits en immobiliari perquè, si en algun moment ens fa falta tresoreria per alguna cosa puntual, no podrem vendre la cuina d'un pis ràpidament per cobrir aquesta manca de diners, i tampoc és qüestió d'hipotecar un pis cada dos per tres per una necessitat puntual. De totes maneres, és un sector rentable el tema de la inversió immobiliària? Sí i no, només que cal saber quin és el subsector en el qual et vols centrar, ja que pots invertir en diferents productes immobiliaris: habitatges habituals d'alt *standing* o de rendes baixes, habitatges de segones residències, habitatges turístics, locals, pàrquings, naus o bé centres comercials. A més, com en tot, hi ha diverses formes de fer les inversions: en solitari, amb socis coneguts, amb socis desconeguts i fins i tot amb *tokens* (basats en criptomonedes). Però el producte immobiliari jo no el contemplo tant com un producte d'inversió sinó de patrimoni. Veurem això en el capítol següent.

Una de les inversions que molta gent no sol contemplar és la inversió en empreses. Normalment associem la inversió en empreses a ser empresari i, tot i que és cert, no sempre hem d'actuar des del rol de soci emprenedor, sinó que podem ser socis capitalistes o inversors. Els socis capitalistes no treballen a l'empresa i, si va bé, n'obtindran unes rendibilitats al mateix temps que ajuden un amic, familiar o conegut. Però no només cal embarcar-se en projectes d'amistats de dubtosa rendibilitat, també podem tenir una bona idea, ser emprenedors i impulsar una idea que després posarà en marxa algú altre contractat, subcontractat o com a soci treballador.

Aliats de les inversions

«Els aliats en les inversions financeres són com els pilars que sostenen l'edifici de l'èxit. Són aquells elements clau que ens brinden suport, coneixement i confiança en el camí cap a les nostres fites econòmiques».

Els aliats de les inversions són, de la mateixa manera que en l'estalvi, les peces clau de les inversions. Evidentment, nosaltres ens hem de decidir a fer la inversió, però si tenim ajudes sortirem guanyadors i amb bona rendibilitat.

El temps té dues aplicacions a les inversions, una en positiu i l'altra en negatiu. Seria com un àngel caigut que, tot i ser desterrat, continua sent un àngel. Molts cops, sembla que no corri el temps quan la nostra inversió està en negatiu, però realment sí que ho fa, i alguns cops massa de pressa i tot. Però el temps cura les ferides... i els números vermells dels mercats, hi afegiria jo. Per la meva experiència en inversions en els mercats financers et puc dir que tot el que baixa torna a pujar. Evidentment, tenint en compte una inversió diversificada i amb les premisses que ja he comentat. Una altra cosa serà «**quan**» es recupera que això ja no ho sé predir, però fixa't en la «crisi del deute del 2008», la provocada per les sub-prime i que va desencadenar una crisi global bastant forta. Molta gent va dir: «Aquest cop és diferent, el mercat se'n va a la M... », però el mercat es va recuperar i aproximadament, al 2012-2013, ja tornàvem a estar en els valors del 2008. La paciència paga i els que van aguantar van poder treure la seva inversió en positiu. Si, a part d'aguantar posicions, van aplicar el DCA (*Dollar Cost Average*), i a més van ficar-hi més diners, van treure una bona rendibilitat. Però el temps, lluny de ser una eina per recuperar, també és un aliat nostre per tenir més beneficis. Sempre que la inversió estigui ben planificada, com més temps tinguem, obtindrem una més gran rendibilitat només pel fet de tenir-ho més temps rendint.

Divideix i guanyaràs, ja que, tal com he dit unes pàgines més amunt, utilitzant el sentit comú i diversificant aconseguirem un molt bon binomi risc-rendibilitat global de tota la inversió. No només es tracta de fer una petita selecció de valors o de fons, sinó de tota la cartera d'inversió, i s'ha de diversificar correctament amb diferents tipus d'inversió, productes i una correlació adequada.

Ja he explicat la gran bola de neu que suposa invertir o estalviar en productes on treballin amb l'interès compost. No ho tornaré a comentar, només tingues en compte això i les consultes, ja siguin puntuals o recurrents, amb un assessor financer que us guiï i pugui fer-vos aconseguir els vostres objectius financers.

Control i valoració de les inversions

«La millor opció d'inversió no sempre és la que més rendiment et dona, ... sinó la que millor s'ajusta al teu perfil d'inversor».

Hi ha dos tipus d'inversors: els que es miren cada dia gairebé de forma obsessiva com va una inversió i els que no miren mai com va aquesta inversió i es despreocupen. Per a tot sempre la millor opció sol ser la intermèdia, ja que has de vigilar i tenir cura de la teva inversió, evidentment, però no cal que facis un seguiment diari del benefici. Abans he parlat de la planificació de les inversions i he recomanat que cal definir la millor estratègia, tant d'inversió com de desinversió, i és que hem de fer controls de la inversió amb una congruència adequada a la nostra planificació.

Imagina, per exemple, que t'has planificat una inversió de 200.000€ en què el teu objectiu és emprar aquests diners d'aquí a deu anys per comprar-te un Ferrari. Crec que no cal estar els 3.650 dies de la temporalitat establerta d'aquesta inversió mirant si progressa bé o no la teva inversió, oi? Què et pot passar si estàs constantment mirant i seguint el mercat i la teva inversió? Que si el mercat puja, estaràs de millor ànim i humor, mentre que si els mercats han baixat estaràs disgustat i pensaràs que maleït el moment en què vas fer aquella inversió, perquè no podràs gaudir del teu Ferrari d'aquí a deu anys. Per altra banda, tampoc pots oblidar-te de la teva inversió, perquè si no corres el risc que et passi com li va passar a un client meu, que va anar al seu banc perquè mai s'havia preocupat d'una cosa que li sortia al resum global de comptes i quina sorpresa! Tenia fet un estalvi des de feia quinze anys en una renda fixa que rendia un 0,01 % i que havien oblidat que el tenien. Evidentment, tot té la seva lectura positiva i negativa. La positiva és que es van trobar amb 50.000 € que no sabien que tenien, la negativa és que (com que no ho tenien ben optimitzat) la devaluació de l'IPC va fer que perdessin el valor d'un 40 %. Els 50.000 € fa quinze anys tenien molt més valor que a dia d'avui, que seria com si tinguessin 30.000 €. Si en aquell moment haguessin posat a treballar correctament els estalvis, potser els haurien crescut fins a uns 123.000 €.

El terme mig sempre és tenir-ho tot ben apuntat a la teva carpeta vermella i fer una revisió trimestral o semestral, així tindràs també les teves inversions ben valorades i controlades.

Ara bé, com valores la teva inversió? Només pel resultat que està obtenint actualment o per la previsió del resultat que obtindràs a la consecució del termini definit al pla? Evidentment, el resultat actual ens donarà una alegria si en indicar-ho a la teva carpeta vermella està en verd o està en vermell, però el que has de veure és com estarà a la consecució del pla. Sí, ho sé, em diràs que no tinc una bola de vidre per veure-ho, d'acord, i és que no puc fer cap predicció de futur perquè no soc futuròleg. El que puc saber, però, és en quin moment ens trobem del procés de la nostra inversió (fase inicial o d'aportació o la fase de desinversió), en quin cicle de l'economia estem (expansió, estancament, recessió o depressió), i quines probabilitats hi ha que l'economia mundial implosioni i ens faci tornar a l'edat de pedra perquè ja no s'ha recuperat de la darrera depressió.

En una inversió a deu anys, gairebé ens dona temps a passar per totes les fases de l'economia, i per això és important tenir una mica de perspectiva. Si no estem gaire habituats als cicles econòmics, és molt recomanable tenir algun tipus de recolzament professional i així poder valorar exactament la inversió i les seves perspectives.

Recordes la part del Ferrari? Imagina una inversió de 200.000 € per comprar un Ferrari de 250.000€, imagina que ja han passat els deu anys i tens 250.000 € de valor. Quina serà la teva rendibilitat? Un 25 % en total. Exacte, però anualitzat? Quina rendibilitat anual «mitjana» haurem obtingut? El més habitual és calcular-ho fent: 25 % dividit entre deu anys igual a 2,5 % anual, però aquest càlcul és incorrecte perquè això seria si ho fessis amb el càlcul de l'interès simple. És a dir, inverteixes els 200.000 € que sempre seran capital i anualment vas traient els beneficis (5.000 €) i els deixes al compte corrent a interès 0 %. En deu anys hauràs aconseguit els 50.000 € de benefici, que sumat al capital inicial de 200.000€, seran els 250.000 €.

En les inversions a mig i llarg termini, se sol treballar amb productes amb l interès compost, de manera que els beneficis també generen rendibilitat, com hem dit abans. La fórmula d'Excel per aconseguir la rendibilitat anual en interès compost d'una inversió és la TAXA (nper,pago,va,vf), la qual veiem l'exemple següent:

=TAXA(B2;B1;B4;B3)

	A	B
1	Aportació	0,00 €
2	Temps	10,00 Anys
3	Valor Final	-250.000,00 €
4	Valor Actual	**200.000,00 €**
5	Interès	**2,26%**

Font: Elaboració pròpia.

Tal com veus, no és un 2,5 % com pensàvem, però donaria un interès recurrent i acumulable. Amb aquesta fórmula, analitzes la rendibilitat d'una inversió anualitzada i la podràs comparar amb altres inversions fàcilment.

FOMO: Fear Of Missing Out

El FOMO (Fear of Missing Out) és una emoció molt comuna en el món de les inversions financeres. Aquesta emoció es produeix quan veiem que altres persones estan obtenint guanys en el mercat i això ens fa sentir que estem perdent oportunitats. El FOMO pot ser perillós per a les persones que inverteixen sense una coherència ni planificació, ja que pot portar a decisions impulsives que poden acabar en pèrdues.

Per entendre millor el perill del FOMO, és important comprendre la naturalesa de les inversions. Invertir no és una ciència exacta i sempre va associat a un cert grau de risc. Les persones que inverteixen han de tenir una estratègia clara i seguir-la amb disciplina. Les estratègies d'inversió es basen en l'estudi i l'anàlisi del mercat i les tendències. No es tracta de fer prediccions, sinó de fer una anàlisi del mercat i de prendre decisions informades.

El FOMO pot portar les persones a ignorar aquesta anàlisi i a prendre decisions basades en emocions. Això pot portar a la compra d'accions a preus alts o a la venda d'accions a preus baixos, simplement perquè altres persones estan fent el mateix. Aquestes decisions impulsives poden acabar en pèrdues i, en alguns casos, en pèrdues considerables.

Per evitar el FOMO, és important que les persones que inverteixen tinguin una estratègia clara i la segueixin amb disciplina. Això significa que han de fer una anàlisi del mercat i prendre decisions informades basades en aquesta anàlisi.

Una altra manera d'evitar el FOMO és tenir expectatives realistes. Les persones que inverteixen han de comprendre que les inversions no són una solució ràpida per a la riquesa. És important comprendre que les inversions requereixen temps i paciència. També és important que les persones que inverteixen no es fixin en els guanys dels altres i que no es comparin amb altres inversors. Cada persona té una situació financera única i les seves decisions d'inversió han de basar-se en aquesta situació.

El FOMO pot ser perillós per a les persones que inverteixen sense una coherència ni planificació i més si són fàcilment influenciables. Les inversions són una eina important per a la creació de riquesa, però només si les fas de manera informada i planificada.

Els grans errors en les inversions

Us recomano que seguiu Gonzalo Zahonero, fundador de «inversoresdisruptivos.com», professor i analista de mercats. Vaig fer un curs que impartia ell i em va regalar un PDF que no he trobat per internet per poder-lo recomanar. Per tant, et diria que si vols formar-te en inversions, pots entrar al seu web i fer un dels seus cursos. El PDF en qüestió es titula «*los 10 errores que te arruinarán como inversor*», i explica els deu principals errors dels inversors i la veritat és que els subscric gairebé en la seva totalitat. A més, jo n'he afegit un extret dels meus anys d'experiència com a assessor:

1. ***Fer cas als altres:*** *Es refereix als que no són assessors, ja que molts cops sentim campanes perquè a algun familiar, amic o conegut li han dit que va funcionar...*
2. ***Improvisar:*** *Tenim un pla traçat, però... tal i com està el mercat actualment, crec que podríem fer un canvi en calent.*
3. ***No acceptar els teus errors:*** *Alguns cops fallem, és cert. «El que estigui lliure de pecat que llanci la primera pedra!». Acceptem-ho, si no ens ha sortit bé una inversió... toca assumir-ho i aprendre.*
4. ***Tallar els beneficis i allargar les pèrdues:*** *En aquest punt estic parcialment d'acord, i és que ell es refereix a un tipus d'inversió com Borsa o Opcions, cosa que jo mai els recomano si no es té un nivell d'inversió prou elevat.*
5. ***Falta de paciència:*** *En aquest sí que hi estic molt d'acord i ho he viscut aquest darrers temps al meu entorn: gent que els supera veure les notícies de la TV i veure que els mercats cauen i cauen. Per què cauen i*

tornen a caure els mercats diverses vegades en una, dues setmanes o diversos mesos? Perquè la resta de dies pugen. Si no, no podria aguantar-se, però les pujades normals no venen diaris, només les catàstrofes.

6. ***Pensar constantment en els teus resultats:*** *Si estem massa obsessionats amb el fet que hem de guanyar, ens farà molt mal si perdem diners. Jo recomano que es traci un pla i que fem una revisió semestral de la situació, però revisar-ho en excés és massa i, a més, ens pot crear el neguit cortoplacista.*
7. ***Pensar en la rendibilitat sense tenir en compte el risc:*** *És cert que sempre volem una bona rendibilitat, però també hem d'avaluar el risc i la temporalitat en la qual volem aconseguir aquesta rendibilitat. Poden tenir la inversió en negatiu, sí, és clar, però serà per sempre!*
8. ***Perseguir al mercat:*** *Canviar l'estratègia cada dos per tres és el pitjor que podem fer perquè al final només assegurarem que perdrem diners. Si veiem que ha baixat el mercat i llavors venem, ens perdrem la remuntada. Si veiem que ha pujat el mercat i llavors comprem, potser ens afecta una petita part. Això se'n diu perseguir el mercat.*
9. ***No diversificar correctament:*** *Diversificar no vol dir comprar moltes accions diferents, es tracta de fer-ho correctament. Si comprem Iberia, Lufthansa, British Airlines. i pensem que ja hem diversificat és com si invertíssim en el mateix. Per fer-ho correctament, s'han de mirar diverses premisses com la distribució geogràfica, el sector, tipus de producte, la temporalitat, la correlació, etc.*
10. ***Pensar que ho tens tot sota control:*** *Pensar que ho tenim tot sota control és com pensar que som Déu, i és que qui ens assegura que no hi haurà una tercera o quarta guerra mundial?, o una nova pandèmia global?, o... No, no tenim res sota control. En fer la planificació de les inversions, hem de pensar que no se sap què passarà demà i hem de tenir un pla d'entrada i de sortida.*

I l'error que afegeixo jo a la llista és TRIGAR MASSA A COMENÇAR A INVERTIR, i és que molts cops tenim el pla, els diners i l'assessorament però ens fa por pitjar el botó per «si de cas m'equivoco».

La fiscalitat de les inversions

Hi ha molta gent que no sap com tributar certes inversions i pot passar que es declara en excés o d'altres declaren menys.

Ni per defecte ni per excés: s'ha de tributar el que toca.

Les inversions van a la part de la declaració de la renda de l'estalvi. Recordem que hi ha dues parts a la declaració de la renda: la de rendes del treball, el que se'n diu IRPF, i la de l'estalvi. Doncs bé, les inversions van en aquesta segona part i el que es tributa va amb un escalat que va inicialment al 19%, 21%, 23%, 27% i 28%. Tant de bo sempre arribéssim a pagar el 28%, oi?

Retenció Base Estalvi	Gravàmen Actual
De 0 a 6.000€	19,00%
De 6.000€ a 50.000€	21,00%
De 50.000€ a 200.000€	23,00%
De 200.000€ a 300.000€	27,00%
Més de 300.000€	28,00%

Font: Elaboració pròpia amb dades d'Hisenda.

Aquests percentatges són sobre el benefici i només quan sortim de la inversió, és a dir... si tens una inversió de 100.000€ i té un valor en un moment donat (31 de desembre, que és quan acaba el període fiscal) de 120.000€, no tributaràs res si no ho has retirat. En el cas que ho haguessis retirat abans d'acabar l'any fiscal, tributaràs només pels 20.000€, és a dir, els 100.000€ de capital no tributaran. El que pagaràs d'això serà, com deia, per trams: els primers 6.000€ van al 19% i la resta al 21%, i per tant, 4.080€ d'impostos que seran 1.140€ (de la part del 19%) i 2.940€ (de la part del 21%). Això vol dir que la teva inversió té un benefici brut del 20% però un benefici net del 15,92% després de pagar impostos.

Però... això no és del tot cert! Bé, sí, però si tenim altres inversions també computen, i per tant el benefici net podrà pujar o baixar en dependència de com hagin sortit les altres inversions. Per exemple, imaginem que has fet una altra inversió de 50.000€ i ens ho mirarem a partir de dos escenaris: en un has guanyat 8.000€ i en l'altre has perdut 8.000€. Quin serà el resultat net de la teva inversió global? I el resultat net només de la inversió dels 100.000€? A la següent taula, pots veure com la inversió inicial té un benefici de 20.000€ i es paguen 4.080€ donant un benefici net de 15.920€, de manera que el percentatge de benefici net és de 15,92%.

Taula Retenció Estalvi	Capital	Valor	Benefici	Impostos	% Impostos	Benefici Net	Resultat Net	Resultat Net 100.000€
Inversió Inicial	100.000,00 €	120.000,00 €	20.000,00 €	4.080,00 €	20,40%	15.920,00 €	15,92%	15,92%
Inversió Inicial + Benefici	150.000,00 €	178.000,00 €	28.000,00 €	5.760,00 €	20,57%	22.240,00 €	14,83%	14,24%
Inversió Inicial - Benefici	150.000,00 €	162.000,00 €	12.000,00 €	2.400,00 €	20,00%	9.600,00 €	6,40%	17,60%

Però què passa amb aquest percentatge de benefici net si hi afegim una altra inversió exitosa? Doncs que pagaràs més i tindràs un benefici net percentual menor en general. En el cas de la inversió dels 100.000€, pel fet que pagaràs una mica més d'impostos, el benefici net també serà menor.

I en el cas d'afegir l'operació sense èxit? Pagarem menys impostos i, tot i que en general tindràs una rendibilitat neta molt menor (del 6,40%), si només comptes l'operació dels 100.000€, el marge net et puja fins als 17,60%. Com? Que si tinc unes pèrdues d'una operació, em fa pujar la rendibilitat neta de les altres? Doncs sí, perquè les operacions es compensen en la part impositiva de la declaració de la renda. Ara bé, una part negativa de l'estalvi no podrà compensar una part positiva del treball, ni al revés. També es permet compensar en diferents anys, fins a quatre anys concretament. Compte, si teniu algun cas d'aquests més val demanar ajuda a un fiscalista perquè us analitzi la situació i us recomani la millor opció. Aquesta compensació de rendes es fa servir alguns cops, sobretot a final d'any, quan hi poden haver moviments de consolidació encara que es perdin diners perquè serveix per compensar guanys d'altres operacions exitoses.

Bé, crec que t'estic embolicant massa, oi? Queda't amb la idea que, si tens benefici has de pagar impostos i que es sumen (o resten) altres inversions en la tributació. Per una altra banda, no has de tributar res si no retires capital ni interessos durant l'any fiscal, com a mínim a la declaració de renda, però si estàs en el cas de tributació per patrimoni, ja és una altra cosa més complexa i que llavors sí, et recomano que contactis amb un fiscalista.

Desgravacions i bonificacions fiscals per als inversors

Hem d'entendre la inversió com a una activitat clau per a l'impuls de l'economia. Per incentivar la pràctica de la inversió i encoratjar els inversors a prendre les decisions que els portin a dinamitzar l'economia, els governs sovint ofereixen desgravacions fiscals i bonificacions que poden ajudar a reduir la càrrega fiscal i a augmentar els rendiments potencials. Nosaltres, com a inversors, podem fer-ne ús o no. Sovint, per desconeixement, no s'acaben utilitzant aquestes bonificacions fiscals. D'altra banda, els que solen treure profit d'aquests ajuts són persones amb un nivell financer més elevat que es poden permetre pagar experts o assessors que detectin els ajuts i els facin els tràmits necessaris.

Fer ús de les ajudes, bonificacions i desgravacions que hi ha no és defraudar, només que no deixem propina. No m'estendré gaire perquè, com he dit, no soc fiscalista de professió, però m'interessa que tinguis aquesta informació per tal que et puguis plantejar si vols aprofundir-hi pel teu compte o pagar els honoraris d'algun assessor fiscalista que t'indiqui com trobar ajuts.

1. Desgravacions per a inversions en capital de les empreses emergents: molts països ofereixen incentius fiscals per a aquells que inverteixen en empreses emergents. Aquests programes, coneguts com a «incentius a les *startups*» o «incentius a la innovació», solen oferir una desgravació fiscal sobre la inversió inicial o una reducció en les taxes aplicables als guanys de capital generats amb la venda de les inversions en empreses emergents.
2. Desgravacions per a inversions en àrees desfavorides: en un esforç per revitalitzar àrees geogràfiques desfavorides o subdesenvolupades, algunes zones ofereixen desgravacions fiscals als inversors que

inverteixen per desenvolupar el teixit empresarial. Aquestes desgravacions poden prendre la forma de crèdits fiscals, deduccions addicionals o exempcions d'impostos durant un període determinat. Això no només estimula l'activitat econòmica en àrees amb dificultats, sinó que també permet als inversors diversificar les seves inversions.

3. Desgravacions per a inversions en instruments financers específics: en alguns casos, els governs poden oferir desgravacions fiscals als inversors que canalitzen els seus fons cap a instruments financers específics, com ara accions de petites empreses, fons de capital risc o fons d'inversió en energies renovables. Aquests incentius tenen com a objectiu fomentar la inversió en àrees considerades d'interès públic o que ofereixen perspectives de creixement a llarg termini.
4. Desgravacions per a inversions en projectes sostenibles: amb l'augment de la consciència ambiental, molts governs estan implementant desgravacions fiscals per a les inversions en projectes sostenibles i respectuosos amb el medi ambient. Aquests incentius poden incloure desgravacions per a inversions en energies renovables, tecnologies verdes o construcció sostenible. A més d'ajudar a protegir el medi ambient, aquestes desgravacions permeten als inversors diversificar les seves carteres i obtenir beneficis fiscals.
5. Desgravacions per a inversió en projectes culturals i audiovisuals: en alguns països, com per exemple a Espanya, hi ha desgravacions fiscals especials per a aquells inversors que participen en projectes culturals i audiovisuals. Aquestes desgravacions poden prendre la forma de crèdits fiscals o deduccions addicionals per a les inversions que es destinen a la producció de pel·lícules, sèries de televisió, documentals, teatre o altres projectes culturals. Aquesta iniciativa té com a objectiu fomentar la indústria audiovisual i cultural, així com promoure la diversitat cultural i la creació artística. La desgravació pot ser particularment atractiva per als inversors interessats en l'àmbit cultural i audiovisual, ja que els permet combinar el seu interès personal amb avantatges fiscals. A més, l'impuls a la producció cinematogràfica i cultural pot generar oportunitats d'ocupació i desenvolupament econòmic en el sector local.
6. Compra de drets fiscals en projectes culturals i audiovisuals: si el punt anterior parlava de la desgravació de projectes culturals, hi ha una eina per la qual no cal que l'inversor s'impliqui en la producció

internament sinó que pot fer de mecenes comprant-li la fiscalitat al promotor cultural. D'aquesta manera, el promotor cultural aconsegueix la liquiditat extra necessària per desenvolupar el projecte i l'inversor aconsegueix un guany. Tot i que sembli un *trapicheo*, és legal i molt útil perquè el que pretén aquesta mesura és aconseguir establir un punt de concordança entre la necessitat de liquiditat i el proveïdor de liquiditat i es vincula mitjançant la fiscalitat o, millor dit, la desgravació fiscal.

És important destacar que les condicions i requisits per aquest tipus de desgravacions poden variar d'un país a un altre. És aconsellable consultar la normativa fiscal específica i obtenir assessorament professional per aprofitar aquestes oportunitats i garantir el compliment de les obligacions fiscals corresponents.

És important tenir en compte que les desgravacions i bonificacions fiscals poden variar segons la jurisdicció i les condicions específiques de cada país. És recomanable consultar un assessor fiscal o expert en aquesta matèria.

Les inversions financeres sostenibles

La inversió més rendible a la terra és la terra.

AMIT KALANTRI

Què et sembla? És possible obtenir una bona rendibilitat amb productes financers que inverteixen en causes sostenibles, ecològiques o que simplement ajuden a fer una societat millor? Hi ha molta gent que pensa que és impossible. Segurament, alguna empresa sí que ho fa, però no totes tenen aquest pensament tan arcaic. Bé, no volia ficar-me en aquest tema, però ja m'ha servit com a introducció del que volia comentar-vos, que és el fet que la rendibilitat no està renyida amb les inversions sostenibles. Però, què és una inversió sostenible?

Les inversions sostenibles tenen a veure amb unes sigles que estan molt de moda darrerament que són ESG (en català: ASG), que responen al fet que les inversions es fan amb criteris Ambientals, Socials i de Governança. Aquests criteris d'inversió proposen anar molt més enllà que les seves precursores, les que des de fa anys ja es van anomenar les ISR (Inversions Socialment Responsables). No és que fossin dolentes, no, de fet van ser els fonaments dels actuals criteris. A més, gràcies a ells, s'ha pogut evolucionar i trobar un consens mundial de bones pràctiques que inclouen no només la part financera de les inversions sostenibles sinó també el seu encaix en l'economia global.

No entraré en detall a les inversions ASG ni en els articles que han de complir les inversions per ser considerades ASG i amb quin grau. Només vull comentar-te que no és una idea extreta d'un «cap pensant buròcrata» que ha definit una sèrie de punts sense cap mena de sentit. Aquesta necessitat ha nascut de la massa social que ha dit «PROU!» i és que no podem seguir gastant els recursos del planeta només pensant en el creixement econòmic.

Per cert, mireu quina coincidència lèxica de les dues paraules ECO-logia i ECO-nomia, unes paraules tan coincidents sembla que haurien d'estar predestinades a entendre's, no creieu? Doncs ara, amb els ASG conviuran i desenvoluparan el futur conjuntament, perquè moltes empreses, governs, institucions i persones s'estan prenent seriosament això de créixer responsablement. M'agradaria desmitificar el que segur que pensa alguna gent, per sort minoria, en referència a les inversions ASG i la rendibilitat. Com deia, hi ha gent que pensa que una inversió social i responsable té menys rendibilitat. En els fonaments dels articles en els quals es basen per catalogar una inversió sostenible, es mira la part interna de les empreses/institucions: com treballen, com es relacionen, com gestionen el personal, com són els sous dels directius en comparació als d'un treballador de línia. I, quan es fan públiques aquestes dades, les empreses que millor acollida tenen al sector financer són precisament les més socials. Per tant, hi ha un reconeixement de la feina ben feta.

L'altra dia, en acabar un documental de temes ecològics a la TV, vaig veure que mentre anaven sortint els crèdits feien una explicació del carboni que s'havia consumit (avions, cotxes, etc.) per fer aquell documental. Era allò que en diuen el control de l'empremta de carboni. I al final van explicar que ells, com a empresa ecològicament responsable, ho compensaven amb el desenvolupament i replantació d'unes terres no gestionades amb vegetació, fomentant el fre al canvi climàtic. He de suposar que aquesta informació era certa, perquè ha de ser demostrable, i a mi aquella explicació em va fer sentir molt a gust.

Per mi el futur és de les empreses que respectin el medi ambient, que siguin socialment responsables i s'impliquin per fer front al canvi climàtic. Ja s'estan valorant les empreses amb paràmetres com aquests. Crec que s'està acabant el fet d'invertir en una empresa només per la rendibilitat que dona. A partir d'ara, la gent començarà a mirar com de sostenible és una empresa, a més a més de la rendibilitat que dona. De fet, des de fa uns anys, he notat un increment de gent que em pregunta per inversions sostenibles i que em diu que la rendibilitat no és el més important. Això sí, de moment només hi posen una part del capital, però sí que és notable la preocupació de la gent per aquests temes. Falta poc perquè puguem comparar empreses pel el seu índex de sostenibilitat i tenir unes estadístiques encara més bones. Dic que falta poc perquè assistim a tots aquests canvis en rigorós directe, ja que es van fent passes petites i gestions diverses. Però, alhora, tot això de les inversions sostenibles s'està regulant ara amb la nova Green MIFID, el que seria la regulació dels productes financers i la seva comercialització de forma verda i sostenible.

La realitat augmentada de les inversions: el triomfador

En aquesta inversió és molt fàcil guanyar diners, si fins i tot jo n'he invertit i n'he guanyat molts.

Tranquils, que no us parlaré d'avatars, d'imatges 3D, Metavers ni d'intel·ligència artificial. Algun cop has sentit explicar una experiència inversora en un sopar? La veritat es que és molt divertit sentir les històries d'inversions, i és que amb una copeta de vi o cava fins i tot jo sé tocar el violí o cantar bé. Ara imagina algú parlant d'inversions amb amics o coneguts, amb una copa de més i que es vol fer una mica el gallet.

Aquí és on comença a entrar en joc el que jo en dic «la realitat augmentada», i és que permet-me que dubti un instant de la història que explica el nostre orador espontani. És molt probable que la història explicada no sigui 100 % fidel a la realitat i potser (només potser) el nostre orador ha posat algun zero de més al benefici obtingut. Evidentment, tothom l'escolta i pensa que és un triomfador, que vol ser com ell i invertir allà on ho ha fet ell.

Després d'un temps, en un altre sopar, una persona explica una altra experiència inversora, un sistema infal·lible d'inversió que ell ja ha provat i que sempre, sempre, sempre li ha funcionat i és que ha guanyat molts diners. En aquell moment, un altre comensal li rebat i explica una altra inversió, però compte! Torna a ser el nostre orador espontani del sopar anterior i explica la mateixa història, però a poc a poc t'adones que no és ben be la mateixa història, perquè la xifra de benefici ha crescut amb algun zero més. Ha augmentat! I és que la realitat augmentada de les inversions no podia quedar-se així i sona millor si has tingut un guany més elevat. La realitat augmentada de les inversions creix amb un duel de galls o gallines. Sort en tenim que arriben les postres i els cafès i algú sàviament canvia de tema, perquè si no ens convertim tots en multimilionaris abans de pagar el compte.

Quan explicava com ens comportem amb els diners, sens dubte també pensava en aquestes situacions que són de relació amb els nostres amics, coneguts o desconeguts, en sopars on s'augmenta la realitat per no quedar com un passerell i es maximitzen els beneficis elevant-los exponencialment. Tampoc voldria que dubtéssiu ara de qualsevol persona que a partir d'ara us expliqui una inversió financera, però sí que heu de ser conscients que la realitat augmentada existeix i que replicar una cosa que no sabem si és certa ens pot costar molts diners i molts disgustos.

«Si algú diu "és molt fàcil guanyar diners, si fins i tot jo n'he invertit i he guanyat molts", primer fixa't en les sabates que porta». No recordo qui em va dir aquesta frase, però tenia tota la raó, perquè potser allà hi ha indicis de realitat augmentada. Això no és del tot cert, perquè hi ha gent amb gustos diversos i gent molt austera a qui no li agraden ni la roba ni les sabates de marca, però he de dir que pel seu tarannà els coneixeràs.

L'assessor financer en les inversions

Imagineu-vos en una consulta d'un metge que el pacient arriba i li diu al metge: «*Tinc angioedema. Em pot fer la recepta del medicament aquest?*» Evidentment el metge l'haurà de reconèixer i investigar si pot ser allò que diu el pacient o no, però el pacient afegeix «*tinc aquests símptomes, si em fa la recepta, així ho aniré a buscar a la farmàcia*».

Malauradament hi ha gent que va al metge i ja sap el que té i el que li ha de receptar el metge. Llavors, perquè els metges han hagut d'estudiar la carrera de medicina, un MIR i fer unes pràctiques? Perquè tant d'esforç si Google o el XatGPT ja ho té tot posat a la xarxa?

En el cas dels assessors financers, la sort que tenim és que no fem cirurgies a cor obert, però sí que tenim la salut financera de les persones a les nostres mans. Els assessors financers són persones i tampoc els agrada que els clients vinguin amb el diagnòstic fet a casa.

Quan es contracta un assessor financer, els clients sovint busquen replicar el que ha fet algú altre o, millor dit, el que diu un altre que ha fet, que potser estava dins de la realitat augmentada d'abans. Altres vegades, el que busquen és una aprovació del que estan a punt de fer, però que necessiten l'opinió de l'assessor per fer-ho, tot i que sabem del cert que ho faran tant sí com no. Hi ha gent a qui es contracta pels seus coneixements dels productes financers d'inversió, és cert, però casi mai els contracten per una feina que fan i que és molt més important: l'acompanyament en el camí de les inversions, perquè els posi seny, els posi pausa i consciència en allò que sol ser un camí desconegut per a la majoria de gent.

Per mi la figura dels assessors va més enllà de triar una inversió, un fons, un producte. Passa per estar al costat del client i fer-li la reflexió de com té la seva situació i com vol planificar la seva inversió posant la calma necessària a una situació tensa.

A més, en el rol del client a vegades hi ha integrat de sèrie el metge, meteoròleg, entrenador de futbol, financer, etc. Tots sabem de tot i pagar per una cosa que ja sabem ens fa mandra, però el cost que pot tenir fer-se les coses un mateix sense saber-ne pot ser pitjor que el que estigui gestionat per professionals.

A mi no se m'acudiria mai operar-me jo mateix de l'apèndix, ni de qualsevol altra cosa, perquè les conseqüències poden ser nefastes. Evidentment, pago una assegurança mèdica perquè si mai em passa res em puguin operar. En canvi, tinc una coneguda (no clienta) que un dia em va qüestionar els meus honoraris i em dir que la volia enganyar, que a altres lloc li feien gratis. Evidentment, li poden fer serveis gratis i suposo que deu ser per això, que tres anys després de conèixer-la (i que es va fer clienta d'un lloc on li feien gratis), ara té menys diners dels que tenia llavors.

Patrimoni

La mort segura i el llegat

La mort és una de les poques coses que, malauradament, tots tenim en comú. És un fet inevitable que, en un moment o altre, afecta tothom, ja sigui per proximitat (familiars, amics o coneguts) o en pròpia persona. És per això que és important planificar i pensar en la mort amb antelació i en les seves conseqüències.

Malgrat que molts ho consideren un tema tabú, és important parlar obertament sobre la mort i planificar-la, no només en el sentit material del que seria l'herència sinó en el sentit emocional de com ens afecta la mort d'uns avis, uns pares, un germà o la parella. En aquest llibre no tractaré el tema emocional, com a mínim des del punt de vista de la pèrdua en si, ja que no vull fer intrusisme professional amb els psicòlegs i altres professionals més adients.

Sí que tractaré, però, la gestió patrimonial en una defunció i en el cas concret de la planificació hereditària. És important pensar en el llegat que deixem als nostres éssers estimats. Què volem que recordin de nosaltres? Què volem deixar com a llegat? Potser volem que la nostra família recordi les nostres passions i valors, o potser volem deixar una petita herència per ajudar-los a fer front a les despeses quotidianes.

La planificació hereditària i el consensuar la distribució patrimonial amb els hereus són aspectes fonamentals per evitar disputes i conflictes entre els hereus. Planificar el llegat i consensuar no és «repartir-se l'herència quan el cos encara està calent». Es tracta simplement de deixar de banda el tabú de parlar certes coses, que si no es parlen poden acabar en problemes. Jo entenc aquesta situació com a un alleujament per al transmissor i no com una disputa entre hereus. Cal posar les coses fàcils a tots, explicant, preguntant, reformulant i sobretot essent positius i **empàtics**. Que els pares vulguin el millor pels fills és tan normal com que els fills vulguin el millor pels pares. M'he trobat amb casos en què els fills volien vendre el pis on viuen els pares i que aquests se n'anessin de lloguer. La intenció era que els pares poguessin viure millor la seva vellesa amb els diners de la venda del pis, però aquesta opció no sempre és acceptada per algun dels hereus o pels mateixos pares perquè pensen que s'està repartint l'herència abans de morir.

És important seguir un procés adequat que garanteixi una repartició justa i transparent del patrimoni del transmissor. Parlo del transmissor i no del difunt perquè en la planificació hereditària és bàsic que el transmissor no hagi mort ja que llavors poca planificació podríem acabar fent. A més, potser penses que ets massa jove i només pertoca fer-ho als pares cap als fills, però tu ho has d'abordar des del punt de vista teu cap als teus hereus.

Una de les coses que s'ha de tenir en compte (i en primera instància) és el patrimoni pròpiament dit. Per planificar el llegat s'haurà d'elaborar un inventari del patrimoni, és a dir, un inventari de tots els actius i passius del transmissor per tenir una visió clara del patrimoni total disponible per a la distribució.

Per altra banda, sembla una cosa molt evident, però no sempre es tenen clares les figures hereditàries i també s'ha de fer una identificació dels hereus. Alguns cops es poden destapar sorpreses relacionades amb dobles vides —o fins i tot triples!— del transmissor i amb possibles hereus no reconeguts que deixa pel camí. Si no està ben clar, en el moment de la seva mort pot ser que els hereus que es creien únics puguin viure un malson. La llei successòria es basa en el parentiu amb el difunt, però com hem vist a la TV hi ha casos que s'ha hagut d'exhumar un cadàver per fer proves d'ADN a petició d'un possible hereu no reconegut.

Una vegada identificat l'inventari, cal establir un pla de distribució que tingui en compte les voluntats expressades pel transmissor i les prioritats dels hereus. El pla es duu a terme amb un testament o un pacte successori, però té més implicació que un simple paper signat davant de notari en una tarda. Escoltar totes les parts és de vital importància, ja que garantirem que a posteriori no hi hagi disputes entre hereus. Si et fixes, utilitzo la paraula transmissor, que ja he explicat abans el per què, però també utilitzo «hereus» en comptes de posar «fills». Això és perquè hi ha diferents graus d'hereus i no tot ha de passar als fills, també pot anar als nebots, fillols, germans, fillastres (fills de la parella, però que no tenen vincle sanguini del transmissor però que han viscut com si ho fossin a tots els efectes), etc.

Estalvi vida com a eina de transmissió successòria

Una manera de fer una transmissió patrimonial fiscalment avantatjosa és a través de l'estalvi en assegurances de vida. Aquesta opció ofereix una gran tranquil·litat als familiars ja que, en cas de defunció, l'assegurança proporciona un pagament que ajuda a fer front a les despeses del funeral i a altres despeses relacionades amb la mort, sense haver d'esperar a obrir el testament i cobrar l'herència.

En alguns casos, aquesta herència es pot dilatar molt en el temps i al final de tot el procés potser els hereus no poden acabar acceptant-la perquè no tenen prou liquiditat per pagar els impostos d'acceptació. Aquí és on entra l'estalvi en forma d'assegurança de vida, ja que el cobrament per part dels beneficiaris (no en direm hereus perquè no computa en la massa hereditària) es fa de forma bastant ràpida i d'aquesta manera es pot fer front a despeses imminents de funeral, impostos, etc. Fins i tot es pot demanar un avançament a l'asseguradora o bé reservar-ne una part per tal de fer el pagament dels impostos d'acceptació d'herència.

Tributació

A nivell estatal (Espanya), la successió i la donació estan subjectes a l'impost de successions i donacions. Els tipus impositius varien segons el grau de parentesc entre el difunt i els hereus. En general, els familiars més propers (cònjuge i fills) gaudiran de beneficis fiscals més avantatjosos mentre que els de 3er i 4art grau tindran menys bonificacions.

En l'àmbit autonòmic (a Catalunya), a més de l'impost de successions i donacions estatal, també s'aplica l'impost sobre el patrimoni. Aquest impost grava el patrimoni net dels contribuents, amb tipus impositius que varien segons el valor del patrimoni.

Com sempre, recomano que us deixeu assessorar per un fiscalista especialitzat en aquests temes perquè us pugui guiar i gestionar una desgravació, segurament seran els diners millor invertits pel cost que suposaria el fet de fer-ho malament.

La importància d'un assessor especialitzat

Els fiscalistes de successions solen treballar amb assessors de successions o donacions o bé són la mateixa figura, assessor-fiscalista-advocat especialista en herències, donacions i successions. Sigui com sigui, crec recomanable fer una sessió per planificar el llegat i polir les complexitats que hi pugui haver. Ell et pot guiar en tot el procés, assegurant-se que es respectin les lleis vigents i que els interessos de tots els implicats es tinguin en compte adequadament. Com sempre, és recomanable visitar-lo abans de consumar els fets, és a dir, és preferible que sigui transmissor que difunt perquè si ja està mort no podrà parlar i l'únic que es pot fer és revisar el seu testament (si n'hi ha, de fet) per saber quines eren les darreres voluntats i els hereus hauran de conformar-se amb la decisió presa.

En cas de defunció, és crucial haver dut a terme una planificació hereditària prèvia per evitar disputes entre els hereus. Cal fer una distribució justa i transparent de la massa hereditària, tenint en compte els graus de parentesc dels hereus. És important planificar la nostra mort. Això ens ajuda a preparar-nos per al futur i a garantir que els nostres éssers estimats estiguin ben cuidats després que ja no estiguem presents.

La mort és una part inevitable de la vida, però la planificació prèvia pot fer que la transició sigui més fàcil per a tots. També cal, com he dit a la part de control de l'economia familiar i personal, tenir estructurats i controlats tots els papers i escriptures i haver comunicat als més propers on poden trobar la carpeta vermella amb la informació necessària per tramitar i fer totes les gestions pertinents.

Les inversions immobiliàries

Invertir en «totxo» sempre porta discrepàncies entre la gent, i és que hi ha els defensors aferrissats d'aquest tipus d'inversió que diuen «el totxo mai baixarà» fins que baixa, i els més temorosos que diuen que «és insostenible que els preus pugin tant».

La veritat és que tots dos tenen raó. Si te'n recordes, fa unes quantes pàgines, quan parlava del tema de la diversificació, ho feia des del punt de vista de les inversions financeres principalment, però també amb un ull a la resta d'inversions. Si ho planifiquem bé, les nostres inversions poden ser molt rendibles, sempre que tinguem les coses clares.

El primer de tot que hem de saber quan invertim en immobiliari és que és una inversió molt poc líquida. Què vol dir, això? Doncs que, per norma general, no podem convertir d'un dia per un altre el valor invertit en un immoble en diners. Ha de passar un procés de publicació de l'anunci, visites (en plural), negociació, acord, arres, gestió hipotecària per part del comprador (en la majoria de casos) i signatura. Tot aquest procés es pot demorar entre 3 i 18 mesos i, és clar, si necessitem els diners per a una cosa urgent, doncs no ens ajudarà gaire aquesta demora. Tampoc es pot vendre per parts. Vull dir que, si disposem d'un pis que val 100.000€ i necessitem 30.000€ per qualsevol cosa, no podem vendre només la cuina i no vendre les habitacions, el lavabo i el menjador, perquè va tot en un paquet. Compte! Estic parlant d'inversions immobiliàries normals, si entrem en inversions com podria ser un pis *tokenitzat* en DEFI (criptomonedes), sí que es podrien fer aquest tipus d'operacions, però això ja són altres tipus d'inversions.

Quan algú compra un pis, pot fer-ho per dos motius: per gaudir-lo o per invertir. Ja veieu que dic coses molt òbvies, ho sé, però la gent sol barrejar aquests conceptes, «compro el pis per viure-hi durant un temps i després el poso a lloguer» i al final acaba embolicant-se la troca perquè ja no saps si el pis era per viure o per invertir. El més normal és que, si comprem un pis per gaudir-lo, no tenim els diners en efectiu esperant per comprar-lo, sinó que normalment es demana una hipoteca. Les hipoteques les solem fer amb el 80 % de l'import i es paga en 30 anys i, pel vostre bé, declineu les ofertes de més de 30 anys o de més del 80 % de l'import. Els interessos que pagaries amb una hipoteca a més de 30 anys solen ser astronòmics i gairebé és més recomanable esperar i estalviar una mica abans de comprar que tirar-te a la piscina i comprar un pis amb una hipoteca a 40 anys. Hi ha moltes calculadores d'hipoteques a internet, et poso la d'Idealista* perquè vegis un exemple i pots fer simulacions augmentant els anys, o disminuint-los i així sabràs com pugen els interessos i el cost total de la hipoteca.

I... què passa quan el pis és una inversió?

Anem al concepte inversió, que seria... «l'ús d'una quantitat de diners en alguna cosa per obtenir beneficis». Aplicant-ho a una inversió immobiliària diríem que tenim uns diners amb els quals comprem un pis per treure'n uns guanys, un benefici. Aplicant aquesta definició d'inversió, aleshores, no seria lògic comprar un pis amb finançament aliè, és a dir demanant una hipoteca, i menys pel 80 % del valor del pis. Si volem fer una inversió és per optimitzar els nostres diners, i no seria tant normal emprar els diners dels altres per fer-los rendir nosaltres, no?

Permet-me que et faci aquesta reflexió: ets un inversor i vols fer una inversió immobiliària comprant un pis amb finançament extern, en aquest cas estàs gestionant el 50 % dels teus diners i el 50 % dels diners del banc que t'ha aportat per fer la inversió, t'hauries de seguir anomenant «inversor»?, o et converteixes en «gestor»? M'explico millor: quan gestiones recursos d'altres ets un gestor i quan inverteixes utilitzes recursos propis. Em podries dir que això se li'n diu palanquejament, que és utilitzar recursos aliens per tenir una major rendibilitat als recursos propis, cert, però això ho solen fer les empreses i amb un pla d'empresa definit. Se t'acudiria demanar un préstec personal per invertir-los en criptomonedes? Doncs per què està establert com a norma general invertir (per treure una rendibilitat) en un pis endeutant-nos?

---

* Calculadora hipoteca Idealista: https://www.idealista.com/hipotecas/simulador-hipotecas

Bé, he de dir que algunes persones amb poques llums em van demanar préstecs amb la febre de les criptos. Quan em vaig negar a oferir aquesta opció, van aconseguir el finançament per una altra banda. Al cap d'un temps encara estaven pagant el préstec i el valor de les criptomonedes els havia baixat en picat. Suposo que són aquelles experiències que no explicaran mai en un sopar d'amics.

Altra cosa seria si els pisos fossin un bé molt líquid. Aleshores no hi hauria cap problema perquè, en un moment donat, si t'anessin malament les coses, podries vendre'l i en qüestió de poc temps tindries els diners disponibles al teu compte. Però, com has vist, no funciona així aquest tipus d'inversió.

Per tant, com hauries d'actuar fent una inversió immobiliària? I un altre cop et diria «depèn». Depèn de la teva situació financera, de si ja tens altres immobles en propietat i llogats o disposes d'un coixí de diners prou important per cobrir qualsevol eventualitat econòmica desfavorable.

Hi ha un professor d'economia d'universitat que és un gran defensor de la inversió immobiliària i de fer aquestes inversions amb palanquejament financer, endeutant-se fins a les celles. He coincidit unes quantes vegades amb ell i sempre em sorprenen les seves idees perquè defensa la cultura de *dar el pelotazo* i ho proclama a tort i a dret, fins i tot en entorns més humils que estan a l'estadi de seguretat i els costa arribar a final de mes, on crec que no s'hauria de difondre aquest missatge. En el meu capítol de la piràmide financera comentava que fins que no tenim assumit un nivell en la nostra piràmide no hauríem de passar al següent, i és que hi ha gent que tot just arriba a final de mes i s'embranca en una inversió immobiliària. La gent que viu a Matrix s'ho creu tot, es creu que ens podem fer rics comprant un pis amb una hipoteca i llogant-lo! Perdoneu-me la sinceritat, però NO us fareu rics.

Podríem fer un exercici amb dues opcions diferents, una amb la visió del professor d'universitat que he esmentat i una altra amb el mateix capital d'inversió, però sense préstec hipotecari. Imagina que disposes de 64.000€ per invertir en un projecte immobiliari i que a dia d'avui no els tens optimitzats. Arribes a final de mes bé i et dona per estalviar, però sense excessos.

- **Opció 1:** Seguim les recomanacions del professor i comprem un pis de 170.000€ (s'hauran de pagar impostos i despeses de compra per uns 30.000€), destinarem el pis al lloguer, amb l'objectiu que el lloguer del pis et pagui la hipoteca i et doni un benefici amb el qual tenir algun luxe esporàdic. Anem a fer números amb l'exemple comentat d'un pis de 170.000€ amb un finançament del 80%.

COMPRAR	Pis	
Preu Compra	170.000,00 €	
Despeses	30.000,00 €	
Hipoteca 80%	136.000,00 €	
Aportació	64.000,00 €	
LLOGUER	Mensual	Anual
Renda mensual	750,00 €	9.000,00 €

Font: Elaboració pròpia.

- **Opció 2:** Buscarem un pis més petit, en una zona que no sigui Barcelona ni cap capital de província, un piset d'uns 55.000€ que es lloga tot l'any per uns 450€ al mes i evidentment ajustarem els preus dels lloguers i les despeses d'acord amb el valor de l'immoble. Farem la inversió amb els 64.000€ de la primera simulació, però no utilitzarem finançament extern.

COMPRAR	Pis	
Preu Compra	55.000,00 €	
Despeses	9.000,00 €	
Hipoteca 80%	0,00 €	
Aportació	64.000,00 €	
LLOGUER	Mensual	Anual
Renda mensual	450,00 €	5.400,00 €

Font: Elaboració pròpia.

Estudi de costos

Per fer un estudi de costos de la inversió, hem de saber quins costos reals tenim, ja que en un principi els inversors no professionals solen valorar una rendibilitat sense comptar amb tots els costos existents, reduint el benefici a la frase «Cobro 750€ i pago 470€ d'hipoteca, tinc 280€ de benefici». En aquest càlcul, hi manquen moltes despeses que normalment no es tenen en compte o no es tenen totes en compte. Pel cap baix hi ha:

- Finançament: amortització i interessos
- Assegurança pis bàsica
- Assegurança protecció inquilins
- IBI i altres impostos municipals
- Despeses comunitat
- Reparacions del pis
- Gestoria immobiliària
- Impost de la renda (sobre els beneficis obtinguts)

Si ens posem a valorar bé totes aquestes despeses, veurem que potser no surt del tot rendible comprar un pis i posar-lo a lloguer, però sí com a eina de diversificació o d'inversió patrimonial. Deixaré la part dels costos de finançament en un punt separat a continuació i analitzarem tota la resta.

Pel que fa a l'assegurança del pis, una de bàsica tindria un cost d'entre un 0,15 % i un 0,20 % del valor del pis, aproximadament. En les opcions que ens ocupa serien uns 200€ (opció 1) i uns 120€ (opció 2). Si hi afegim una assegurança contra impagaments dels inquilins (cosa molt recomanable per dormir tranquil) els resultat seria aproximadament una mensualitat de lloguer.

També hem de comptar amb l'IBI i altres impostos municipals que podrien suposar un 0,30 % del valor del pis, les despeses de la comunitat també solen anar en concordança amb el valor del pis, posem un 0,30 %. Malauradament, no sempre funciona tot bé, i sempre s'han de fer reparacions al pis que van a càrrec del propietari, a vegades pot ser una caldera, un aire condicionat, etc. Bé, que no sempre són flors i violes i sempre hem de comptar amb un import per a les reparacions, sobretot quan els inquilins deixen el pis després de cinc anys de lloguer s'ha de condicionar una mica (arreglar algun moble, alguna esquerda, alguna aixeta, pintar, etc.), jo comptaria al voltant d'un 5 % del lloguer anual per al manteniment.

A part de totes aquestes despeses, que la majoria són desgravables, hi ha una despesa que la gent no sol comptar mai, i és que els beneficis que hem obtingut han de pagar impostos. Si fem una suma de les despeses desgravables, veurem que hem de declarar més guany del que tenim realment perquè l'amortització del préstec hipotecari no desgrava i, per tant, pagarem impostos per IRPF (al % que tinguem).

El problema de l'endeutament

Els inversors professionals solen tenir molt controlats els números i preveure un gran marge de canvi d'escenaris per cobrir-se davant dels riscos de les inversions. Aquest control o estudi dels diferents escenaris és un dels errors que solen fer els inversors no professionals, ja que fan els números quan les coses van bé, s'endeuten i després arriben les sorpreses inesperades de pujades de tipus d'interès. Faré les diferents simulacions i explicaré què els està passant a molts inversors «no professionals» endeutats, o millor dit «gestors».

En les dues opcions que hem definit anteriorment i sense haver fet un estudi del risc d'endeutament, podem suposar-nos que en la primera opció tindrem un problema però analitzem-ho a poc a poc.

Quan la gent inverteix, sol fer els números amb uns ulls optimistes, en una situació optimista i encoratjada amb una idea que les coses dolentes només els passa a l'altra gent. El cas més clar és en l'endeutament, a principis del 2022 l'Euríbor estava situat al 0,50 % negatiu i les perspectives eren que es mantingués en aquest nivell durant molt de temps, però un any més tard, al gener del 2023, es va situar al 3,34 % amb una cavalcada ascendent impressionant. Com evoluciona el cost de la hipoteca a l'opció 1?

	Euríbor -0,50% + 1% Dif		Euríbor 3,34% + 1% Dif	
Hipoteca	Mensual	Anual	Mensual	Anual
Import	136.000,00 €		136.000,00 €	
Quota	406,90 €	4.882,77 €	676,22 €	8.114,64 €
Amortització	350,23 €	4.202,77 €	184,36 €	2.212,32 €
Interessos	56,67 €	680,00 €	491,87 €	5.902,44 €

Font: Elaboració pròpia.

Per dir-ho finament —sense que ningú s'ofengui, sobretot el professor d'universitat—, el palanquejament està bé si el tens controlat. Vull dir que, si no varia perquè el tens fixat i repercutit al teu compte d'explotació personal, està bé. En cas contrari, és deixar una porta oberta a una fuita de diners.

Estudi de la rendibilitat

Per fer un estudi de la rendibilitat de la inversió, s'han de comptar tots els ingressos que tenim i s'han de repercutir totes les despeses.

Analitzem primer l'opció 1 i mirarem els ingressos que tenim per una banda que són una renda de 750€/mes (9.000€ anuals). Per l'altra banda tindrem les despeses. Tal com he comentat a la part d'endeutament hipotecari, l'any 2021 o 2022 podíem tenir una quota molt baixa a causa que l'Euríbor estava molt baix, però al 2023 ens ha pujat molt la quota de la hipoteca i amb ella totes les despeses del pis se'ns han disparat, fet que ens fa entrar en pèrdues. De totes maneres, amb l'Euríbor baix, la rendibilitat interna que tenim de la inversió (ROI) és un 0,92% o un 0,44% si ens protegim amb l'assegurança de les quotes d'inquilins, que tampoc és una bogeria.

	Escenari Euríbor Baix		Escenari Euríbor Alt	
	Sense protecció	Amb protecció	Sense protecció	Amb protecció
Interessos Hipoteca	680,00 €	680,00 €	5.902,44 €	5.902,44 €
Amortització	4.202,77 €	4.202,77 €	2.212,32 €	2.212,32 €
Assegurances	340,00 €	750,00 €	340,00 €	750,00 €
IBI, i altres impostos	510,00 €	510,00 €	510,00 €	510,00 €
Comunitat	510,00 €	510,00 €	510,00 €	510,00 €
Reparacions	450,00 €	450,00 €	450,00 €	450,00 €
Gestoria	120,00 €	120,00 €	120,00 €	120,00 €
TOTAL:	**6.812,77 €**	**7.222,77 €**	**10.044,76 €**	**10.454,76 €**
Benefici	2.187,23 €	1.777,23 €	-1.044,76 €	-1.454,76 €
Impost Renda	1.597,50 €	1.495,00 €	0,00 €	0,00 €
Benefici net anual	**589,73 €**	**282,23 €**	**-1.044,76 €**	**-1.454,76 €**
Rendibilitat	**0,92%**	**0,44%**	**-1,63%**	**-2,27%**

Font: Elaboració pròpia.

Ara analitzarem la segona opció, en la qual comprem un pis més petit sense finançament aliè i on tenim uns ingressos més petits, de 450€/mes (5.400€ anuals). Les despeses seran en percentatge més o menys les mateixes que les anteriors, exceptuant les de finançament. En primer lloc no ens influenciarà en res l'Euríbor perquè no tenim el finançament. Si et fixes en la rendibilitat d'aquest pis, ja sigui amb la protecció o sense la protecció de les quotes d'inquilins, és bastant millor que en l'opció 1, tot i el fet que hem invertit el mateix import en tots dos casos.

	Sense protecció	Amb protecció
Interessos Hipoteca	0,00 €	0,00 €
Amortització	0,00 €	0,00 €
Assegurança Pis bàsica	110,00 €	450,00 €
IBI, i altres impostos	165,00 €	165,00 €
Comunitat	165,00 €	165,00 €
Reparacions	270,00 €	270,00 €
Gestoria	120,00 €	120,00 €
TOTAL:	**830,00 €**	**1.170,00 €**
Benefici	4.570,00 €	4.230,00 €
Impost Renda	1.142,50 €	1.957,50 €
Benefici net anual	**3.427,50 €**	**2.272,50 €**
Rendibilitat	**5,36%**	**3,55%**

Font: Elaboració pròpia.

Potser penses que no es poden trobar pisos d'aquest estil, on poder fer una inversió petita i amb bona rendibilitat, però la veritat és que sí, hi ha llocs que no són ni Barcelona ni Sant Cugat, on els pisos són més econòmics i on evidentment els preus de lloguer estan d'acord amb el cost total de l'habitatge. S'han de buscar, s'han de mirar i s'hauran d'arreglar una mica, però com diuen de les *meigues*: *haberlas, haylas*. Segurament, si ets un inversor que tens aquests diners i que vols comprar un pis sense finançament, és perquè estàs en el nivell de Patrimoni i tens la Seguretat, l'Estalvi, la Inversió ben consolidats i, per tant, tindràs una diversificació ben feta i d'altra banda aquest tipus de pis no és el teu *target* per anar-hi a viure, però t'ho has de mirar com un pis d'inversió, no com un pis per anar-hi a viure.

En aquest capítol, també volia fer-te reflexionar sobre el fet que no sempre és or tot el que rellueix i que has de fer tots els números abans d'embarcar-te en un projecte d'inversió. Si no, al final vindrà una gran desil·lusió si no obtens el rendiment que esperaves. Ara bé, sempre són així de nefastes les inversions immobiliàries? NO! Rotundament no. Si no, no hi hauria inversors que fessin grans inversions per comprar immobles.

Quan som inversors novells ens sol passar això, que no sempre fem els números correctament i ens basem en el que ens diuen amics o coneguts, que tampoc solen fer bé els números i acaben dient que guanyen molts diners quan la rendibilitat és més aviat minsa. Sempre recomano que us informeu i que feu una anàlisi de costos-benefici amb un assessor immobiliari o financer que, encara que costin diners, us aconsellaran en la vostra possible inversió.

Fons patrimonials

De tipus de fons d'inversió n'hi ha molts i de molt diversos. N'hi ha alguns que tenen molta volatilitat, n'hi ha que tenen molt creixement, n'hi ha de més consolidats o que inverteixen en mercats emergents. En els que em vull centrar en aquest capítol són en els fons específics de conservació de capital. Jo els anomeno fons patrimonials perquè la seva principal característica o el seu objectiu d'inversió és la de mantenir el patrimoni, més que no pas obtenir una rendibilitat.

Suposo que deus pensar que tots els que inverteixen ho fan amb l'afany de tenir més diners d'aquí un temps. Bé, de fet, sol ser així. Però hi ha gent que té un capital molt elevat, que sol estar molt exposat per altres bandes i vol tenir una gran part protegida encara que perdi diners. Aquesta és la raó per la qual molta gent inverteix en bons alemanys a deu anys, per la seguretat que els dona tot i que des del 2019 al 2022, el bo alemany estava en negatiu.

Els fons patrimonials són vehicles d'inversió que tenen com a objectiu principal la conservació i preservació del patrimoni. Estan dissenyats per protegir el capital dels inversors de les fluctuacions del mercat. A través d'estratègies de gestió de riscos i diversificació, intenten minimitzar la volatilitat i proporcionar una certa estabilitat en l'evolució del valor de l'actiu net del fons.

Solen estar gestionats per equips de gestors professionals amb experiència i coneixement dels mercats financers. Són de perfil molt sènior amb contactes al mercat. Fan anàlisis, investigacions i selecció d'inversions en nom dels inversors, buscant identificar oportunitats de rendiment adequades i gestionar els riscos associats. I no dubten a reunir-se amb els grans inversors del fons, si cal fer-ho, per explicar l'estratègia o captar més patrimoni per al fons concret.

Solen invertir en una àmplia gamma d'actius, com ara renda fixa, renda variable consolidada, immobles o altres instruments financers. Aquesta diversificació ajuda a reduir el risc general de la cartera, ja que, si una inversió no funciona bé, pot ser compensada per altres inversions que tinguin millors resultats.

En alguns casos, els fons patrimonials poden oferir als inversors l'accés a inversions sofisticades que normalment estarien fora de l'abast de la majoria de les persones individuals. Això pot incloure inversions en actius alternatius, com ara fons d'inversió en capital privat, fons d'inversió immobiliària o altres estratègies especialitzades. Fins i tot es pot arribar a crear un estructurat específic a mida de l'inversor, ja que en alguns casos els inversors solen ser grans fortunes.

Pel que fa als productes interns que solen incorporar aquests fons, són tots productes de baixa volatilitat. Els **actius monetaris** són instruments financers a curt termini, com ara dipòsits bancaris i altres actius de renda fixa amb venciments propers. Són adequats per a inversors que prioritzen la seguretat i la liquiditat. La **renda fixa** com ara bons, obres, dipòsits a termini fix, entre altres. Es busca un rendiment més estable i la conservació de capital. El **sector immobiliari** sol tenir un pes important, però d'un altre estil del que he comentat anteriorment. Aquestes inversions solen ser en edificis comercials, oficines o habitatges d'alt *standing*. També es pot invertir en **projectes d'infraestructures** com ara carreteres, aeroports, ports o hospitals.

Cal tenir en compte que tots els fons d'inversió comporten riscos, encara que els fons patrimonials tendeixen a ser més conservadors i a buscar una menor volatilitat. És important revisar la documentació i l'estratègia d'inversió de cada fons patrimonial en particular i assegurar-se de comprendre els riscos i costos associats abans de prendre una decisió d'inversió.

Family Offices

Els *Family Offices* són entitats privades que ofereixen serveis de gestió integral de les finances i del patrimoni d'una família o grup de famílies amb un elevat patrimoni net. El seu objectiu principal és atendre les necessitats financeres i patrimonials complexes d'aquestes famílies, oferint una sèrie de serveis personalitzats i especialitzats.

Els *Family Offices* tenen com a finalitat principal preservar i fer créixer el patrimoni de les famílies a llarg termini. Això implica una gestió financera integral que abasta diversos àmbits, com ara: inversions, planificació financera, assessorament fiscal, gestió immobiliària, planificació successoria, filantropia i altres aspectes relacionats amb les finances i el patrimoni. Treballen en estreta col·laboració amb les famílies per comprendre les seves metes, objectius i valors. Després, desenvolupen una estratègia financera personalitzada que s'adapta a les necessitats de cada família. A més, es dediquen a la selecció i supervisió d'altres professionals financers, com ara gestors d'inversions, advocats, comptables i altres especialistes necessaris per gestionar eficaçment els assumptes financers de la família.

Les gestores de *Family Offices* no ofereixen els serveis a qualsevol, ja saben on han de trucar perquè només volen clients amb un bon patrimoni. Solen comptar amb equips de professionals qualificats i especialitzats, i un servei altament personalitzat adaptat a les necessitats i desitjos específics de cada família. S'estableix una relació de confiança i col·laboració estreta amb els clients per comprendre les seves metes i ajudar-los a prendre decisions informades.

Gràcies al seu accés a una xarxa d'experts i a una amplia base de coneixements, els *Family Offices* poden oferir oportunitats d'inversió exclusives que podrien no estar disponibles per al públic general. Això inclou inversions en actius alternatius, inversions en capital privat, inversions immobiliàries i altres estratègies especialitzades.

Els *Family Offices* s'encarreguen de coordinar els diferents aspectes financers i patrimonials de les famílies, de manera que els clients no hagin de tractar amb diversos proveïdors de serveis. Això simplifica la gestió i ofereix una visió global i integrada de les finances i el patrimoni.

Les famílies, per la seva banda, el que pretenen contractant aquests serveis és la continuïtat generacional i els *Family Offices* estan especialment preparats per afrontar aquest repte. Ajuden les famílies a planificar i gestionar la transferència del patrimoni a les generacions futures de manera eficient i sostenible.

Cal tenir en compte que els *Family Offices* solen estar destinats a famílies amb un patrimoni substancial i complex. No obstant això, també existeixen variants més accessibles, com ara els *Multi-Family Offices*, que ofereixen serveis compartits a diverses famílies amb patrimonis més modestos. Com amb qualsevol decisió financera, és important analitzar les opcions disponibles, avaluar els costos i beneficis, i buscar assessorament professional abans de comprometre's amb un *Family Office*.

Bitcoins i Criptoactius

Els criptoactius han captat l'atenció dels inversors des de fa uns anys, i el Bitcoin ha estat el líder del mercat de criptomonedes des del seu naixement el 2009. La seva popularitat ha anat creixent al llarg del temps i, actualment, molts inversors busquen en aquest tipus d'actius una forma de diversificar la seva cartera i d'obtenir rendiments.

El Bitcoin és una criptomoneda descentralitzada que funciona a través de la tecnologia blockchain. Això significa que les transaccions es registren en un llibre de comptes digital distribuït en diferents nodes de la xarxa, i que no hi ha cap autoritat central que controli el seu funcionament. Aquesta descentralització ha estat una de les raons per les quals el Bitcoin ha aconseguit guanyar la confiança dels inversors, ja que elimina la necessitat de confiar en una autoritat central per mantenir la seguretat de les transaccions.

Però el Bitcoin no és l'única criptomoneda en el mercat. Actualment hi ha milers de criptoactius diferents, cadascun amb les seves pròpies característiques i utilitats. Altres criptomonedes poden ser Ethereum, Litecoin, Ripple, i moltes més. Cada criptomoneda té la seva pròpia estructura de preus i volatilitat, així com la seva pròpia comunitat d'inversors.

Els inversors que busquen invertir en criptoactius han d'estar preparats per afrontar la volatilitat del mercat. Els preus de les criptomonedes poden fluctuar enormement en un curt període de temps. Per això, els inversors han de ser conscients que poden perdre una part, o tota la seva inversió, si el preu de la criptomoneda baixa de manera significativa. A més, el mercat de criptomonedes està relativament poc regulat en molts països, la qual cosa augmenta el risc per als inversors.

Malgrat això, molts inversors consideren que els criptoactius són una oportunitat d'inversió atractiva per diversificar la seva cartera i obtenir rendiments. Els inversors que decideixen invertir en criptoactius han de fer una investigació exhaustiva sobre la criptomoneda en la qual desitgen invertir, així com sobre el mercat de criptomonedes en general. A més, és important tenir en compte que les criptomonedes no són una inversió tradicional i que els inversors han d'estar preparats per aprendre sobre aquest mercat en constant evolució.

L'opció més típica, però, sol ser comprar criptomonedes directament a través d'uns *Exchanges*. Els *Exchanges* de criptomonedes són plataformes que permeten als inversors comprar i vendre criptomonedes, i són la forma més comuna d'entrar a invertir en aquest mercat. De totes maneres, recomano que si has d'entrar a invertir ho facis amb seny, t'informis i et formis una mica abans, et creïs un Wallet* propi i que t'ajudi algun conegut que ja en sàpiga. Malauradament, al món de les Criptos t'hi pots trobar gent poc honesta, com a tot arreu, però en aquest entorn sembla que han proliferat més per la no identificació personal dels *wallets* propis, per tant, vés amb compte al fer les teves inversions per no caure en *scams* i revisa la poca informació que et donin. Sobretot, assegura la teva inversió amb mètodes com el del benefici infinit i no «t'escalfis» massa pensant que la inversió et farà ric, perquè ja saps que ningú dona duros a quatre pessetes.

* Wallet: Un *wallet* de criptomonedes és una aplicació o un dispositiu que permet emmagatzemar i gestionar de forma segura les teves criptomonedes. Funciona com una cartera digital, en què pots enviar, rebre i guardar les teves monedes virtuals.

Lingots

Invertir en lingots d'or o d'altres «materials preciosos» és una opció que molts inversors han considerat al llarg dels anys. Els lingots d'or són una forma de tenir un valor tangible i real, que pot ser guardat i conservat al llarg del temps i que pot ser convertit en diners en qualsevol moment. La inversió en lingots té avantatges i inconvenients que hauràs d'avaluar, cercant la màxima informació possible abans d'invertir-hi. Per sort, aquesta informació és més pública que les inversions en criptomonedes i, tot i que els estafadors te'ls pots trobar per tot arreu, ells prefereixen el teletreball i estar ocults darrere d'una pantalla a casa seva.

El principal avantatge de la inversió en lingots és que són uns actius que mantenen el seu valor durant segles. L'or ha estat considerat com una forma de protegir els diners contra la inflació i altres factors econòmics que poden afectar el valor de les monedes i altres actius. A més, és un actiu físic que es pot guardar en una caixa forta o altres llocs segurs, de manera que és una opció atractiva per a aquells que busquen diversificar les inversions.

Un altre avantatge de la inversió en lingots és que són una forma de moneda que es reconeguda a tot el món. Això significa que els lingots són fàcils de vendre en qualsevol lloc, i això els fa atractius per a aquells que busquen una inversió líquida i fàcilment convertible en diners.

Per altra banda, un dels principals desavantatges de la inversió en lingots és que no generen cap mena de rendiment o interès. Això significa que si la inversió en lingots no augmenta en valor, l'inversor no guanyarà cap mena de benefici de la inversió, només de la possible revaloració. La revaloració es genera quan es decideix vendre els lingots. Per tant, l'inversor només guanyarà diners si el preu del lingot ha augmentat des que els lingots es van comprar. En cas contrari, podrà tenir pèrdues.

Un altre desavantatge de la inversió en lingots és que poden ser robats o patir danys per factors externs. Per aquesta raó, els lingots d'or s'han de guardar en llocs segurs i vigilats, per garantir-ne la seguretat.

Abans de prendre una decisió d'inversió en lingots, és important considerar els objectius d'inversió i el perfil de risc de l'inversor. Si busques una inversió segura i estable, els lingots poden ser una opció atractiva. Però si busques una inversió amb més risc i amb potencial de rendiment més alt, altres inversions com les accions poden ser més apropiades. Aquest és un dels valors principals de la inversió patrimonial en lingots, ja que el que es busca és la protecció patrimonial.

En aquest tipus d'inversió, recomano que hi hagi un 2 % o un 3 %, com a màxim, del valor patrimonial total, ja que —com he comentat anteriorment— no dona beneficis, però sí que protegeix patrimoni.

Art

Invertir en obres d'art pot ser una opció interessant per als inversors que busquen diversificar les seves carteres i obtenir beneficis a llarg termini. Encara que la inversió en obres d'art no sigui per a tothom, els beneficis potencials poden ser significatius si es fa correctament.

Una de les coses més importants que s'ha de tenir en compte a l'hora de decidir invertir en obres d'art és la qualitat de les obres. Això és crucial perquè les obres d'art de qualitat tendeixen a mantenir i augmentar el seu valor al llarg del temps, mentre que les obres de menor qualitat poden perdre valor ràpidament.

Per aconseguir obres d'art de qualitat, és important assegurar-se que el venedor és un expert en art i que pot oferir la garantia que l'obra és autèntica. També és important investigar l'artista i la seva obra per entendre millor el valor potencial de la peça. A més, és important tenir en compte el mercat de l'art i les tendències actuals per saber quines obres tenen més demanda.

Un altre aspecte important a tenir en compte és la forma en què s'inverteix en obres d'art. Molts inversors opten per comprar obres d'art directament, però també és possible invertir en fons d'inversió d'art o en subhastes d'art. Aquests fons o subhastes poden ser una opció interessant per als que no tenen l'experiència o els coneixements necessaris per comprar obres d'art directament.

És important tenir en compte que la inversió en obres d'art no és líquida. Això vol dir que no és fàcil vendre una obra d'art a curt termini si es necessita recuperar el capital invertit. Invertir en obres d'art és una operació a llarg termini, que requereix paciència i perseverança per obtenir beneficis.

No obstant això, si es fa correctament, la inversió en obres d'art pot ser una opció molt rendible. Les obres d'art de qualitat han demostrat mantenir i augmentar el seu valor al llarg del temps i poden ser una inversió interessant per als que busquen diversificar les seves carteres. A més, invertir en obres d'art també pot ser una manera emocionant i gratificant de participar en el món de l'art.

La llibertat

«No és més ric el que més té, sinó qui menys necessita».

Buda

La llibertat és un concepte ampli i complex que té diferents significats en diferents contextos i per a diferents persones. En el sentit més ampli, la llibertat és la capacitat de les persones d'exercir el seu poder de decisió i d'actuar lliurement sense ser coaccionades o limitades per forces externes. Pel que fa a les finances, la llibertat financera és un estat en el qual una persona té una situació econòmica sòlida i prou recursos per viure la vida que desitja, sense estar limitada per les preocupacions financeres. Es tracta de tenir la capacitat de prendre decisions i de gaudir d'opcions lliures en la gestió dels recursos econòmics.

Una persona que gaudeix de llibertat financera no està atrapada en un cercle de deutes, té la capacitat d'afrontar les despeses diàries, pagar factures i dedicar el seu temps a allò que vol fer en tot moment. Podríem dir que una persona lliure financerament pot deixar una feina que no li agrada, dedicar-se a una passió, invertir en el seu creixement personal o ajudar altres persones. Per tant, la llibertat financera implica tenir prou estalvis i inversions que generin rendiments per sostenir un estil de vida desitjat.

Cal destacar que la llibertat financera no significa necessàriament ser increïblement ric o no haver de treballar mai més. Més aviat es tracta de tenir prou recursos i control econòmic per viure la vida desitjada, sense ser esclau de les preocupacions monetàries. És una combinació de patrimoni, inversió, estalvi i gestió financera intel·ligent, i de la capacitat de prendre decisions que permetin assolir un equilibri entre la feina, el plaer i les metes financeres.

Si tornem als orígens del llibre, la piràmide financera s'encara des del punt de vista més lògic cap a la llibertat financera, on no és més feliç qui més té —o gasta—, sinó qui més en gaudeix. Recordo que, de jove, quan feia windsurf i anava a un *spot* (lloc on normalment fa molt de vent i es reuneixen molts windsurfistes), veia gent que feia unes maniobres increïbles i que solien tenir les taules i veles super-noves i super-guais. He de reconèixer que alguns cops em moria d'enveja, però jo preparava la meva super-molt-guai vela, que era una marca blanca però era la meva millor vela, em posava el neoprè i sortia a navegar pensant... «avui gaudiré més que ningú!». Era lliure, perquè gaudia del moment i els altres no m'importaven. On vull anar a parar? Al fet que tot es redueix a com et plantegis la vida, a com vols gestionar-la i a com vols viure-la.

Una persona pot tenir molts diners, però pot necessitar-ne molts per ser feliç, cosa que farà que li costi molt arribar a la llibertat financera ja que els seus mínims seran molt més alts que un altre que potser no cobra tant i que amb menys diners és capaç de viure bé. «No és més ric el que més té, sinó el qui menys necessita», la llibertat financera, doncs, no la mesurarem des del punt de vista de la quantitat de diners generats o gastats, sinó de la satisfacció vital *versus* el marge vital. Sí, m'acabo d'inventar aquesta paraula, però ha quedat bé, oi? Entenc el marge vital com la diferència entre els ingressos i les necessitats vitals que tenim, i la satisfacció vital seria la satisfacció que tenim en viure la vida que vivim.

Tenir temps i gaudir

Quan em pregunten a mi què és la llibertat financera, responc que és tenir temps per fer el que vull fer. Per exemple, en aquests moments estic escrivint el llibre perquè vull escriure'l, és un diumenge al matí. Hi ha potser un moment millor per escriure'l que no sigui un dia de festa? Sí i no, vull escriure'l ara que les meves filles estan jugant, la meva dona està fent altres coses i jo tinc el meu espai mental i físic per tancar-me en mi mateix a reflexionar. Hi haurà gent que en aquestes hores estarà fent una marató de sèries de Netflix, passejant o fent esport.

Els que em coneixen saben que dedico molt de temps al que se'n diu «treballar» i, en certa manera és cert: «treballo» molt, m'agrada embolicar-me en nous projectes, és la meva manera de viure i de gaudir. També m'agrada fer altres coses que no són considerades feina i alguns cops les faig entre setmana en horari de feina. Tot dependrà de com gestionis la teva vida.

Ingressos passius

«Si vols resultats diferents... Fes coses diferents».

ALBERT EINSTEIN

Quan explico els ingressos passius a les meves classes, la gent sol fer diverses reflexions internes: els ho veig a la cara. Espero fer-te arribar en aquest capítol al mateix grau de reflexions com si fos davant teu fent una formació d'ingressos passius i que pugui transmetre't aquest món que tan m'agrada amb tota claredat.

Què són els ingressos passius?

«Ningú regala duros a quatre pessetes».

Refrany popular català

Quan faig aquesta pregunta, molta gent em diu que són ingressos sense que hagis de treballar. Bé, en certa manera podria ser cert, però no pas del tot, perquè hi ha un matís: es tractaria de no haver de treballar en aquests moments per aconseguir els ingressos, però potser sí que ho has hagut de fer fa un temps. Posaré els casos més típics d'ingressos passius perquè entengueu què són els ingressos passius.

El típic ingrés passiu són els ingressos pel lloguer d'un pis que has comprat anteriorment i que et genera unes rendes mensuals. A això sempre se li ha dit «viure de rendes», i és que quan la gent adinerada tenia molts pisos —i, per tant, no calia que treballessin—, es deia que només amb les rendes ja en tenien prou per viure bé. Però què ha hagut de passar perquè una persona tingui aquests ingressos? Li han caigut del cel? Bé, potser sí. N'hi ha que han heretat pisos i mai s'han hagut de preocupar per treballar, per això l'expressió en si té una connotació negativa i pejorativa. Però, compte, perquè expressada amb negativitat el que està aflorant són sentiments d'enveja i repudia cap a una persona que ja és lliure financerament mentre que un s'ha d'aixecar cada matí per anar a treballar per guanyar-se el sou. Si expressem aquesta frase amb negativitat, mai hi arribarem, perquè sempre tindrem la barrera psicològica que si som lliures i podem viure de rendes ens criticaran.

Excepte en els casos d'heretar un pis o uns pisos, la resta de gent els ha hagut de comprar, i això vol dir que han hagut de treballar per aconseguir els diners per poder fer aquesta inversió que després dona els seus fruits en forma de 500€, 1.000€ o 1.500€ mensuals. Després de pagar el preu de la compra, de les obres de condicionament de l'habitatge i de la contractació d'una immobiliària que et faci la gestió, es converteixen en uns ingressos passius. Però em refermo en el missatge que prèviament hem hagut de treballar o aportar diners, que implica haver-los aconseguit treballant.

A part d'aquest cas típic que és invertir en immobles i llogar-los, hi ha moltes més coses que poden ser ingressos passius i evidentment totes requereixen un esforç o dedicació inicial perquè «ningú regala duros a quatre pessetes», i és que no podem pretendre aconseguir uns ingressos sense unes tasques anteriors. I aquí és on volia arribar, a uns altres exemples d'ingressos passius. Tinc algun client que em diu que li busqui algun ingrés passiu i és que crec que no es tracta d'això, jo no soc una font per repartir ingressos passius. Els ingressos passius s'han de treballar i gestionar, i evidentment, jo em busco i genero els meus. Cadascú s'ha de buscar i treballar els seus ingressos passius d'acord amb les seves passions.

Sabeu quina és la cançó que més diners recapta en *royalties* per als seus propietaris? Alguns direu *Yesterday* de The Beatles o el *Every breath you take* de Police. Però no, la que més genera anualment en *royalties* és el *Happy Birthday* que van crear unes germanes propietàries d'una llar d'infants que volien cantar alguna cosa als nens per celebrar els aniversaris. Aquesta cançoneta que tots hem cantat algun cop, dona actualment als propietaris dels drets d'autor uns dos milions de dòlars anuals i és que sentim o cantem sovint l'aniversari feliç ja sigui en català, castellà o en altres idiomes.. Però nosaltres no paguem els drets d'autor, em diràs. Doncs sí que posem la cançó per l'Spotify o similar i cada cop que sona... clinc-clinc... uns cèntims a la butxaca del propietari dels drets. S'ha de dir que jo, amb els drets de *Yesterday* (uns trenta milions de dòlars) ja estaria content, però el meu problema és que no tinc prou coneixements de música com per compondre alguna cosa. De totes maneres, no tiro el barret al foc perquè, mireu com és la vida, que una cosa que va començar com una broma *Baila el Chiki-Chiki* de Rodolfo Chikilicuatre va anar a Eurovisió i va obtenir un setzè lloc, més amunt que moltes altres cançons més serioses. Va donar molts rendiments i encara se sent alguns cops i, per tant, continua encara generant *royalties*.

Parlant de possibilitats gairebé impossibles (com és la de compondre una cançó o escriure un llibre «top vendes»), des d'aquí faig una crida perquè si t'ha agradat aquest llibre el recomanis a tothom, així jo cobraré alguns ingressos passius a la teva salut. Evidentment, això és una broma perquè no he escrit aquest llibre amb aquesta finalitat, però és cert que, tot i que siguin pocs diners per llibre, de mica en mica s'omple la pica. Tinc una amiga que és escriptora de novel·les i formadora d'escriptura i redacció a empreses que diu que escriu pel plaer d'escriure, però segur que si algun dels seus llibres acabés convertint-se en un «top vendes» no li faria un lleig. Espero que algun dia ho puguem celebrar, Laia.

Evidentment, escriure un llibre és una tasca molt dura, amb molta dedicació i ben segur podríem dir que econòmicament no compensa, però sí per l'orgull personal i per la finalitat que ha estat escrit el llibre.

El quart exemple d'ingressos passius és la pensió de jubilació. O us penseu que no compta? És clar que sí, quan després d'una vida de treballar, arribem a certa edat i ens jubilem, aconseguim uns drets amb la Seguretat Social que ens paguen mensualment sense treballar. Evidentment, igual que amb tots els altres ingressos passius, hauràs d'invertir temps o diners perquè et paguin la teva pensió, i si no ho veus clar, recupera el capítol de la jubilació i calcula el següent: per cobrar la pensió als 67 anys, has hagut de treballar uns 35 anys com a mínim i preferiblement uns 40-45 anys. Si multipliques 35 anys (a mínims) per 12 mesos, són 420 mesos treballats. Aleshores això ho hem de multiplicar per la teva aportació a la Seguretat Social, que amb un sou de 2.000€ nets serien uns 1.000€ (tot i que el que aportes per a les pensions no és el 100%, però per fer-nos un ordre de magnitud està bé). Amb això, podríem estar parlant que durant tota la nostra vida de treballadors farem unes aportacions a l'estat d'uns 420.000€. En conclusió, la nostra pensió és un ingrés passiu on hem hagut d'aportar una inversió inicial forta. De totes maneres, jo no hi confiaria gaire, en aquest sistema passiu, perquè quan ens jubilem segurament no ens donarà per gaire cosa.

Va bé, però si no guanyo prou com per comprar un pis, no tinc sentit musical, no sé escriure i encara tinc edat de treballar, vol dir que no puc tenir ingressos passius? No: vol dir que hauràs de buscar el teu sistema de retribució d'ingressos passius o transformar els teus ingressos en passius, assumpte que veurem més endavant.

Diferència entre ingressos passius i recurrents

Hi ha gent que confon els ingressos passius i els recurrents, i és que són molts semblants, perquè tots dos tenen un cobrament temporal. En el cas dels ingressos passius, dèiem que no treballàvem ara. És a dir, tenim un pis i no ens en preocupem, som propietaris dels drets d'una cançó i només hem d'esperar que l'SGAE ens faci la liquidació mensual, etc. En el cas dels recurrents, no podem estar de braços plegats esperant a cobrar, s'espera que fem alguna cosa a canvi, ja sigui molt o poc, però una dedicació l'hem de tenir el que seria un manteniment.

Imaginem que ets propietari d'una gran cartera de clients d'assegurances de la llar d'una companyia asseguradora. Si hi ha un incident, el propietari normalment truca a la companyia, ni et trucaria a tu, i com que sap el telèfon directament de la gestió d'incidents es posa en contacte amb ells, gestiona tota l'operativa i ja està. Cada any es renoven les pòlisses normalment, però si no conservem els clients i no els truquem de tant en tant, el vincle es perd i al final les pòlisses no es renoven, i una gran cartera es pot convertir en només una cartera i, amb el temps, ja no tenim ni cartera. Per tant, hem de fer un manteniment i una mica de feina perquè, si no, no cobrarem els nostres ingressos recurrents. Ep!, que amb aquest exemple no vull dir que els agents d'assegurances no fan res, no, treballen i molt... el que vull dir és que si anessin a mínims i delegant certes feines, el que dèiem serien ingressos recurrents.

El quadrant i el flux dels diners

He agrupat el quadrant dels diners i el flux de diners en el mateix apartat perquè els dos temes són originals de Robert T. Kiyosaki.

Robert Kiyosaki és l'autor de *Padre rico, padre pobre*, llibre que us recomano juntament amb tots els seus altres llibres. La veritat és que amb *Padre rico, padre pobre* va trobar la manera d'explicar les diferències d'actuació i d'afrontar la vida i les finances de dues persones força diferents (a qui ell anomenava «pares»). Un del dos sí que era el seu pare biològic, l'altre era el pare d'un amic seu, però que li va donar els fonaments financers de com afrontar la vida i les finances d'una manera diferent i innovadora. No et revelaré més coses del llibre, només et comento que val molt la pena llegir-lo per canviar el xip.

Pel que fa al flux dels diners, Robert Kiyosaki mostra la informació financera com si fos un compte de pèrdues i guanys i un balanç de situació d'una empresa, tot junt en un mateix gràfic (un a sobre de l'altre), de la manera que mostro a continuació:

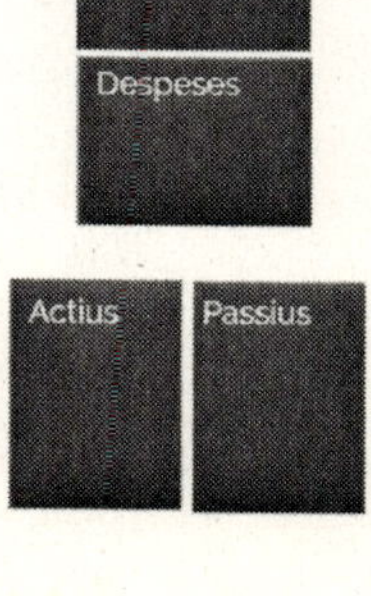

A partir d'aquí comença a determinar com es gestionen els diners per classe social (classe treballadora, classe mitjana, classe alta/rics) i és que hi ha paràmetres comuns a com es gestionen els diners per classe social.

Abans de seguir voldria fer un aclariment, i és que el que us he definit en el capítol de «Patrimoni net» sobre els actius i passius, aquí no seria ben bé igual. Mentre allà consideràvem que un pis és un actiu tant sí com no, en el moment en què parlem d'ingressos passius tenim unes altres premisses. Considerem un actiu només si ens dona rendibilitat. Per tant, imaginem que tens tres pisos: en un hi vius tu i la teva família (residència habitual i, per tant, no el llogues i tampoc n'ingresses cap renda); el segon és una caseta a la platja de la qual gaudeixes a l'estiu i no ingresses cap renda, i el tercer és un pis que no utilitzes, que el tens llogat a uns inquilins dels quals ingresses una renda mensual. En aquest cas, només tindrà la consideració d'actiu aquest darrer, els altres seran passius, pel que fa a la tipologia d'ingressos/despeses. Perquè, fora de donar-nos una renda, la residencia habitual i la caseta de la platja, tindràs unes despeses de manteniment, subministraments, etc., i per tant serà un passiu. En canvi, el pis llogat serà un actiu perquè produeix diners.

Fet aquest aclariment, tindríem:

Classe treballadora: La classe treballadora cobra el seu sou i es gasta el que ingressa, de manera que no sol estalviar gaire, però pot millorar a la feina i pot estalviar alguna cosa. Si aconsegueix estalviar, possiblement es fixarà en com es comporta la classe mitjana i en un futur la imitarà. Per tant, el flux dels diners es mantindrà: aconseguirà els ingressos per la feina, pagarà totes les factures i despeses del dia a dia, i si pot estalviar, serà poc.

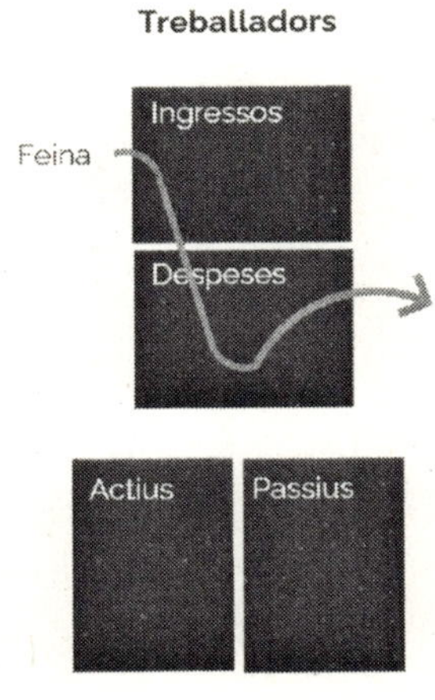

La classe mitjana: Normalment solen ser treballadors o professionals que ja cobren una mica més i que tenen les inquietuds de disposar d'un bon cotxe, un bon pis o anar a esquiar. Aquesta gent tenen uns ingressos provinents de la feina, paguen la hipoteca i préstecs pels quals s'han endeutat per disposar dels «capricis» o passius i posteriorment paguen les factures i despeses que tenen del dia a dia. Si poden estalviar, ho solen fer sense planificació.

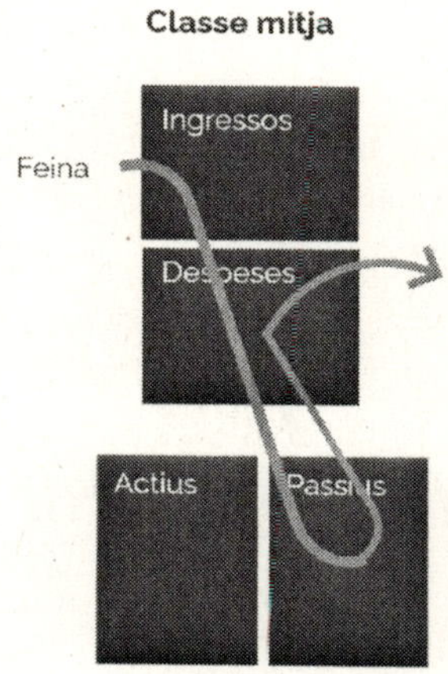

La classe rica: Solen ser gent que ja té la llibertat financera. Recordem que són gent que tenen més ingressos passius (sense treballar) que despeses. Per tant, podríem dir que no tenen ingressos per feina o, si en tenen, no seria la seva font principal o ho poden destinar a incrementar el seu patrimoni i, per tant, a fer créixer els seus actius.

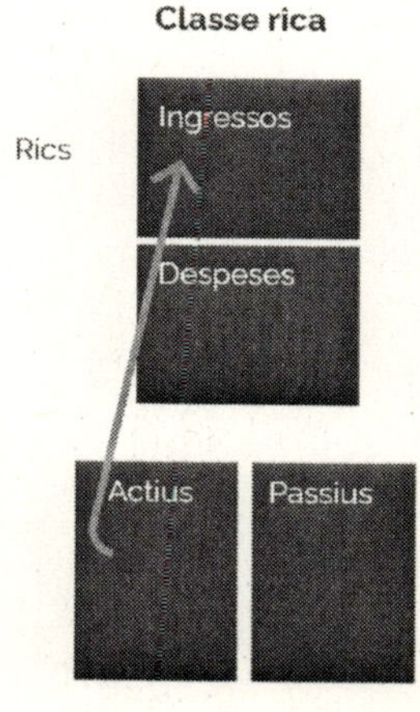

Evidentment, no cal ser ric per tenir actius que et generin ingressos. Ni ser treballador implica que no tinguis un cèntim i no et puguis comprar un pis... entén-me: no ho he mostrat de forma pejorativa sinó amb el sol fet de reflexionar. La idea és que si aconsegueixes tenir una col·lecció d' «actius» ben invertits que et donin unes bones rendes passives, que superin les teves despeses mensuals, aconseguiràs ser lliure financerament i no et caldria treballar per viure. Així podries dedicar la teva vida a allò que vulguis fer i a ajudar els altres a aconseguir la seva llibertat financera.

Les potes de la taula

No sé si mai heu tingut una taula de menjador de disseny amb una pota central. Jo en tinc una i la veritat és que no és gens còmoda. Sempre balla, sobretot si tens convidats a casa i s'ha d'allargar. Tampoc és còmoda per asseure-s'hi al davant ja que —no sé com m'ho faig— sempre acabo donant-me cops als genolls amb la pota central.

En si, reprenem el fil: les taules solen tenir quatre potes, tot i que, com ja he dit, algunes de disseny especial en poden tenir un nombre diferent. De la mateixa manera que una taula de quatre potes és més estable que la que només en té una, els teus ingressos no haurien de provenir d'una sola font, perquè som molt dependents d'aquella font, i si les coses van mal dades podria ser que els ingressos et desapareguessin i ho passaries malament. Això es pot aplicar sobretot als autònoms, que molts cops tendim a no pensar gaire i a treballar amb qui més ens paga, però no és bo limitar-nos a una sola font i hem de tenir també altres clients a qui facturar perquè, si no, depenem massa d'aquesta font i algun dia ens pot arribar a escanyar si percep la nostra dependència. Però jo no et volia parlar d'una cosa tan trivial com la facturació d'un autònom. El que et vull comentar és que qualsevol persona, ja sigui autònom o assalariat, ha de tenir diferents ingressos, ja sigui per feina (dedicant-hi hores) o passius (dedicant-hi inversió de temps o diners). Soc conscient que el dia només té 32 hores! Uix no, que en té 24! Tampoc vull que oblidis la família, i tant que no! Però sí que potser pots fer alguna cosa d'esbarjo o *hobby* de la qual també pots treure un profit econòmic i ingressar uns diners extres i així fer la vostra taula més estable. Potser estàs pensant que això és impossible perquè negoci es la negació de l'oci, i intentar cobrar diners d'un *hobby*... no ho veus clar. Imagina que t'agrada fer windsurf i que aconsegueixes tenir-ne un bon nivell. No t'hi dediques professionalment, però segueixes les competicions i viatges molt perquè t'agrada. Et crees un canal de Twitch, Youtube, Instagram, etc. Comences a tenir seguidors retransmetent les competicions, donant explicacions de maniobres, entrevistes als competidors... Al començament pot ser un *hobby*, però avui dia les xarxes ho mouen tot molt de pressa i és fàcil que alguna cosa es faci viral i comencis a fer el teu clinc-clinc ingressant diners.

Tothom hauria de tenir quatre fonts d'ingressos com a mínim i de diferents procedències. Ingressos pel treball, immobles, inversions financeres, empresarials, criptomonedes, *network* màrqueting. Aquests són alguns dels pilars en què ens podem recolzar. Però, compte!, que no podem descompensar massa la taula, ja que si no es convertirà en una taula d'una sola pota, amb el disseny molt *guai* però ineficient.

Un client a qui vaig fer un assessorament, tant de les seves finances com les dels seus pares, em deia que els seus pares tenien diverses propietats immobiliàries, però que no arribaven a final de mes, perquè tenien moltes despeses i els lloguers no generaven prou benefici. La meva recomanació va ser la venda d'un o diversos immobles, i fer una planificació ben estructurada amb capital financer per equilibrar una mica la taula. Però això no era el que volia sentir el client, ja que segons ell els pisos no s'han de vendre mai, perquè són patrimoni. Jo penso que el patrimoni no et dona de menjar, per això penso que si els costos t'escanyen és millor vendre'l.

Cadascú ha de trobar el mercat on estigui còmode, i a mi tenir immobles no em dona seguretat, perquè si hi ha una explosió d'una bombolla immobiliària podem patir molt. El que em donaria seguretat és tenir diferents immobles, empreses de diversos sectors amb ingressos passius, ingressos per feina diversificats en diferents clients, ingressos financers per a inversions, etc. Vaja, el que em donaria seguretat seria tenir deu potes a la taula.

Transformar el nostre negoci en ingressos passius

Quan parlo amb els clients dels ingressos passius tots em diuen: *això, això, això és el que jo vull, jo vull cobrar sense treballar*. A veure, no és el fet de cobrar sense treballar, però si teniu un negoci amb una dedicació al 100 % i que sense vosaltres no rutlla, llavors teniu un problema. No us diré en un llibre com heu de transformar el vostre negoci d'ingressos per treball a ingressos passius perquè hi ha infinitat de maneres de fer-ho i casuístiques diferents que fan que no es pugui generalitzar, però sí que haureu de pensar com podríeu disminuir la dedicació sense que això afecti el vostre compte de resultats.

Un dels principals problemes (i que es repeteix en la majoria d'empreses) és la baixa delegació de la feina del soci, i és que tendim a ser una mica dominants. Recordeu l'exemple que he posat abans del propietari d'un restaurant que era cuiner i que per ser propietari de negoci (no autònom) havia de donar un pas al costat i fer que un altre cuiner donés el salt com a cuiner principal? Doncs bé, això passa a molts negocis i la gestió del pas al costat no se sol portar gaire bé, perquè som molt egocèntrics i pensem que ningú fa les coses millor que nosaltres. Però aquest no és l'únic problema que en podem trobar en una delegació de tasques. Sempre podem trobar dos tipus de traves o problemes: els interns que serien els que afecten al propi negoci o a la pròpia persona (el soci) i els externs que serien tots els altres (els treballadors, els successors, el mercat, els clients, etc.). En analitzar la transformació o delegació d'un negoci, ho hauríem de fer amb un anàlisi DAFO* i a partir d'aquí començar a treballar sobre com delegar o fer una transició governamental i evitar les reticències de deixar les regnes del negoci a un tercer. Aquestes reticències són el perquè existeixen molts restaurants amb la mestressa de 80 o 85 anys encara al peu del canó i servint taules. La veritat és que a mi no m'hi trobaran, així!

A part dels típics problemes o reticències a deixar les regnes, n'hi ha d'altres del propi soci, que pensa que el negoci és seu fins que se'l vengui a un preu raonable i que llavors ja farà el que vulgui amb els diners. La veritat és que té tota la raó, però no sempre es reben ofertes per a un negoci on l'ànima del soci ho envaeix tot i llavors el temps juga en contra. Hem de ser imaginatius i la resposta no la trobarem en uns apunts d'universitat d'econòmiques o empresarials. Les idees imaginatives s'han de palpar i molts cops s'ha de cedir per poder guanyar i arribar a un acord en què tots hi guanyin. Quan era consultor d'empreses, feia servir una dita molt coneguda per fer veure als clients que no eren la millor persona per analitzar la seva empresa, i aquesta dita era: «Normalment els arbres no ens deixen veure el bosc», i és que al soci, en format autònom, que està dirigint el negoci al 100 % de dedicació li queda molt poc temps per poder pensar com analitzar el seu negoci i trobar unes idees brillants de transformació.

Hi ha persones que es dediquen a això, a analitzar els negocis i a liderar una transformació per deixar el soci amb una dedicació molt inferior perquè només calgui una petita supervisió ocasional, de manera que els ingressos siguin més passius. Si és el teu cas, si vols transformar-lo, et recomano cercar un *coach* o mentor de negocis que t'ajudarà a aclarir-te les idees.

Com he dit, s'ha d'estudiar bé cada un dels casos perquè no totes les empreses són iguals ni totes les propietàries de negoci, ni treballadores, etc. De totes maneres, et poso alguns exemples de transformació perquè hi pensis.

De cuiner a propietari: el pas al costat que he comentat abans, amb una guia adequada i supervisió, pot fer que miris els bous des de la barrera sense perdre ingressos.

D'informàtic a arrendador: el cas d'un informàtic que tenia una empresa (amb local propi) i que va incorporar com a treballador un jove informàtic perquè l'ajudés. Li va ensenyar l'ofici, li va anar passant la cartera, li

---

* Anàlisi DAFO: és una anàlisi en forma de taula on es posen tots els ítems d'origen intern i extern, i si son positius o negatius. S'avaluen segons Fortaleses, Debilitats, Oportunitats i Amenaces. Per internet pots trobar més informació. https://ca.wikipedia.org/wiki/An%C3%A0lisi_DAFO

va traspassar el negoci amb un contracte de lloguer adjunt i amb el compromís de permanència al seu local.

Venda o lloguer de la cartera de clients? En una empresa comercial, el bé més preuat és la cartera de clients. A la pel·lícula de Terence Hill i Bud Spencer deien que «qui te un amic, té un tresor!», però en les empreses comercials seria «qui té un client, té un tresor!». Llogar la teva cartera comercial pot arribar a ser molt més rendible que una simple venda de la cartera en un moment puntual. Si fem la venda de la cartera, correm el risc que ens la valorin a la baixa perquè el comprador no pot pagar gaire o no vol pagar més —perquè no sap com funcionarà aquella cartera de clients. En el lloguer, el que negocies és el percentatge que et pagaran a tu de les vendes que se'ls fa a aquells clients a partir de llavors. De manera que no és un import elevat amb el qual el comprador s'hagi d'endeutar. La cartera es paga sola, perquè si no hi ha vendes no es paga i això deixa molt tranquil el comprador. A més, aquesta cartera pot ser viva i pot seguir creixent, ja que es poden posar clàusules que estipulin que si l'arrendador de la cartera troba clients pot derivar-los i hi entrarien amb els mateixos tractes de la cartera.

Esquemes Ponzi: El frau piramidal

Al igual que amb les criptomonedes, un dels problemes més grans que hi ha en el món dels ingressos passius són les estafes. Evidentment, tothom vol fer diners fàcils i, com dèiem, no hi ha duros a quatre pessetes. Hi ha molts caçadors de gent amb problemes financers, que estan a l'aguait de trobar gent dèbil i una mica desesperada per poder-los oferir una mà suposadament «amiga» i donar-los un negoci amb el qual prosperar econòmicament (i amb el qual suposadament no hauran de treballar mai més). La realitat és que llavors estaran lligats al negoci i acabaran una mica més desesperats.

De fraus piramidals n'hi ha de molts tipus, des de les antigues col·leccions de segells que suposadament eren una inversió segura, a les inversions en criptomonedes de dubtosa reputació, o la venda de productes de cosmètica i d'alimentació miraculosos. Totes han tingut el mateix denominador comú: els nous representants nodreixen els de dalt de la piràmide.

S'ha de diferenciar entre frau piramidal i estructura piramidal, perquè qualsevol empresa té una estructura piramidal i no per això vol dir que sigui fraudulenta. M'explico millor: tota empresa d'una mida normal té els seus socis fundadors, que han creat i han invertit els seus diners... quan s'ha fet gran han desenvolupat una estructura de directors (màrqueting, comercial, financer, operacions, etc.), que alhora han creat departaments diferents com, per exemple, màrqueting digital, mitjans, etc. Un exemple que segur que ajuda a entendre millor aquesta estructura és el departament comercial d'una empresa de cervesa: director comercial, director nacional, mànagers regionals, caps de vendes sectorials, venedors, etc. El director comercial dubto que vagi als bars a vendre quatre caixes de cervesa, hi anirà el venedor de la zona, oi? Però sí que és cert que el director comercial cobrarà un plus pels resultats que tingui aquest venedor i els altres que tingui sota seu. Aleshores, per què a una empresa comercialitzadora de cervesa no se li diu que sigui un esquema Ponzi o frau piramidal? Doncs perquè hi ha un negoci i un producte associats. Però, és clar, em podràs rebatre això dient que en una empresa de cosmètics també hi ha producte, sí, i algunes són amb estructura piramidal normal i d'altres no.

On canvia aquest punt d'equilibri? Bé, tot dependrà de com està gestionat el negoci i de quina relació laboral tindrà el comercial amb l'empresa i amb el seu cap.

Imagina que et dic que el venedor de cervesa no cobra un sou, sinó que ho fa de forma autònoma, ha de fer la seva promoció del producte i ha de fer unes compres mínimes del producte al mes per poder exercir de venedor:

> *Al venedor de cervesa li fan comprar obligatòriament cada més 100 caixes de cervesa de 10 cerveses a 0,50€ cada cervesa, i li diuen que el preu d'aquestes cerveses al mercat és de 2€. Ell ha de pagar com a mínim 500€ el dia 1 de cada mes i durant el mes ha de vendre 1.000 cerveses a un preu que li diuen que són 2€/cervesa i que llavors en podrà treure 2.000€, menys els 500€ invertits del mes, pot guanyar 1.500€.*
>
> *També li diuen que si es busca un conegut («prospecte») que vulgui treballar a la companyia, com que el tindrà en el seu equip i l'ha de formar, guanyarà una part del que guanya el seu «prospecte». Aleshores, en comptes d'haver de comprar 1.000 cerveses, només n'haurà de comprar 900 a 0,50€ perquè quan el seu prospecte compri els 500€ per 1.000 cerveses per vendre-les, a ell li donaran 100 cerveses gratis, de manera que tindrà les 1.000 cerveses per vendre a un cost de 450€.*
>
> *El nostre venedor pensa que si gestiona un petit equip de 10 prospectes treballant per a ell, ell no pagarà les 1.000 cerveses i tindrà els 2.000€ nets. A més, si un dels seus prospectes té algun prospecte per sota seu, a ell li donaran 50 cerveses (en comptes de 100) cada mes, etc. Uauuuu, això és impressionant, això vol dir que si li diu a molta gent que inverteixi en aquest negoci i compri 1.000 cerveses al mes amb 500€, ells podran guanyar 1.500€ al mes, però si no les ven, sempre es pot beure les cerveses perquè són molt bones i no caduquen, i d'aquesta manera el nostre venedor pensa que es farà ric perquè tin-*

drà moltes cerveses per vendre i que seran gratis perquè no les haurà de pagar!

Ara arribem a la part de la reflexió. Recordes el conte de la lletera? Doncs això és el mateix però amb cerveses. He fet l'exemple amb cerveses per no posar un exemple real, ja que no estic escrivint el llibre per denunciar ningú, sinó per fer reflexionar que certs negocis que ens proposen tenen un negoci darrere que no és del tot aigua clara. Ep! Que potser a algú li agradaria que li proposessin que cada mes ha de comprar 1.000 cerveses per vendre-les, tot i que potser en vendria una i ho celebraria bevent-se'n una ell i així molt negoci no faria, oi?

Com he dit, no tots els negocis multinivell són fraus, però això et tocarà analitzar-ho a tu. La meva recomanació és que siguis molt crític amb el negoci, amb la teva situació abans d'entrar-hi i si estàs en una posició dèbil o fins i tot de desesperació, no t'hi fiquis. Si finalment entres al negoci, pregunta molt al teu *upline*, és com se'n diu del que us està proposant el negoci i serà el teu supervisor, demana-li documentació, analitza i investiga el teu *upline* i la seva trajectòria personal i professional. Cerca informació del negoci tant per internet com al teu entorn, que no t'enceguin amb números de fantasia i demana que t'ho demostrin, analitza la documentació legal que demanen que has de tenir per exercir aquesta feina. Si et demanen que t'has de fer autònom és bon senyal, per exemple, és un indici de legalitat. Tempteja el teu entorn per si us comprarien els productes que has de promocionar i amb quina assiduïtat ho farien, si veus que potser sí que té sortida, demana d'acompanyar l'*upline* a una de les seves vendes per aprendre i pregunta't si ets capaç de fer el mateix.

Com generar ingressos passius?

Aquesta és la pregunta del milió. Molta gent m'ho pregunta, o em diuen que quan sàpiga un negoci que pugui donar ingressos passius els ho digui. Evidentment, jo no vaig repartint negocis perquè la realitat és que cadascú ha de desenvolupar el negoci que millor s'adapti a ell i ha de ser un negoci en què hi cregui. A mi m'han comentat alguns negocis pels quals no donaria ni un cèntim, però que realment funcionen i això vol dir que no encaixen amb mi, ja sigui per filosofia, tarannà o que simplement no els veia el què. Tampoc hem de dir a tot que sí.

El que primer has de fer és tenir la ment oberta i estar a l'aguait, no cal obsessionar-se a trobar una idea revolucionaria en trenta minuts d'estar pensant què pots fer. Les idees les trobaràs en aquell moment que menys t'ho pensis. Ara bé, si no tens la ment oberta, segur que les idees no t'arribaran.

Tenir una idea de negoci amb què puguis disposar d'ingressos passius, com he dit abans, no vol dir que només haguem de tenir la idea, estirar-nos a la fresca i esperar que els diners vagin caient del cel, no pas! S'ha de desenvolupar la idea, posar els fonaments, ser imaginatiu, invertir temps i diners, desenvolupar un bon pla d'empresa on els ingressos no vagin determinats per les hores de dedicació i ser constant. Em diràs que és molt complicat, oi? Doncs deixa'm dir-te que senzill no és, però tampoc tan difícil com potser penses.

Entre els negocis passius més coneguts hi ha:

- **Màrqueting d'afiliació:** potser el nom més conegut és ser *influencer*. És a dir: ja que disposes d'un reconeixement general per part d'altres persones (ja sigui per xarxes socials com per web o blog), promociones els productes d'una empresa a canvi de comissions per les vendes que s'aconsegueixin gràcies a tu.

- **Vendre cursos** en plataformes o en un web o blog: en primer lloc has de ser «expert» o professional d'alguna temàtica específica per fer un curs. No pots crear un curs de bricolatge si no saps fer funcionar un tornavís, tot i que corre cada cosa per internet que tot és possible. A partir d'aquí, ja pots crear els teus *tutorials*, vídeos, pdf's, etc., i penjar-los ja siguin per web, plataforma o blog.
- **Vendre creacions en *marketplaces*:** el fet de tenir un *hobby* que pugui acabar convertint-se en una professió, a temps parcial o complet, és un desig de molta gent. Penso en gent que borda, cus o fa *patchwork*, i és que hi ha molta gent que segueix els que fan patrons de roba, que han fet una nova creació perquè altra gent pugui seguir-los i comprar-los.
- **Publicar eBooks o llibres:** molt semblant a l'anterior ja que es tracta de dedicar un temps a fer una creació (eBook o llibre) i editar-lo o vendre'l per internet.
- **Llogar un immoble:** no cal explicar-lo massa, ja que potser és el més típic i en el qual tothom pensa quan es tracta d'ingressos passius.
- **Monetitzar una web amb adsense:** a dia d'avui tots podem ser proveïdors i clients de tràfic web. Si vols que et vinguin visites a la teva web, pots posar un anunci a Google o Meta (FaceBook-Instagram). De la mateixa manera també pots vendre el teu tràfic que arriba a la teva web amb *adsense* i rebre el reconeixement (en forma d'euros) dels anuncis que s'hi han posat.
- **Crear un canal de Youtube o Twitch:** els youtubers tenen molt mala fama, o bona, depèn de qui parli, i és que no hi ha res com rebre diners (i alguns cops són molts diners) per crear contingut per les xarxes i més en concret per Youtube. De canals n'hi ha de molts tipus, des dels que recomanen productes d'inversió a canals de cuina, esports, viatges, etc. Qualsevol professió o afició està permesa. Pots crear el teu canal i fer els vídeos de forma més o menys professional, però si tens moltes visites i molts *likes* es traduirà en molts diners. Abans he posat un exemple de fer-se youtuber de temes de windsurf, una manera d'ajuntar l'oci amb el negoci.
- **Gaming:** molt semblant als youtubers, però són gent que no fa vídeos explicant alguna cosa, sinó que juguen a jocs en directe i la gent

es connecta i paga per veure'ls. També pots deixar la teva partida magistral penjada a un canal com Discord i així tens el doble d'ingressos.

- **Fer Dropshipping:** sempre ens han dit que, si vols fer-te ric, has de trobar la idea, el teu producte i vendre'l molt bé perquè te'l compri molta gent. Ara canviem el paradigma: ja no cal que el producte sigui teu, ni tant sols cal que l'hagis comprat, només que siguis bo a analitzar els productes dels altres, com pot tenir sortida en el mercat i promocionar el producte perquè te'l comprin a través teu i ja està. A vegades no cal ni producte, un servei ofert per un altre, per exemple. Fa poc em vaig assabentar que hi ha un web on es pot demanar cita de revisions de la ITV. Però no es tracta de la web d'Applus ITV, sinó d'altres que et fan el servei igual però et cobren 15 € de gestió, i és que si tens un bon màrqueting potser li vendràs congeladors a un esquimal.
- **Social Trading:** en el món de les inversions, també existeix el fer diners pel que fan els altres. El Social Trading es tracta d'una modalitat molt estesa que et permet seguir el que fa un professional del *trading* i mitjançant un robot replica els seus moviments automàticament al teu compte. De fet, seria com si el cunyat et recomana invertir en una acció que ha invertit ell en el mateix moment que ho fa ell mateix, però sense haver de coincidir a la mateixa taula al dinar de Nadal.
- **Network màrqueting:** m'agrada tocar el tema del *network* màrqueting perquè és molt semblant al màrqueting d'afiliació, però una mica diferent. En el *network* màrqueting, tu portes un producte, el recomanes i el vens. S'ha d'anar amb compte de no entrar en organitzacions PONZI, frau piramidal com hem vist abans, però si t'ha quedat clar i fas una bona anàlisi, com la que tens a la conclusió del capítol, segur que triaràs una bona empresa, t'anirà bé i guanyaràs diners.

Recorda que l'única manera de guanyar diners és treballant legalment i pagant impostos. Els que toquin, ja ho sabeu, però no cal deixar propina. Cal ser legals per no tenir cap sorpresa.

Per altra banda, el fet de crear un negoci d'ingressos passius des de zero pot ser un malson, i crec que gairebé és millor transformar un negoci tradicional cap a ingressos passius, sobretot quan ens anem apropant a l'edat de jubilació.

Ajudar als altres

«En cas d'emergència, posi's la mascareta d'oxigen abans d'ajudar els altres».

Manual de seguretat dels avions

Quan som a bord d'un avió i el personal de cabina ens recorda les instruccions de seguretat, sovint no els fem cas perquè ja ens ho sabem de memòria, però hi ha una part molt important en què ens indiquen: «En cas d'emergència, posi's la mascareta d'oxigen abans d'ajudar els altres». Aquesta idea aparentment contra intuïtiva ens convida a reflexionar sobre el valor de cuidar-nos a nosaltres mateixos abans de poder oferir suport eficaç als altres. És egoisme? No pas, és ser eficaç. En cas de descompressió, en qualsevol moment ens podem quedar sense oxigen, patir hipòxia, ens podem marejar i desmaiar. Si viatgem amb persones grans o nens, poden estar espantats i moure's quan els estem ajudant i trigar més en la nostra tasca d'ajuda, uns segons que poden ser molt valuosos. Si primer ens posem nosaltres la mascareta, podrem ajudar els altres sense problema de desmaiar-nos i serem més eficients.

Per què recordo aquest gest tan quotidià per a alguns en un llibre de finances? Doncs perquè estem a la part de llibertat de la nostra piràmide financera i és en aquest moment on podem ser més útils. Evidentment podem ajudar l'altra gent durant la nostra cursa de la piràmide, però en aquest punt concret ja no trontollarà la nostra economia, podrem dedicar més temps al que vulguem fer, i una cosa molt important: sabrem com hem d'ajudar perquè nosaltres ja haurem arribat.

En la meva època d'assessor d'empreses a Barcelona Activa, em vaig creuar amb un projecte fascinant. Es tractava d'uns senyors grans, exempresaris o exprofessionals ja jubilats, que ja pertanyien al Club 25, cobraven la seva pensió i no necessitaven una feina, si més no remunerada. Tot i això, s'aixecaven al matí, no sé si era tots els dies o només alguns, i anaven a ajudar petits emprenedors que, per falta d'experiència, no sabien o no controlaven bé la seva empresa. Barcelona Activa els cedia un despatx i els empresaris podien anar a consultar els seus dubtes amb els experts. Amb els seus assessoraments, podien ser capaços d'ajudar i contribuir a fer que un empresari tirés endavant. Pensareu que l'empresari també podria contractar un assessor perquè l'ajudés, i tant que sí, però tal i com us he dit abans, normalment als empresaris els arbres no els deixen veure el bosc. No sempre poden saber que necessiten ajuda o no saben quina ajuda necessiten.

En el món de les finances personals també passa: hi ha molta gent que necessita ajuda, però hi ha molta reticència a deixar-se ajudar, perquè «despullar-te» i dir «no sé gestionar els meus diners» o «gasto massa i no estalvio» sembla que està mal vist.

Al llibre de Nacho Chaparro *El despertar del petit Norbu*, es fa la reflexió d'una flor que necessita ajuda i en Norbu la vol salvar. En el seu intent de salvar-la, el que fa és condemnar-la a mort. Llavors fa la reflexió amb el seu mestre perquè ell creia que ho havia fet bé, l'havia intentat salvar. Però, què ha fallat? I és que per ajudar algú s'han de complir tres premisses:

- Que la persona vulgui ser ajudada
- Que et demanin ajuda
- Que tu la puguis ajudar

Si falla alguna d'aquestes tres premisses, l'ajuda serà en va i més val deixar-ho córrer.

Comentava abans que durant la nostra vida podem fer aportacions dineràries a ONGs, fundacions, etc., i això és tant o més important que estalviar per a la jubilació, perquè l'economia social ens necessita a tots i tota aportació dinerària és rebuda amb milions de gràcies pels projectes.

Sense desmerèixer aquestes aportacions, que hi han de ser, hi ha una cosa molt important que és la capacitat d'ajuda no dinerària. Els experts del Club 25 que comentava al principi del capítol, que ajuden algú a sortir del pou dels deutes, ensenyen a estalviar per tenir un futur millor. Podem contribuir a fer una societat més justa, només cal proposar-nos-ho.

A l'escola de les meves filles, en una de les reunions de l'AFA, es va parlar que no tots els infants podien anar de colònies perquè el cost es feia insostenible per a certes famílies. De seguida es van posar a cercar opcions i va arribar la proposta, per part d'un pare, de fer un fons solidari amb aportacions de les famílies que volguessin ajudar. Tot s'hi valia, si volien arrodonir la quota de menjador o afegir-hi 1€, 2€, 3€ o 5€. També es va fer que a la festa de Nadal la recaptació del sorteig de la panera anés com aportació al fons solidari. El resultat ja us el podeu imaginar: fa uns anys que funciona i cap infant es queda enrere per qüestió de recursos econòmics. Iniciatives com aquesta no serien possibles si només ens mirem el melic. Hem d'aportar alguna cosa a la societat i no només diners.

Si estem en una situació de llibertat o semi llibertat, podem agrair-ho a la societat promovent o ajudant els altres. Cadascú ha de trobar el seu projecte, pel qual vulgui lluitar i ajudar els altres, això sí, després d'haver-se posat la seva mascareta. Posa't la teva mascareta d'oxigen i ajuda els altres!

Darreres reflexions

No em vull allargar gaire perquè ja portes una bona lectura acumulada. Per això faré un petit resum de reflexions que et poden servir.

- Ningú més que tu pot liderar el canvi de les teves finances.
- Aprendre és molt important i més en alguna cosa tan habitual com són els diners. El saber és poder.
- Portar el control de les teves regnes financeres et farà estar més tranquil, viure sense ansietat i planificar la teva vida.
- Estalviar per un objectiu futur i dur-lo a terme quan ho aconsegueixes fa que en gaudeixis més. Menja't el teu gelat!
- Revisar les inversions cada dia, no farà que tinguis més rendibilitat. No revisar-ho mai et farà perdre l'objectiu. Troba la pauta justa per estar tranquil i focalitzat.
- Algunes vegades es guanyen diners, en d'altres se n'aprèn.
- No has de pujar les escales de dos en dos. Sempre hi ha "contes de la lletera" però ja saps com acaba. A poc a poc, sense pressa.
- La millor manera d'ajudar és posant-te la mascareta d'oxigen primer i després ajudar als altres.

Fetes aquestes reflexions, només em manca acomiadar-me. Espero que hagi estat una lectura atractiva i enriquidora. M'agradaria demanar-te un petit favor, i es que quan acabo un curs o una xerrada sempre intento tenir feedback dels meus alumnes, companys o coneguts. Parlar i comentar el que pensa la gent és la única manera per millorar.

Et recomano fer una petita enquesta *online* que potser trigaràs 10 minuts, i a mi m'ajudaràs a poder millorar. Com a regal per aquesta dedicació tindràs un descompte en els meus cursos de finances i ser membre de la meva comunitat on es fan xerrades *online* i presencials.

https://octavigarcia.com/enquesta-atrapa-els-diners/

Per una altra banda, si vols ampliar més els teus coneixements, et proposo inscriure't al curs de finances personals.

https://academia.octavigarcia.com/curso/academia-de-finanzas/

Espero que aquest llibre sigui el punt de sortida cap a la teva llibertat, o si més no..., cap el control financer.

Bibliografia

Amat, Oriol;

[1996] *La Bolsa*. Bilbao, Deusto Editorial.

Bardolla, Alfio;

[2019] *El dinero te hace feliz*. Barcelona, Alienta Editorial / Editorial Planeta.

Caballero, Miguel

[2019] *Bitcoin, Blockchain y tokenización para inquietos*. Madrid, Bubok publishing.

Caballero, Miguel / Ramió, Arnau / Carrera, Marcos

[2020] *Finanzas descentralizadas para inquietos*. Madrid, Bubok publishing.

Castellano, Vicens;

[2008] *Ajuste de cuentas.* Madrid, Santillana ediciones.

Chaparro, Nacho;

[2021] *El despertar del petit Norbu*. Barcelona, Index Edita.

De Mas i Valls, Teodor;

[2023] *Fer diners*. Barcelona, Columna edicions.

Doris, Ennio;

[2014] *El mañana también existe (C'è anche domani)*. Barcelona, Banco Mediolanum.

Duran, Raquel;

[2018] *Los cuatro pasos hacia el éxito*. Barcelona, Plataformacción.

Ebrat, Alejandro;

[2020] *Herencias y donaciones en Cataluña*. Barcelona, Editorial Atelier.

Eker, T. Harv;
[2005] *Los secretos de una mente millonaria*. Editorial Sirio.
Fernández, Sergio;
[2015] *Vivir con abundancia*. Barcelona, Plataforma editorial.
[2019] *Libertad financera*. Barcelona, Plataforma editorial.
Graham, Benjamin;
[2021] *El inversor inteligente*. Barcelona Deusto.
Jardine, Matt;
[2022] *Cómo ser un budista millonario*. Madrid, Ediciones Urano.
Jézabel Couppey-Soubeyran y Auriane Bui;
[2021] *La economia en cómic* (Le monde actuel en BD - L'économie), Norma Editorial.
Kiyosaki, Robert T.;
[2016] *Padre rico, padre pobre*. Barcelona, Penguin Random House.
[2016] *El cuadrante del flujo del dinero*. Barcelona, Penguin Random House.
[2016] *Despierta el genio Financiero de tus hijos*. Barcelona, Penguin Random House.
[2014] *Escapar de la carrera de la rata*. Barcelona, Penguin Random House Joc de taula.
[1996] CASH-FLOW Get out of the Rat Race! EE.UU., Juegos CASH-FLOW, CASHFLOW Technologies, inc. www.richdad.com
Mascaró, Laura;
[2019] *¿Dónde crece el dinero?* Barcelona, Penguin Random House.
Maslow, Abraham H.;
[1991] *Motivación y personalidad* ([1954] Motivation and Personality) Madrid, Ediciones Díaz de Santos.
Samsó, Raimon;
[2018] *El código del dinero*. Barcelona, Ediciones Obelisco.
Thaler, Richard H. & Sunstein, Cass R.;
[2018] *Un pequeño empujón*. Barcelona, Penguin Random House.
Tusquets, Carlos;
[2018] *Enriquéceme despacio, que tengo prisa*. Barcelona, RBA libros.
Bernal, Miguel Angel i Mínguez, Sergio;
[2015] https://fundspeople.com/es/decalogo-para-reforzar-el-ahorro-privado-a-largo-plazo/. Internet, Funds People.